权威·前沿·原创

皮书系列为
"十二五""十三五""十四五"时期国家重点出版物出版专项规划项目

智库成果出版与传播平台

河北蓝皮书
BLUE BOOK OF HEBEI

河北法治发展报告
（2025）

THE RULE-OF-LAW DEVELOPMENT REPORT OF HEBEI (2025)

为推动中国式现代化提供法治保障
Rovide Rule of Law Guarantee for Promoting Chinese Modernization

主　编／吕新斌
执行主编／李　靖　蔡欣欣

社会科学文献出版社
SOCIAL SCIENCES ACADEMIC PRESS (CHINA)

图书在版编目(CIP)数据

河北法治发展报告.2025：为推动中国式现代化提供法治保障/吕新斌主编.--北京：社会科学文献出版社，2025.8.--（河北蓝皮书）.--ISBN 978-7-5228-5470-0

Ⅰ.D927.22

中国国家版本馆CIP数据核字第2025Z97H22号

河北蓝皮书
河北法治发展报告（2025）
——为推动中国式现代化提供法治保障

主　　编／吕新斌
执行主编／李　靖　蔡欣欣

出 版 人／冀祥德
责任编辑／高振华
文稿编辑／白　银
责任印制／岳　阳

出　　版／社会科学文献出版社·生态文明分社（010）59367143
　　　　　地址：北京市北三环中路甲29号院华龙大厦　邮编：100029
　　　　　网址：www.ssap.com.cn
发　　行／社会科学文献出版社（010）59367028
印　　装／天津千鹤文化传播有限公司

规　　格／开　本：787mm×1092mm　1/16
　　　　　印　张：23　字　数：344千字
版　　次／2025年8月第1版　2025年8月第1次印刷
书　　号／ISBN 978-7-5228-5470-0
定　　价／128.00元

读者服务电话：4008918866

版权所有 翻印必究

《河北蓝皮书（2025）》编委会

主　任　吕新斌

副主任　彭建强　肖立峰　袁宝东　孟庆凯　吕雪松

委　员　(按姓氏笔画排序)
　　　　王建强　边继云　李　靖　李会霞　李鉴修
　　　　汪　洋　张　芸　张　波　陈　璐　樊雅丽

主编简介

吕新斌 河北省社会科学院党组书记、院长，中共河北省委讲师团主任，河北省社会科学界联合会第一副主席，中国李大钊研究会副会长。

吕新斌同志先后在原中国吴桥国际杂技艺术节组委会办公室、原河北省文化厅、河北省委宣传部、河北省社会科学院工作。在河北省委宣传部工作期间，先后在文艺处、城市宣传教育处、宣传处、办公室、研究室（舆情信息办）、理论处等多个处室工作，后任河北省委宣传部副部长、省文明办主任，2023年10月到河北省社会科学院履新任现职。

吕新斌同志长期从事和负责河北省意识形态、理论武装、哲学社科、宣传领域政策研究、文化艺术、舆情信息、精神文明建设等工作，参与组织全省性重大活动，多次参与河北省党代会等全省性重大会议报告和主要文件起草工作。在《人民日报》《光明日报》《学习时报》《中国社会科学报》《新华智库研究》《河北日报》等报刊发表多篇文章，参与编写或主编完成《战略机遇期的文化建设》《走向沿海强省》《文明让我们的城市更美好》等多部著作。担任中央马克思主义理论研究和建设工程重大项目和重点项目首席专家。参与完成《习近平新时代中国特色社会主义思想学习纲要》《习近平新时代中国特色社会主义思想三十讲》等多部重要读物编写任务，获中宣部办公厅致函表扬、省委主要领导同志高度肯定、省委宣传部通报表扬；曾获"全省政研系统先进个人""全国法制宣传教育先进个人"等称号。

摘　要

　　本书是以"为推动中国式现代化提供法治保障"为主题，由河北省社会科学院牵头、法学研究所担纲，河北省委政法委、河北省法学会提供支持，高等院校、科研机构、法律实务部门的专家学者组成精干学术团队推出的一部全景式反映2024年河北法治建设的文献资料。本书对2024年度河北法治建设情况进行了回顾、梳理和总结，重点反映河北在立法工作、法治政府、司法建设等方面的亮点，对今后河北法治建设面临的新形势、新任务、新探索做了进一步的分析和展望。

　　2024年是中华人民共和国成立75周年，河北全省坚持以习近平新时代中国特色社会主义思想为指导，以深入学习贯彻习近平法治思想为引领，以学习宣传贯彻党的二十大精神为主线，全面落实省委、省政府决策部署，全面提升立法的质量与效率，推进法治政府建设，加强司法能力建设，创新开展全民普法，打造公平透明的法治化营商环境，为奋力谱写中国式现代化建设河北篇章作出了积极贡献。

　　本书由总报告、立法篇、行政篇、司法篇、普法守法篇、法治化营商环境篇6个部分组成，围绕法治建设的相关理论和实践进行研究深化、经验总结、问题分析及对策创新，系统总结了法治河北建设的实践进程与经验，深入剖析面临的问题及原因，为河北省推动中国式现代化提供理论参考和智力支撑。总报告全面分析了2024年河北法治建设的整体情况，阐述了2024年河北省在党对法治河北建设的领导、立法、法治政府、司法、法治宣传教育等方面的现状和成效，并从科学立法、法治政府建设、智慧司法建设、法治

001

社会建设等方面对2025年河北省法治建设进行展望和提出建议。立法篇、行政篇、司法篇、普法守法篇、法治化营商环境篇包括24篇报告，从不同方面介绍了河北省2024年立法工作、法治政府、司法建设等方面取得的突破，加强法治社会建设的多样化探索，着眼于优化法治化营商环境，深入解读其中的重点、难点和热点问题，并在此基础上提出对策建议。

关键词： 平安建设　重大行政决策事项　法治文化　法治化营商环境

Abstract

With the theme of "Provide Rule of Law Guarantee for Promoting Chinese Modernization", this book is a comprehensive report on the rule of law in Hebei in 2024, led by Hebei Academy of Social Sciences, undertaken by the Institute of Law, and supported vigorously by Politics and Law Committee of the CPC Hebei Provincial Committee, and Hebei Law Society, formulated by capable academic teams made up by experts and scholars of colleges/universities, research institutions, and legal practice departments inside the province. The report comprehensively reviews, sorts out and summarizes the rule of law in Hebei in 2024, focusing on the highlights of Hebei in legislative work, rule of law government, judicial construction, etc. , and further analyzes and looks forward to the new situation, new tasks and new exploration facing the rule of law in Hebei in the future.

2024 was the 75th anniversary of the founding of the People's Republic of China. Hebei province fellow the guidance of Xi Jinping Thought on Socialism with Chinese Characteristics for a New Era, guided by the in-depth study and implementation of Xi Jinping Thought on the Rule of Law, focusing on studying, understanding and implementing the guiding principles of the 20th CPC National Congress, fully implemented the decisions and deployments made by the CPC Hebei Provincial Committee and Hebei Provincial Government to comprehensively improve the quality and efficiency of legislation, promote the construction of a rule of law government, strengthen judicial capacity building, and innovatively raise public rule of law awareness , create a fair, transparent and rule of law business environment, making positive contributions to the struggle to write a chapter of Chinese modernization in Hebei.

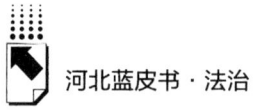

The book is composed of six parts of General Report, Legislation, Administration, Judiciary, Improving Public Rule of Law Awareness and Observance of Law, and Rule of Law Business Environment. Focusing on the relevant theoretical developments and practical exploration of rule of law, the report deepens research, summarizes experience, analyses problems and puts forward innovative countermeasures, which systematically summarizes the practical process and experience of Hebei's rule of law construction and makes an in-depth analysis of existing problems and causes, with a view to providing theoretical reference and intellectual support to promote Chinese Modernization in Hebei. General Report comprehensively analyzes the overall situation of the rule of law construction in Hebei in 2024, expounds the current situation and effectiveness of Hebei Province in terms of Party's leadership over the rule of law construction in Hebei, legislation, rule of law government, judiciary, publicity and education of rule of law and so on in 2024, and forecasts the prospects of and makes recommendations for Hebei's rule of law construction in 2025 from the aspects of scientific legislation, building a rule of law government, building smart judiciary and building a rule of law society. Legislation, Administration, Judiciary, Improving Public Rule of Law Awareness and Observance of Law, and Rule of Law Business Environment include 25 reports, which introduce the breakthroughs made in the legislative work, rule of law government, and judicial development in Hebei Province in 2024 from different aspects, strengthen the diversified exploration of building a rule of law society, focus on optimizing the rule of law business environment and deeply interpret the key, difficult and hot-spot issues, in a bid to put forwards countermeasures and suggestions.

Keywords: Peace Construction; Major Administrative Decision-Making Matters; Rule of Law Culture; Rule of Law Business Environment

目　录

Ⅰ　总报告

B.1 2024年河北法治建设现状与展望
　　………………………………………河北省法治发展报告课题组 / 001

Ⅱ　立法篇

B.2 开展规章清理工作的实践与思考
　　——以河北省规章清理工作为例………………………马　涛 / 027
B.3 河北省生态环境监测法治化研究……………栗　萍　解立虎 / 038
B.4 地方党内法规的类型化及其建设研究……………………梁润溪 / 050

Ⅲ　行政篇

B.5 承德市法治引领生态产品价值创新的调研报告
　　………………………………………………刘馨阳　苑鹏飞 / 061
B.6 河北省重大行政决策事项目录公开情况调研报告
　　………………………………陈鹏帆　蔡欣欣　张亦涛 / 072

001

B.7 规范涉企现场行政执法检查的实践与思考
——以邢台市"入企扫码"制度为例
.... 赵 非 戴静芳 游英杰 / 085

B.8 河北省基层综合行政执法队伍建设面临的挑战及对策建议
.... 刘文慧 刘 姗 / 097

B.9 河北省乡镇（街道）机构编制法治化路径研究
.... 尹建兵 李浩轩 王敬铉 / 108

Ⅳ 司法篇

B.10 华北根据地、解放区行刑社会化的历史传承与当代价值
——以回村服役制度为考察对象 .... 石改军 孙艺佳 / 122

B.11 刑民界分视角下诈骗罪的司法认定
——以河北省若干诈骗案件为例 .... 张秀芳 / 136

B.12 黑社会性质组织犯罪涉案财产处遇疑难及纾解
——以甲某黑社会性质组织案为例 .... 刘亚昌 李 腾 / 150

B.13 生成式人工智能辅助类案类判现状检视与路径构建
——以河北省法院智能生成类案裁判文书为视角
.... 申卫东 郑彩云 / 162

B.14 新时代少年法庭实体化运行路径探索
——以河北省C市法院为研究对象 .... 朱保献 支 冲 / 176

B.15 以行政诉讼对行政执法监督效能的优化破解治安
案件中正当防卫的适用困境
——基于河北省某地调查数据的实证研究
.... 张兆阳 陈彦良 / 194

Ⅴ 普法守法篇

B.16 进一步加强河北省法治文化建设的展望和建议 .... 董 颖 / 210

目　录

B.17　新时代多元化纠纷解决机制整体性立法反思与设计
　　　　……………………………………………………… 李北凌 / 226
B.18　全过程人民民主在城市更新工作中的基层实践与探索
　　　　——以石家庄市老旧小区加装电梯为例
　　　　………………………………………………… 游毓聪　刘俊茹 / 238
B.19　城乡融合背景下河北省农村基层治理面临的挑战
　　　　与应对路径研究 …………………………………… 刘淑娟 / 247
B.20　河北省司法保护生态环境的调研报告 ……… 骆艳青　胡怡熙 / 258
B.21　矜老恤幼理念在家事审判中应用的路径研究
　　　　——以 S 市家事类案件为数据支撑
　　　　……………………………………… 潘凤梅　张羽萌　赵文嘉 / 267

Ⅵ　法治化营商环境篇

B.22　河北省营造国际一流法治化营商环境中的涉外法治建设研究
　　　　……………………………………………………… 郭欢欢 / 285
B.23　数字赋能河北省法治化营商环境优化的实现路径研究
　　　　…………………………………………………………… 赵　雪 / 297
B.24　法治化营商环境的"破冰之旅"
　　　　——以河北省11件破产案件为样本探索独具河北特色的预重整
　　　　制度的优化路径 ………… 破产预重整制度研究课题组 / 312
B.25　营商环境视域下专业化审判防范化解金融风险研究
　　　　……………………………………… 焦朝岩　刘飞虎　王晓巍 / 326

皮书数据库阅读使用指南

003

CONTENTS

I General Report

B.1 The Rule of Law Construction Report of Hebei in 2024
The Research Group on the Development of the Rule of Law in Hebei Province / 001

II Legislation

B.2 Practice and Reflection on the Clean-up of Regulations
—*Taking the Clean-up of Regulations in Hebei Province as an Example* *Ma Tao* / 027
B.3 Research on the Rule of Law of Ecological and Environmental
Monitoring in Hebei *Li Ping, Xie Lihu* / 038
B.4 Research on the Types and Construction of Local Party Regulations
Liang Runxi / 050

III Administration

B.5 Research on the Value Innovation of Ecological Products led by Rule
of Law in Chengde *Liu Xinyang, Yuan Pengfei* / 061

B.6　Research on the Release of the Catalogue of Major Administrative
　　　Decision-Making Matters in Hebei Province
　　　　　　　　　　　　Chen Pengfan, Cai Xinxin and Zhang Yitao / 072
B.7　Practice and Reflection on Standardizing On-Site Administrative
　　　Law Enforcement and Inspection
　　　*—A Case Study of the Code Scanning System for Entering Enterprises
　　　　in Xingtai*　　　　　　　　　*Zhao Fei, Dai Jingfang and You Yingjie* / 085
B.8　Challenges and Countermeasures for the Building of Primary-Level
　　　Coordinated Administrative Law Enforcement Teams in Hebei Province
　　　　　　　　　　　　　　　　　　Liu Wenhui, Liu Shan / 097
B.9　Research on the Path of Legalization of the Institutional and Talent
　　　System in Hebei Province Townships (Streets)
　　　　　　　　　　　　Yin Jianbing, Li Haoxuan and Wang Jingxuan / 108

Ⅳ　Judiciary

B.10　The Historical Inheritance and Contemporary Value of the Socialization
　　　of Penalty Execution in the Resistance Base Areas in North China and
　　　the Liberated Areas
　　　*—Take the System of Returning to the Village for Military Service as the Object
　　　　of Investigation*　　　　　　　　　　　　*Shi Gaijun, Sun Yijia* / 122
B.11　Judicial Determination of Fraud Crime from the Perspective of Criminal
　　　and Civilian Boundary
　　　—Taking Fraud Cases in Hebei Province as Examples　　*Zhang Xiufang* / 136
B.12　Difficulties in Disposal and Resolutions of Property in Underworld
　　　Crimes
　　　—A Case Study of Individual Jia's Underworld Organization
　　　　　　　　　　　　　　　　　　　Liu Yachang, Li Teng / 150
B.13　Review of Current Situation and Path of Assisting Similar Cases Judgments
　　　Through Generative Artificial Intelligence
　　　*—A Case Study of the Similar Cases Judgments Generated through Artificial
　　　　Intelligence in Courts from Hebei Province*　　*Shen Weidong, Zheng Caiyun* / 162

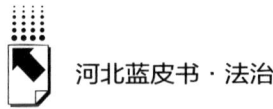

B.14 Exploration on the Practical Operation Path of Juvenile Court in the New Era
—*Taking an Intermediate Court from Hebei Province C City as the Research Object*
Zhu Baoxian, Zhi Chong / 176

B.15 Research on the Application Dilemma of Justifiable Defense in Public Security Cases from the Perspective of Optimizing the Supervision Efficiency in Administrative Law Enforcement through Administrative Litigation
—*An Empirical Study Based on the Survey Data from Hebei Province*
Zhang Zhaoyang, Chen Yanliang / 194

V Improving Public Rule of Law Awareness and Observance of Law

B.16 Prospects and Suggestions for Further Strengthening the Development of Rule of Law Culture in Hebei Province *Dong Ying* / 210

B.17 Reflection and Design of the Holistic Law Legislation in Diversified Dispute Resolution Mechanism in the New Era *Li Beiling* / 226

B.18 Community-Level Practice and Exploration of the Whole-Process People's Democracy in Urban Renewal
—*A Case Study of Installing Elevators in Old Urban Residential Communities in Shijiazhuang* *You Yucong, Liu Junru* / 238

B.19 Research on the Challenges and Countermeasures of Rural Grassroots Governance in Hebei Province under the Background of Urban-Rural Integration *Liu Shujuan* / 247

B.20 Research on Judicial Support for Ecological Environment in Hebei Province *Luo Yanqing, Hu Yixi* / 258

CONTENTS

B.21　Research on the Path of the Concept of Respecting the Elderly and Caring for Children in Judicial Trails on Family Matters
　　—*Supported by the Data of Family Affairs Cases in City S*
　　　　　　　　　Pan Fengmei, Zhang Yumeng and Zhao Wenjia / 267

VI　Rule of Law Business Environment

B.22　Research on Foreign-Related Legal Construction in the Process Creating Internation Leading and Rule-of-Law Business Environment in Hebei Province　　　　*Guo Huanhuan* / 285

B.23　Research on the Path to Optimize Rule of Law Business Environment Empowered by Digitization　　　　*Zhao Xue* / 297

B.24　Ice-Breaking Journey of Rule of Law Business Environment
　　—*Taking 11 Bankruptcy Cases in Hebei Province as Samples to Explore the Optimization Path to the Prepackaged Bankruptcy with Hebei Characteristics*
　　　　　　　　　Prepackaged Bankruptcy Research Team / 312

B.25　Research on Preventing and Resolving Financial Risk in Professional Trials from the Perspective of Business Environment
　　　　　　　Jiao Zhaoyan, Liu Feihu and Wang Xiaowei / 326

总报告

B.1 2024年河北法治建设现状与展望

河北省法治发展报告课题组[*]

摘　要： 2024年，河北省在以习近平同志为核心的党中央的坚强领导下，攻坚克难、真抓实干，在法治建设工作中紧紧围绕党中央重大决策部署和全省工作大局，全面强化党对法治河北建设的领导，加强立法引领规范与保障作用，扎实推进依法行政，严格公正司法，深入开展法治宣传教育，为加快建设经济强省、美丽河北提供了及时高效、坚强有力的法治保障。2025年，河北省将着力提高立法质量效率，稳步提升依法行政能力，确保司法公正高效权威，推动"八五"普法规划全面实施。

关键词： 法治河北　依法行政　法治政府　公正司法

---

[*] 课题组成员：李靖，河北省社会科学院法学研究所研究员，研究方向为法治建设；蔡欣欣，河北省社会科学院法学研究所副研究员，研究方向为法治政府建设；李北凌，河北省社会科学院法学研究所副研究员，研究方向为法治建设；尹建兵，河北省社会科学院法学研究所助理研究员，研究方向为法治建设；刘文慧，河北省社会科学院法学研究所研究实习员，研究方向为法治建设。

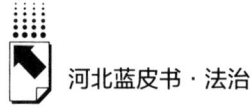

2024年是新中国成立75周年，是实现"十四五"规划目标任务的关键一年，河北省在以习近平同志为核心的党中央的坚强领导下，攻坚克难、真抓实干，在法治建设工作中紧紧围绕党中央重大决策部署和全省工作大局，为加快建设经济强省、美丽河北提供了及时高效、坚强有力的法治保障。2025年，河北法治建设将更进一步聚焦安全生产、劳动就业、社会保障、民政事务等方面，以法治力量护航全面深化改革。

一 全面强化党对法治河北建设的领导

提高政治站位，确保党内法规制度建设正确政治方向。始终把做到"两个维护"作为党内法规制度建设的主题主线，全面学习贯彻习近平总书记重要讲话精神和党中央决策部署，深入贯彻党的二十届三中全会精神，及时召开省委十届六次全会并印发意见，切实将习近平总书记重要指示精神和党中央决策部署转化为具体政策措施和制度规定。把加强党内法规制度建设列入省委常委会工作要点，围绕落实重大国家战略和省委重点工作建章立制，制定出台一系列法规文件，为推动河北高质量发展夯实制度基础。

围绕"党规必成体系"，统筹推进法规制度立改废释。落实发文计划管理和配套核准制度，指导各地各部门严把发文入口关、程序关，做到应发尽发、应否尽否。开展第三次党内法规和规范性文件集中清理，对照中央清理决定，加强合法合规性审查，清理存在不适应、不协调、不衔接、不一致等问题的文件。开展备案审查，查看文件精神是否同党中央保持一致、"问题件"是否整改到位，推动形成上下衔接、左右协调、一体实施的党内法规体系整体效应。

围绕"执规必动真格"，将制度优势转化为发展动能。组织开展全省党政干部党规党纪宣传教育答题活动，有效答题人数达1151.6万人次，创历史新高。组织征订《中国共产党党内法规汇编》，促进各地各部门抓好学用工作，推进尊规学规守规用规。加大对党内法规执行情况的监督力度，将执规情况纳入巡视巡察、专项督查和监督执纪问责范围，就落实中央八项规定精神、狠刹违规吃喝歪风等开展集中整治，依纪依规严肃查处违规行为。

二 加强立法引领规范与保障作用

2024年，河北省人大及其常委会坚持以习近平新时代中国特色社会主义思想为指导，认真贯彻落实党的二十大和二十届二中、三中全会精神，全面贯彻习近平总书记在庆祝全国人民代表大会成立70周年大会上的重要讲话精神，深入贯彻习近平总书记视察河北重要讲话精神。始终保持人大工作的正确政治方向，坚持科学立法、民主立法、依法立法，深入践行全过程人民民主，立法工作的针对性、时效性、科学性显著增强，重点领域的立法成果突出，协同立法机制有效发挥，以良法善治促进改革成果固定、巩固并转化为制度优势，为全省经济社会发展作出积极贡献，提供有力法治保障。

（一）完善立法工作格局，不断提高立法质量和实效

严格依据立法计划，高质高效完成立法工作。2024年立法计划共列项目41件，其中一类项目19件、二类项目10件、三类项目12件。按照2024年立法计划，河北省人大常委会积极履职，不断提高立法质量和实效，共审议地方性法规草案21部、通过19部，审查批准设区市法规42部、自治县单行条例5部，备案审查规范性文件53件。[①]

高质量政府立法服务经济社会高质量发展。截至2024年11月11日，省政府立法计划确定的需年内完成的15件一类项目已全部提前完成。省司法厅牵头完成省政府规章的全面清理工作，共计203部。其中，废止36部、"打包"修改28部、列入立法计划全面修订34部、保留105部；重点对存

---

① 《河北今年立法计划共列项目41件》，"长城网"百家号，2024年4月5日，https://baijiahao.baidu.com/s?id=1795455592113357894&wfr=baike。

续10年以上未做过全面修订的70部规章进行了彻底清理，废止29部、"打包"修改16部、列入立法计划全面修订25部。① 公布《关于废止和修改部分省政府规章的决定》。指导各设区市对截至2023年底现行有效的181部市政府规章进行清理，废止16部、"打包"修改26部、全面修订5部，持续提升立法工作质效，呈现节奏快、质量高、有特色、真管用的鲜明特点。

以党委领导、人大主导、政府依托、各方参与的立法工作格局为指导，修订《河北省人民代表大会常务委员会讨论决定重大事项的规定》，进一步保障科学决策、民主决策、依法决策。表决通过新修订的《河北省各级人民代表大会常务委员会规范性文件备案审查条例》，聚焦完善备案审查制度，提升备案审查能力和质量。该条例对人大常委会依法开展的备案审查工作提出了新部署、新要求，从指导思想、基本原则、制度建设、能力建设、备案审查制度完善以及保障监督机制等方面进行了全面规范，旨在助力省人大在备案审查工作中实现质的飞跃。认真开展立法后评估工作，围绕《河北省防汛避险人员转移条例》《河北省新能源发展促进条例》的必要性、科学性、针对性、实效性、规范性等方面展开。

（二）加强重点领域、新兴领域立法，发挥立法引领推动保障作用

围绕经济发展，修订《河北省预算审查监督条例》，创新实施穿透式财政监督模式，对预算执行、调整及政府债务、审计监督等方面作出规定。针对风险防控重点领域，修订《河北省安全生产条例》，建立分行业风险清单制度，强化重点行业、高危领域、关键设施、特殊时段动态监测，形成预防为主全周期安全管理体系，进一步提升全省安全生产工作法治化水平。系统修订《河北省电力条例》，规范用电双方权利义务，强化电力设施保护机制，保障供电、用电安全稳定秩序。制定《河北省测绘地

---

① 《省政府新闻办"以高质量政府立法服务河北经济社会高质量发展"新闻发布会文字实录》，河北省人民政府网站，2024年12月16日，http：//www.hebei.gov.cn/columns/6b529089-3c22-40ef-8d24-fda72cb33bf5/202412/20/6e6f0610-9c4f-4157-92e0-327fb2ae3107。

理信息条例》，从数据采集标准、质量管控到应用共享作出系统性规范与安排，对于加强测绘地理信息管理、推进测绘地理信息事业发展、维护地理信息安全具有重要意义。审议《民用机场管理条例》，为建设交通强省提供法治支持。

围绕民生领域，修订《河北省法律援助条例》，有效提升了群众合法权益的保障水平，拓宽了援助范围，简化了申请程序，强化了法律援助数字化管理，推动河北省法律援助能够更多惠及人民群众和社会发展。出台《河北省民用建筑装饰装修安全管理若干规定》，建立各方协同责任体系，细化关键责任、关键节点监管要求，着力保障施工安全和建筑质量安全。审议《河北省南水北调配套工程管理条例》，建立从泵站管理到水质监测的全要素保障制度，确保跨区域调水工程长效安全。全面优化《河北省动物防疫条例》，构建从产地检疫到无害化处理闭环监管链条，提升人畜共患病预警处置能力，保障畜牧业高质量发展，维护公共卫生安全。

围绕社会领域，制定《河北省平安建设条例》，创新网格化管理与服务机制，健全社会风险分级防控体系，推进社会治理现代化，建设更高水平平安河北。修订《河北省消防条例》，健全重点场所消防设施配置标准，完善多方联动的火灾防控响应机制，切实预防和减少火灾危害发生。升级完善《河北省档案条例》，确立电子档案分类编码省级标准，细化全流程管理要求，构建覆盖省市县三级的档案资源协同治理平台，推进档案治理体系和治理能力现代化。修订实施《河北省实施〈中华人民共和国工会法〉办法》，健全新就业形态劳动者权益保障条款，构建线上线下联动的争议调解平台，全方位护航劳动者发展权益。修订《河北省涉案财务价格认定条例》，明确价格认定范围和程序，维护国家利益以及公民、法人和其他组织的合法权益，保障纪检监察、司法和行政工作客观公正展开。修订《河北省征兵工作条例》，推动构建程序完备、责权明晰、快捷高效的征兵工作体系。聚焦矛盾纠纷多元化解，围绕新修订的《中华人民共和国行政复议法》，对涉及行政复议的地方性法规开展集中清理，打包修改《河北省多元化解纠纷条例》等6部法规，确保与上位法的一致性与协同性。

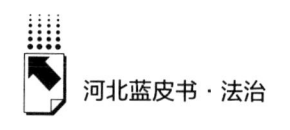

（三）推动完善京津冀协同立法机制，激发创新发展活力

2024年是京津冀协同发展的十周年，也是协同立法的收获之年。2024年9月，京津冀三地人大常委会相继通过《推进京津冀社会保障卡一卡通规定》，实现三地人大同一文本、同步审议、同步表决、同步实施，形成公共服务领域首部全面协同立法成果。河北省结合自身实际，不断拓展应用项目与应用场景，不断推进民生服务一体化、便利化、现代化发展。及时跟进大兴机场临空经济区管理体制改革进程，推进京冀两地共建共管共享，扎实做好京冀协同立法调研。京津冀协同立法深度和广度不断拓展，从生态环境保护、交通一体化等领域向全方位、全领域、全过程协同迈进，涵盖优化营商环境、历史文化遗产传承保护等方面，为京津冀协同发展重大国家战略落地实施筑牢法治根基。

2024年9月，审议批准四部法规——《邯郸市磁州窑文化保护传承利用条例》《保定市定窑文化保护传承利用条例》《邢台市邢窑文化保护传承利用条例》《唐山市中国北方瓷都振兴促进条例》，围绕陶瓷文化传承发展和陶瓷产业振兴进行省内协同立法。此次陶瓷事业领域的协同立法不仅是河北首次开展设区市协同立法，也是全国首次围绕陶瓷开展的区域协同立法。

（四）扎实推进执法审查，强化人大常委会监督职责

聚焦提升监督治理效能，围绕改革攻坚重点领域创新监督机制。2024年通过开展8个重点领域专项执法检查行动，河北协同完成全国人大交办的12项重大检查调研，听取审议27个关键领域的专项工作报告，构建"问题发现—整改督办—效果评估"的闭环监督模式。着力破解要素配置障碍、产业转型瓶颈等阻碍现代化建设的深层次问题，以精准化监督疏通高质量发展堵点。

创新监督机制，认真开展专项监督。针对《河北省防汛避险人员转移条例》贯彻实施情况，全省人大系统构建"专项+联动"立体监督体系，

组织省市县三级监督专班深入 25 个防洪重点县区，对重点基础设施、转移安置场所进行检查督导，创新运用"监督回头看"机制，对重点隐患点位实施二次核查，推动政府严格落实主体责任、抓好问题隐患整改，形成"发现问题—督促整改—建章立制"的监督闭环。

整合力量持续开展联动监督。围绕防洪工程体系建设、建筑产业升级、助残服务优化三个民生领域开展上下联动监督，组建"专业代表+技术专家"联合督导组，深入开展执法检查、重点督查、随机抽查及专项审议，实现监督工作联通联动、组合发力。监督成果转化为政策红利，促成防洪工程建设投资显著增长，绿色建筑占比提升，加快产业转型升级，实现"智慧"助残服务平台全覆盖，相关经验纳入全国人大监督工作典型案例库。

积极构建跨区域协同监督机制。2022 年京津冀三地人大常委会协同出台《关于京津冀协同推进大运河文化保护传承利用的决定》以来，三地持续深化"立法+监督"联动模式，围绕生态治理、文脉传承、文旅融合等关键领域开展全链条监督。坚持问题导向，三地人大同步动员部署，深入大运河沿线实施精准督查、协同推进，成效显著，加速三地大运河沿线经济社会发展融入京津冀协同发展重大国家战略，推动古老大运河焕发时代新风貌。2024 年 5 月，省人大常委会就《中华人民共和国非物质文化遗产法》贯彻实施情况进行执法检查，为非遗服务区域经济发展、社会治理、城市建设等方面指明了方向。

扎实开展重点领域监督。围绕推进经济高质量发展，聚焦关键领域精准发力，以法治力量护航经济社会发展。建立审议计划、预算、决算、执行全链条监督机制，首次将政府债务管理情况纳入法定监督程序。系统审查行政事业性国有资产确权登记、国土空间规划编制以及矿产资源开发保护工作，同步开展营商环境优化条例和行政执法监督条例专项督查。围绕保障改善民生，建立基础教育优质资源供给、文旅融合发展、历史文化遗产保护等民生项目"清单式"监督模式。开展自然保护地体系、民族团结进步示范带建设等专题调研，推动解决群众急难愁盼问题。围绕生态环境

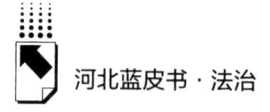

治理，组织环境保护"一法一条例"专项执法检查，专题审议森林草原防灭火能力建设报告，联动开展生态保护补偿制度落实情况调研，通过"燕赵环保行"系列活动推动重点区域环境问题整改。特别针对白洋淀、衡水湖等自然保护地实施法律监督与舆论监督协同机制，促进生态治理效能提升。

（五）统筹立改废释工作，周密实施法规动态清理工作

法治建设是深化改革的制度性保障，任何重大改革事项的实施都依托法律规范的制定完善、动态调整与配套衔接。河北省人大常委会立足维护法制统一原则，紧扣省委关于法规清理专项工作的要求，聚焦存续10年以上的"高龄"法规，启动系统性、穿透式法规体检工程。通过构建法规制定、修订、废止、解释全链条工作机制，重点对与新发展理念脱节、与上位法规定冲突、滞后于改革实践的制度规范进行靶向梳理，同步建立法规动态更新评估指标体系，实现立法质量与改革发展需求精准适配。此次专项清理特别强化对科技创新、绿色转型、民生保障等关键领域法规的系统化审查，确保制度创新与法治实践同频共振，为全省深化改革提供强有力的制度支撑。

2024年以来，省人大常委会已对截至2022年底有效的237部省本级地方性法规进行全面清理，共废止法规16部，个别修正或者全面修订法规34部。2024年，根据经济社会发展需要和轻重缓急，打包废止包括《河北省外商投资企业工会条例》在内的省本级法规7部，修改《河北省食盐加碘消除碘缺乏危害监督管理条例》等18部法规。以高质量法规清理工作维护法制统一，助力全省经济社会发展和改革攻坚任务。

三　扎实推进依法行政

2024年是全面贯彻落实《法治政府建设实施纲要（2021—2025年）》的冲刺期。河北省坚持以习近平新时代中国特色社会主义思想为指导，全面贯彻落实党的二十大精神以及二十届三中全会精神，深入学习贯彻习近平法治思想，聚焦法治政府建设关键环节，聚焦解决人民群众反映强烈的突出问题，扎实推进改革创新，严格依法行政，全面建设职能科学、权责法定、执法严明、公开公正、智能高效、廉洁诚信、人民满意的法治政府，把法治政府建设推向新高度。

（一）优化职能设置，不断提升政府治理效能

1. 持续提升政务效能

2024年河北省提升政务效能，实施线下办事"只进一门"，首批13个"高效办成一件事"项目顺利开展。与改革前相比，减少了91%的办事环节、70%的办理时间、80%的材料提交，总计压减环节125个、精简材料234个、压缩时间232个工作日。同时，线上推进"一网通办"，实现了5816项政务服务的全面覆盖，电子证照累计达到3.45亿张，同时减免审批材料1450个。① 开展优化调整矿业权出让登记权限改革试点，对矿业权审批权限调整、矿业权出让登记、出让收益征收等涉矿政策作出规定。2025年1月1日全面完成矿业权出让登记省市交接，进一步提升矿产资源管理工作效能，为矿业发展做好支持保障。持续优化政务服务，全面施行审批事项清单式管理。河北省应急管理部门施行容缺受理政策，创新实施容缺审批机制，行政许可办理周期同比缩短58%，全面推行"一网通办""全流程网办"等全链条数字化服务，极大提升办事效率。进一步完善优化便民服务举措，在各地配备安装特种作业自助制证设备，考生可就近自助打印证件，实现"就近办""一日办"，截至2024年11月该服务已惠及61.5万人。② 积极打造高效政务服务窗口，编制政务服务事项标准化工作流程和办事指南，系统解读行政许可办理程序，确保省内相同事项办理标准相同，提升政

---

① 《河北省政府新闻办"河北省2024年优化营商环境工作推进情况"新闻发布会文字实录》，河北省人民政府网站，2024年11月5日，http://www.hebei.gov.cn/columns/6b529089-3c22-40ef-8d24-fda72kb33bf5/202411/11/95ef6cca-fde4-46a8-9c80-97256fde4fa4.html。
② 《河北加强法治应急管理助力优化营商环境》，《河北经济日报》数字报，2024年11月30日，http://epaper.hbjjrb.com/Pad/jjrb/202411/30/con163088.html。

策知晓度和服务满意度。持续推出一批公安交管便民利企改革新措施,京津冀45项公安事项实现"同事同标",与多部门积极对接,实现多个事项全程联办、联合调处,全省各市、雄安新区和167个县(市、区)政务服务大厅全部实现公安政务服务"一窗通办",17个公安政务服务事项实现"跨省通办"。唐山市公安局坚持数字赋能,构建"市、县、所、站(室)"四级政务服务体系,推动"一网、一窗、一次"高效服务,实现政务服务大厅、户籍派出所警务站(室)"一窗通办",全力打造"网上办为主、自助办为辅、窗口办兜底"的便捷服务模式,深化公安政务服务改革。

2. 优化法治化营商环境

2024年以来,河北省营商环境不断改善,积极营造市场化、法治化、国际化的一流营商环境。持续聚焦企业关切,不断提升各项要素支撑水平。一是持续畅通融资渠道。引导金融机构加强对中小微企业的金融支持,搭建金融、产业、科技对接平台,为5.3万家民营企业提供"工商联数据贷"694亿元,发挥金融对科技创新的支持作用。二是土地要素保障有力。全省高效推进土地供应,累计保障省重点项目用地22.2万亩,保障率高达98%。优化土地资源配置,以"标准地"模式供应土地6.5万亩,为重大项目建设提供有力支撑。三是人才要素活力激发。积极为企业减负,为55.5万家单位减轻失业保险费负担40.3亿元,有效缓解企业成本压力。精准解决用工难题,累计解决1.7万人的用工需求,充分激发全省人才要素活力。四是科技支撑持续增强。2024年前三季度全省技术合同成交额达1083亿元,同比增长15%,推动产业升级和经济高质量发展。五是公共资源保障优化。整合社会零散运力3.6万辆,组织绿电交易278亿千瓦时,全省每万人拥有5G基站数达26个,数据基础设施不断完善。此外,通过"数据归集百日攻坚"行动,累计归集数据4272亿条,为数字经济创新发展提供强大支撑。[①]自2023年5月19日起全面实施招标投标"双盲"评审制度,即"盲抽"

---

① 《河北省政府新闻办"河北省2024年优化营商环境工作推进情况"新闻发布会文字实录》,河北省人民政府网站,2024年11月5日,http://www.hebei.gov.cn/columns/6b529089-3c22-40ef-8d24-fda72cb33bf5/202411/11/95ef6cca-fde4-46a8-9c80-97256fde4fa4.html。

评标专家和"盲评"投标文件，最大限度减少人为干扰，确保评审过程的公正和透明，有效促进企业之间的公平竞争，提振企业信心，激发市场活力。据统计，2024年前三季度，全省市场主体参与招标采购活动呈现活跃态势，登记主体总量达8.98万户，较上年同期增长7%。省级发展改革部门主导构建市场准入效能评估数字化平台，系统性废止歧视性条款、修订不合规文件23件，同步实施市场秩序净化工程，重点查处垄断协议、滥用市场支配地位等违法行为，累计立案查处206宗违法案件，实施经济制裁总金额1534万元，其中没收违法所得与罚款分别占比38%和62%。此外，针对企业的政策精准增强企业信心，创新推行通行费动态减免机制，取得显著成效。数据显示，2024年1~9月，全省共减免道路通行费71.1亿元，惠及货运物流、商贸流通等12个重点行业，直接降低企业物流成本约4.2%。雄安新区进一步打通产业政策落地关键节点，推行首批"免申即享"54项产业政策，为285家企业发放奖补资金4577万元。[1]持续加大重大项目周边巡逻和交通管理力度，在重点部位设置定点执勤点475个、警务室（站）755个，维护企业周边治安秩序。完善涉企积案常态化清理机制，分级分类对积案建立电子台账，有效提升涉企案件办理效率。搭建警企网上沟通交流平台203个，为企业提供"24小时不打烊"服务，推动全省公安机关优化营商环境工作实现新提升。邯郸市公安局将2024年作为优化营商环境"提升年"，出台《邯郸市公安机关优化营商环境提升行动便民利企措施》，推动政务服务、警企联动等工作提质增效，建立涉企重大紧急警情快速反应机制，常态化开展涉企法律援助服务，护航企业发展。

3. 积极服务国家重大发展战略

京津冀协同发展上升为国家战略十年来，三地以《京津冀协同发展规划纲要》为引领，深化京津冀合作，形成目标同向、措施一体、优势互补、互利共赢的发展格局。2024年，河北省在对接京津、服务京津中加快发展，

---

[1] 《雄安新区发布首批54项"免申即享"政策申报清单》，"中国新闻网"百家号，2024年4月11日，https://baijiahao.baidu.com/s?id=1796027878412861283&wfr=spider&for=pc。

以行政立法协同作为服务保障京津冀协同发展的重要支点，重点围绕"政府规章后评估"、"促进京津冀文旅融合发展"以及"北京大兴国际机场临空经济区管理"，从立法源头为京津冀协同发展战略提供有力法律支撑。2024年初，省司法厅组织27家省直部门、单位召开专门会议部署，从涉及优化营商环境、安全生产、民生保障以及生态环境保护等重点领域的实施时间超过5年的规章中选取有较大影响的40部进行后评估，提出修改建议，改进规章内容，使其符合当前以及未来实践的发展需求。加快重大技术装备的市场应用发展，通过省财政保险补偿、实现财政资金直补、推动政府部门以及国有企业承担先用先试责任等方式强化对企扶持。持续推动数据领域创新发展，2024年9月，河北省数据知识产权登记系统与国家知识产权局知识产权登记书管理平台对接成功。截至2024年11月，已有9个市提交登记申请113件，70件已获得相关证书，24家企业获得河北省第一批数据知识产权登记书。未来河北将进一步强化数据知识产权保护，启动登记平台与运营平台、数据交易平台对接，有力助推河北省数字经济发展。①

（二）严格规范公正文明执法

为全面提升行政执法质量和效能，进一步贯彻落实《提升行政执法质量三年行动计划（2023—2025年）》，印发《河北省提升行政执法质量三年行动方案（2023—2025年）》，重点聚焦以下七个方面开展工作：一是强化行政执法保障，为执法工作提供坚实后盾；二是健全行政执法工作体系，完善执法机制与流程；三是规范行政执法行为，确保执法过程合法合规；四是优化乡镇和街道综合行政执法，提升基层执法效能；五是构建行政执法协调监督工作体系，强化监督；六是推进行政执法和行政执法监督信息化建设，提升执法智能化水平；七是提高行政执法能力，加强执法人员培训。积极推行行政执法"入企扫码"制度，河北省邢台市创新研发"入企扫码"

---

① 《河北省提交数据知识产权登记申请113件》，搜狐网，2024年11月23日，https://news.sohu.com/a/829543706_362042。

方式，依托行政执法和行政执法监督一体化平台，顺利解决多头执法、重复执法等执法扰企问题，该做法成功入选国务院办公厅优化营商环境专项督查典型经验，执法模式获国务院办公厅通报表扬。邢台市41个执法领域、700余个行政执法主体、1.4万余名执法人员、93万余户经营主体已实现入企检查扫码"全覆盖"。[①] 河北公安机关积极转变执法方式，将轻微违法行为包容免罚事项清单拓展至38项，其中涉企20项，引导企业守法诚信经营。京津冀三地在自贸区内统一了7项公安政务服务事项的标准和内容，实现"同事同标"，为企业和群众提供更加便捷、高效的跨区域政务服务。全省各出入境服务大厅全面开通"企业商务专窗"，为企业人员提供从咨询到办证的全流程便利服务，涉及734家企业共计4164人。建立"问计""包联""护航"等制度，定期入企走访，找准服务企业的着力点，与4043家重点企业建立包联制度。[②] 开展2024年度执法领域专项整治行动，对任性执法、选择性执法、运动式执法开展专项整治。积极推行包容审慎柔性执法，制定出台《河北省应急管理系统行为违法行为包容免罚清单》，对15项首违免罚和轻微不罚违法行为进行界定，通过责令改正、批评教育等方式督促企业及时改正。完善行政裁量权基准制度，实施分级分类执法，推行信息化监管，坚持开展执法帮扶。安全监督精度不断提升，受理安全生产举报16257件。畅通政企沟通渠道，推行热线咨询投诉"及时办"。2024年以来，省级平台共接收便民热线工单815单、效能监督工单90单，接听群众来电1713次，接听率与办结率均达到100%。

（三）加大法律援助力度，强化监督制约，推进矛盾综合化解

深入推进法律援助扩面提质。法律援助是公共法律服务体系的重要组成

[①]《入企扫码！邢台持续提升营商软环境》，邢台市人民政府网站，2024年12月4日，https：//xingtai.gov.cn/ywdt/jrxt/bmdt/jcj_2435/202412/t20241204_708533.html。
[②]《省政府新闻办"河北省公安机关优化营商环境工作"新闻发布会文字实录》，河北省人民政府网站，2024年11月22日，http：//www.hebei.gov.cn/columns/6b529089-3c22-40ef-8d24-fda72cb33bf5/202411/28/5c2e3ae9-db58-4bb1-8b22-33f3f82a9c53.html。

部分，是党委、政府重要的法治惠民工作。据统计，2024年全省已建成法律援助机构187个，下设工作站4218个、联络点15206个，形成了覆盖县级以上司法行政部门的完整服务网络，法律援助领域取得显著进展。[①] 在服务网络构建方面，各地着力打造"三位一体"服务体系，实现实体平台、网络平台、热线平台三维同步拓展，有效扩大服务覆盖面。在便民服务方面，相关部门重点推进了服务机构的标准化建设和便民窗口的优化升级。通过实施"最多跑一次"改革，对特殊群体（包括困难群众和行动不便者）提供预约服务、上门服务等个性化服务模式，显著提升了服务效能。同时，积极推进"智慧法律服务"平台建设，针对不同群体的法律需求，提供精准化、定制化的法律服务解决方案。通过推行"组合式"服务模式，有效提高了人民群众对法治服务的获得感和满意度。

建立四级行政执法协调监督工作体系。通过《河北省行政执法证件和行政执法监督检查证件管理办法》，为了提升行政执法的规范性和加大监督力度，推动依法行政的深入实施，需采取一系列措施。首先，应加速构建行政执法及监督信息系统，采用国家统筹、省级组织的方式，实现省市两级集中部署，并推广覆盖省市县乡四级的一体化应用模式，以此促进执法和监督平台的集约化建设与广泛应用。同时，推广使用行政执法移动应用程序，实现掌上执法，提高执法效率和便捷性。其次，强化行政执法的保障措施，重点加强基层执法队伍建设，合理配置执法资源，确保执法力量向基层倾斜。注重执法机构队伍的梯度建设，建立重大执法决定的法制审核协作机制，以确保执法决策的合法性和合理性。此外，截至2024年底，基本建立行政执法机构的公职律师和法律顾问队伍，为执法活动提供专业的法律支持和保障。通过这些措施，旨在全面提升行政执法的质量和效率，确保法律的正确实施和公正执行。

进一步规范行政执法行为，提升行政执法效能，重点推进执法规范化建设与监督机制完善工作。在信息化建设方面，着力构建统一的执法监管信息

[①] 《河北深入推进法律援助扩面提质》，《法治日报》2024年1月8日。

平台，采用"国家统筹规划、省级组织实施、省市两级集中部署、四级一体化应用"的系统架构，实现执法监督平台的集约化建设与移动终端应用，全面推行移动执法终端的普及使用。在执法队伍建设方面，重点强化基层执法力量配置，优化执法资源分配，建立执法力量下沉机制。通过完善执法机构人才梯队建设，建立健全重大执法决定法制审核联动机制，全面提升执法专业化水平。

推进矛盾综合化解。全省开通涉企行政复议绿色通道，积极提升行政复议办理质效，助力企业维护合法权益，营造法治化营商环境。建立行政复议行政平台，推行行政复议线上申请，实现行政复议"零跑腿"，为企业和其他申请人提供便利。2024年10月，颁布实施《河北省行政复议调解和解规定》，继续加大涉企行政复议咨询与服务等工作力度，做好行政复议调解和解工作，实现行政争议实质性化解。

四　严格公正司法

2024年，河北各级法院共受理各类案件140余万件，结案近130万件。全省检察机关聚焦"努力让人民群众在每一个司法案件中感受到公平正义"目标，促进建设公平正义、平安法治的现代化河北。

（一）为奋力谱写中国式现代化建设河北篇章提供有力司法服务和保障

1. 贯彻总体国家安全观，助推更高水平的平安河北建设

河北各级法院深入推进《河北省平安建设条例》实施，常态化开展扫黑除恶专项行动，并始终以高压态势依法从严从重惩处重大恶性犯罪，切实增强了人民群众的安全感。对于人民群众反映强烈的危害食品药品安全、电信网络诈骗等犯罪，河北各级法院不断加大惩处力度，2024年，共审结危害食品药品安全犯罪案件426件、电信网络诈骗及关联犯罪案件1.1万件，有力守护了人民群众的生命财产安全。积极促进轻罪治理，依法保障被告人

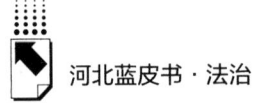

的合法权益和律师的执业权利，发放司法救助金5257万元，不断加强人权司法保障，传递司法温度。

2. 坚持服务保障大局，以高质量司法护航高质量发展

服务保障京津冀协同发展、雄安新区建设等国家重大战略实施。2024年2月，河北省高级人民法院印发《2024年全省法院司法服务保障京津冀协同发展工作要点》，进一步贯彻落实京津冀三地高级人民法院签署的《关于加强司法协作为京津冀打造中国式现代化建设先行区示范区提供服务保障的框架协议》。通过建立常态化的沟通会商、联动协作、人才交流培养等工作机制，三地法院的司法协作范围逐步扩大，协同力度显著加大，服务保障京津冀协同发展也更加精准有力。服务高标准高质量雄安新区建设，在雄安中院设立知识产权庭，并依托最高人民法院青年法官实践基地，通过"上学下派"机制让更多优质资源惠及雄安、辐射河北。

服务保障优化法治化营商环境。聚焦"2+3+N"工作任务，不断强化法治服务保障。积极优化破产工作机制，建立破产管理人履职清单，推进破产财产处置多元化，切实保障市场主体有序退出。依法促进法治政府、诚信政府建设。强化行政审判职能作用，监督促进政府依法行政、践信守诺。通过推进行政机关负责人出庭应诉工作、发布白皮书等形式，提升行政审判效果。支持行政机关深化"放管服"改革，促进营商环境法治化水平提升。

服务保障美丽河北建设。2024年，河北各级法院共审结环境资源案件1.3万件。通过聘任114名生态技术调查官，司法审判的专业化及生态修复的科学化水平不断提高。白洋淀、环渤海、燕山、太行山等区域的司法保护协同进一步加深，跨区域的长效联动机制有效建立。张家口市中级人民法院设立增殖放流司法保护基地，被最高人民法院作为环境资源审判十年成果展示。秦皇岛市中级人民法院完善长城保护司法联席工作，服务长城国家文化公园建设。

3. 践行司法为民宗旨，增强人民群众司法获得感

强化民生司法保障。2024年，河北各级法院牢固树立"如我在诉"意识，审结涉就业、教育、医疗等民事案件48.8万件。依法维护老弱妇孺及军人军属合法权益。完善涉老民事审判工作机制，加强超龄劳动者权益保护，助力实现老有所养、老有所为。开展打击拐卖妇女儿童犯罪行为专项行动，与公安机关建立健全情况通报、信息共享等沟通协调机制。协同配合民政、卫健、妇联等部门，开展救助保障、心理疏导、安置帮扶等工作。深化"法治副校长"职能，积极参与校园纠纷预防化解，推动平安校园建设。完善涉军维权工作指导联络机制。优化便民诉讼举措，印发《"一次办好"立案指南》，努力实现"只跑一次、最好一次不跑"目标。目前，已开展网上立案98.2万件、网上阅卷3.6万次、网上开庭9.4万次，为当事人提供了更加便捷、高效、优质的诉讼服务。兑现群众胜诉权益，推动解决不动产登记难问题，建立优化审查房产查封案件的快速办理机制。

4. 坚持深化改革创新，推进审判工作提质增效

坚持和发展新时代"枫桥经验"，源头治理成效明显。河北各级法院认真履行指导调解法定职责，参与化解矛盾纠纷4.5万件。省高院召开省级"总对总"工作座谈会，与省人社厅、省住建厅多家单位建立了诉调对接机制，并发布22个多元解纷案例，促进专业调解和司法调解协调联动。扎实开展"枫桥式人民法庭"创建示范活动，5个法庭入选全国新时代人民法庭建设案例。健全审判管理机制，落实和完善司法责任制。全面推行院庭长阅核，充分发挥院庭长带头办理重大疑难复杂案件的示范效应。科学运用审判质量管理指标体系，完善数据分析研判会商机制，开展案件的常规、专项和重点评查。深化数字法院建设。充分发挥信息技术对司法审判的支撑作用，积极参与政法跨部门大数据办案平台建设，推动与公检机关数据的共通共享。推进全流程无纸化办案，加强审判辅助事务集约化处理，推动开展录音录像替代笔录庭审改革试点。

5. 全面从严治院治警，锻造忠诚干净担当的法院铁军

把政治建设放在首位。举办8期"河北法院大讲堂"，建立课后主题党日制度，深入实施青年理论学习提升工程，将政治学习融入日常经常。打造"冀法红·铸天平"机关党建品牌体系，开展"太平花开"党建典型案例推介，以高水平党建引领高质量审判。大力加强纪律作风和司法能力建设，扎实开展党纪学习教育。以"六大纪律"为重点开展专题党课、专题辅导、

现场教学等活动，推动设立省直机关警示教育基地，狠抓"三个规定"落实，形成了学纪、知纪、明纪、守纪的良好氛围。着力提升履职能力和水平。2024年，河北省法院系统举办各类培训69期、参训干警8.2万人次，10个网络微课程在最高人民法院"法信杯"评选中获奖。进一步提升理论研究能力，加强与高等院校、科研机构的交流合作，以理论研究的深化为司法实践提供智力支持。

（二）为更高水平的法治河北建设贡献检察力量

1. 充分发挥检察职能作用，着力防风险保安全护稳定

深入贯彻总体国家安全观，2024年批捕各类犯罪嫌疑人31209人、起诉74556人，同比分别下降3%、6.8%。组建涉外法治专业人才库，依法办理涉外案件56件，维护国家主权、安全和发展利益。严厉打击个人极端暴力等重大恶性犯罪，起诉11人，形成有力震慑。常态化开展扫黑除恶斗争，起诉681人。落实醉驾定罪量刑新标准，2024年起诉危险驾驶罪16015人，同比下降4.3%。紧盯涉众金融、房地产等领域风险，2024年起诉非法吸收公众存款、洗钱等犯罪1292人，同比下降27.9%。河北省人民检察院与省地方金融管理局会签备忘录，加强金融领域执法司法衔接协作。积极参与安全生产风险专项整治，惩治重大责任事故、危险作业等犯罪155人。从严打击电信网络诈骗及关联犯罪，会同公安等部门深挖严打涉缅北电信网络诈骗犯罪组织者及幕后"金主"，2024年起诉12866人，同比下降28.4%。

2. 服务大局履职担当，为经济强省建设提供法治保障

围绕党和国家中心工作，聚焦省委部署要求，完善检察举措，增强服务发展实效。开展护企"啄木鸟"、"老字号"保护、"空壳公司"打击治理等专项行动，2024年起诉破坏市场经济秩序犯罪6301人，同比下降3.3%；起诉侵犯商标权、商业秘密等犯罪901人，同比上升8.2%。以法治守护文化根脉，2024年起诉妨害文物管理犯罪132人，立案文物和文化遗产保护领域公益诉讼案件149件，护航"这么近，那么美，周末到河北"文旅品牌。保障重大国家战略实施。修订《京津冀检察机关合作框架协议》，助力京津冀协同发展。建立涉知识产权犯罪三地上下游线索必审、必报、必查机制，该机制入选国家知识产权强国建设典型案例。坚持"法护雄安"，2024年起诉涉妨害开发建设犯罪101人。织密白洋淀生态保护法网，2024年起诉流域内刑事案件41件，立案公益诉讼案件69件。依法平等保护各类经营主体，2024年起诉职务侵占、挪用资金等犯罪491人，同比上升25.9%；起诉强迫交易、串通投标等犯罪99人。防止和纠正利用行政、刑事手段干预经济纠纷，2024年监督撤销涉企不当立案296件，同比上升240.2%。

3. 统筹开展"燕赵山海·公益检察"专项监督，护航美丽河北建设，维护食品药品安全

在深化环资领域专项监督的同时，部署开展食药领域专项监督，统筹推进、协同发力，以公益检察监督推动解决了一批环境资源、食药安全方面的突出问题。加大环资领域办案力度，在2023年立案6538件基础上，新立案4245件，其中，以磋商、检察建议方式督促解决3036件，提起行政公益诉讼102件，护佑燕赵大地生态之美。坚持因地制宜，办理渤海湾、燕山—太行山、坝上草原等重点区域、重点地区、重点行业案件1044件。开展尾矿库专项治理，立案75件，督促复绿145亩。守护食品药品安全，聚焦食品掺杂掺假、制售假药劣药、直播带货侵权等8个方面40项具体问题立案2478件，回应人民群众关切。起诉非法使用"瘦肉精"、劣质油等涉食药安全犯罪505人。严格落实惩罚性赔偿制度，起诉追偿惩罚性赔偿金2.5亿元。凝心聚力共建公益保护大格局，省人民检察院与省生态环境厅、省地矿局等单位会签加强协作配合的意见，共享卫星遥感数据6T，支持鉴定31次；与省市场监管局、省农业农村厅联合部署专项行动，促推畜禽屠宰规范化、高标准农田建设。跨区域检察协作日趋紧密，张家口、廊坊、邢台等地检察机关与毗邻地区检察机关完善多项合作机制，携手保护北方防沙带、大运河等生态长廊。

4. 聚焦高质效办案，以法律监督促进执法司法公正

秉持客观公正立场，依法监督、规范监督，让公平正义更加可感可触

可见。

一是不枉不纵推进刑事检察。2024年监督立案、撤案5491件，追捕追诉漏犯2388人，纠正侦查活动违法8925件次；依法提出抗诉521件，同比上升1.4%；组织对12所监狱、7个看守所、6个市的社区矫正工作开展跨市交叉巡回检察，提出"减假暂"监督意见1166人；积极参与反腐败斗争，起诉职务犯罪1179人。

二是有的放矢推进民事检察。加强民事审判监督，2024年对生效裁判抗诉148件，提出再审检察建议433件，纠正审判活动违法1301件次；开展专项监督，纠正虚假诉讼案件82件；依法开展调查核实3214件，查明案件事实真相；加强对民事执行活动的全程监督，提出检察建议1589件；做实民事检察和解，引导化解医疗、借款、侵害消费者权益等纠纷100件，双向发力推进行政检察。

三是双向发力推进行政检察。加强行政诉讼监督，2024年提出抗诉、再审检察建议49件，纠正审判和执行活动违法1084件次，同比分别下降22.2%、23.4%；坚持在履行行政诉讼监督职责中开展行政违法行为监督，提出检察建议467件；对决定不起诉但需要给予行政处罚的案件提出检察意见5260件，防止"不刑不罚"；综合运用监督纠正、释法说理等方式，实质性化解行政争议232件。

四是精准规范推进公益诉讼检察。省、市人民检察院加大办案力度，助推公共利益一体保护。省人民检察院直接立案办理畜禽屠宰、口腔医疗领域行政公益诉讼案件，推动行业性、区域性问题系统治理。紧紧抓住可诉性这个关键，加强检察建议与提起诉讼衔接，提起公益诉讼585件。

五是依法稳慎推进检察侦查。省人民检察院与省监委建立"双立案"机制，严肃查处司法工作人员职务犯罪。省、市人民检察院全部完成侦查机构专设。开展"亮剑·2024"专项行动，2024年立案侦查司法工作人员职务犯罪89人，同比上升27.1%。

六是积极探索推进数字检察。深化垂直领域大模型应用，打通与省数据和政务服务局等单位数据壁垒，提升公益检察数智平台自学习能力，线索成案率达38.8%，最高检在省人民检察院召开现场会向全国推介。该平台获作品登记、计算机软件著作权登记和外观设计专利。新建成民事行政检察数智平台，通过线索智筛、AI辅助等，强化精准监督、深度监督，有力提升办案质效。瞄准科技前沿，升级省人民检察院司法鉴定中心，成功应用虚拟解剖技术辅助办案，走在全国检察技术前列。

5. 践行司法为民宗旨，不断增强人民群众获得感

按照最高检统一部署，深入开展"检护民生"专项行动，办好检察为民实事。

一是用心用情办好群众身边案件。省人民检察院与省卫健委、省医保局等5部门联合开展医保基金违法违规专项整治，起诉34人；与省军区等单位联合出台"四优先"举措，深化军地检察协作，保障军人军属合法权益。加强妇女儿童、农民工、残疾人等特殊群体合法权益保障，严厉打击侵害未成年人犯罪3265人，起诉家庭暴力、恶意欠薪等犯罪96人。2024年民事支持起诉1415件，同比下降22.8%；开展检护质量安全行动，起诉生产、销售伪劣商品等犯罪810人。

二是依法化解信访矛盾纠纷。深入推进检察信访工作法治化，畅通"信、访、网、电"多元渠道，打造一站式12309检察服务中心，办理信访45456件次，同比下降0.7%。落实群众信访件件有回复制度，重复访下降10.8%。开展信访积案化解三年"清仓"行动，邀请代表委员、人民调解员释法理、评事理、明情理，进行上门听证、简易听证等382次。2024年三级检察院领导接访下访3818件次，包联信访积案604件。

三是推进未成年人犯罪预防和治理。认真履行省预防未成年人犯罪工作联席会议办公室职责，省人民检察院会同16家省直单位建立协作机制，开展预防未成年人犯罪专项工作。聚焦重点人群，因人施策分级干预，推动公安、教育等单位包联未成年人17924人。实行分域防控，督促严管严控日租房、网吧等场所6900处。加强阵地建设，促进设立家庭教育指导站6615个、社会观护基地235个；督促建成专门学校11所，实现设区市一市一校，开展矫治教育374人；持续送法进校园，法治教育覆盖871万人次。

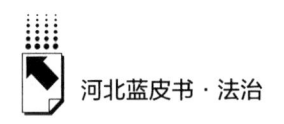

五 深入开展法治宣传教育

(一)抓牢重点对象,深化全民普法工作

全面落实学法用法。在省级层面,邀请省"八五"普法讲师团成员,成功完成省政府常务会议关于《组织法》和新修订《行政复议法》的会前学法工作;全省各地坚持政府常务会议学法制度,邀请法学专家深入解读法律法规。以青少年为重点,省司法厅联合省教育厅面向全省大中小学生及家长部署开展为期30天的"法护未来 家校共育"法治公益课展播活动,增强青少年群体法治意识;省司法厅同省教育厅在河北师范大学举办第九届河北省大中小学生"学宪法 讲宪法"大赛暨全国选拔赛,评选出各组别获奖选手并确定8名选手参加全国总决赛。持续开展示范宣讲,以"河北法治乡村大讲堂"为抓手在全省各市持续开展示范宣讲,深入基层一线对乡村法律明白人、农村学法用法示范户就《民法典》、调解方法和反诈知识进行培训。尤其是按照对接帮扶雄安新区司法行政工作有关要求,在雄安新区三县接续开展三场重点宣讲。截至2024年11月,共开展示范宣讲19场,受众及媒体传播惠及人次达10万以上。转发《司法部办公厅关于印发〈推进"法律明白人"培训全覆盖 服务基层依法治理工作方案〉的通知》,并提出河北省相关贯彻落实举措。截至2024年9月,"法律明白人"人数达26.12万人。举办全省"法律明白人"示范培训班,指导各地分级组织"法律明白人"培训。全省共开展培训1000余场,培训"法律明白人"约19万人次。

(二)深化"每月一主题"普法宣传活动

2024年初,印发《2024年全省普法依法治理工作要点》,对河北省法治宣传教育工作进行安排部署,压实部门普法责任,突出普法宣传的针对性和实效性。结合落实"谁执法谁普法"普法责任制和媒体公益普法等制度,深化"每月一主题"普法宣传活动，坚持服务中心、突出重点、条块结合，以国家安全、涉外法治、涉军维权、知识产权保护等领域为重点，分类分业分众组织开展普法宣传活动，形成上下联动、广泛参与、共同行动的普法格局，在全社会营造浓厚法治氛围。截至2024年，省级层面按照月度主题紧盯重大节日、纪念日、主题宣传日和重要法律法规颁布日，开展了"民法典宣传月"、"营商环境法治宣传月"、"保密法宣传月"、"世界水日"、"中国水周"、"防范非法集资宣传月"、"法律服务 助老护老"等主题法治宣传活动10余场次；各地市整合宣传资源，增强普法宣传的吸引力、感染力，开展主题活动200余场。以提升民营企业家法治素养为着力点，启动"法惠冀商·助企发展——河北法治民企巡回示范宣讲"活动，有针对性地为民营企业提供多元化、多层次、多类型的法治宣传教育服务，在强化涉外法治宣传、优化法治化营商环境等方面力求突破，以高水平法治服务保障民营经济高质量发展，"每月一主题"普法宣传工作取得实效，推动"八五"普法工作高质量开展。

（三）推进宪法宣传周活动

2024年12月4日是第11个"国家宪法日"，河北省大力加强宪法宣传，弘扬宪法精神。目前，河北省持续打造了270余个以宪法为主题的宣传阵地，宪法宣传教育在河北省实现了常态化、长效化。河北省委宣传部、河北省司法厅联合印发《2024年河北省"宪法宣传周"工作方案》，统筹安排省市县三级在宪法宣传周期间同步开展集中宣传活动。宪法宣传周活动以"注重实效、形式丰富、突出特色、成果丰硕"为目标，突出宣传《河北省平安建设条例》《河北省消防条例》《河北省优化营商环境条例》《河北省防汛避险人员转移条例》《河北省法律援助条例》《河北省推进京津冀社会保障卡居民服务"一卡通"规定》等多部新出台、新修订的地方性法规、规章，同时持续加强防范电信诈骗、预防校园欺凌等方面的普法宣传。12月4日当天集中宣传活动达180场次，参与人数达百万人，呈现统筹推进、主题鲜明、参与感强、重点突出、形式多样、覆盖面广等特点。河北省各地各部门也开展形式

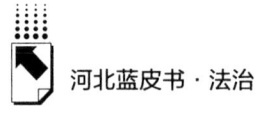

多样的特色活动，石家庄市开展"依法治国从这里启航"巡展活动，廊坊市举办宪法宣传法治文艺汇演暨通武廊法治文化建设研讨会，唐山市开展"文化惠民·法治同行"电影展映系列宣传活动等。此外，景区、商场、超市等人员相对密集的场所也进行了宣传安排，确保宪法法律元素随处可见、触手可及，真正让宪法走进日常生活、走进人民群众。

六　2025年河北法治建设展望

（一）着力提高立法质量效率

以法治保障改革主动适应发展需要，健全立改废释机制，重点突出重点领域和新兴领域，出台一批精品良法。通过立法解决人民群众的急难愁盼，不断提升人民群众的幸福感、获得感、满足感。聚焦发展新质生产力，加强相关领域立法探索，推动出台鼓励创新、优化营商环境等方面法规规章，发挥法治固根本、稳预期、利长远的保障作用。持续夯实加深京津冀一体化立法格局，在加强现有立法协同基础上，继续深化生态环保、科技创新、交通一体化、产业转移等重点领域的协同立法，健全区域营商环境评价体系，完善跨区域合作的法规体系。进一步提升地方立法质量，加强对设区市立法工作的指导与审查，持续提升地方性法规的系统性、整体协调性和实施时效性。重点围绕营商环境优化、科技创新推动、民生保障改善等领域，开展常态化的联动监督、专项检查和协同监管，为经济社会高质量发展提供坚实保障。坚持科学立法、民主立法、依法立法工作方式，不断完善立法程序和工作机制，拓宽公众参与立法的渠道，增强立法的科学性、民主性和可操作性。加强立法人才队伍建设，提高立法人员的专业素质和业务能力，为高质量立法提供人才支撑。

（二）稳步提升依法行政能力

根据《法治河北建设规划（2021—2025年）》，坚持系统观念，推进法治河北、法治政府、法治社会一体建设，全面提升法治河北建设水平。全面贯彻实施《宪法》，坚决维护《宪法》尊严和权威，加强京津冀协同发展、雄安新区规划建设等重大国家战略的法治保障，全面推进政府治理体系和治理能力现代化。围绕《河北省提升行政执法质量三年行动方案（2023—2025年）》，持续提升行政执法质量，严格规范公正文明行政执法行为。依托行政执法和行政执法监督一体化平台，在全省推广邢台市入企扫码试点经验，提升行政执法质量。优化营商环境"586"工作体系（《关于促进法治化营商环境建设的五条政策措施》《开展优化法治化营商环境八个专项行动的实施方案》《进一步提升法治化营商环境建设水平的六条措施》），持续深入构筑法治化营商环境。

（三）确保司法公正高效权威

聚焦高质量发展这一首要任务，加大司法政策供给力度。深化府院联动机制，强化府院联动效能，保障人民群众的合法权益，激发经济社会的发展活力。依法做实各类经营主体平等保护，严防趋利性执法司法。坚持和发展新时代"枫桥经验"，积极参与综治中心规范化建设，促推矛盾纠纷源头预防、实质化解。认真落实人民法院"六五改革纲要"，落实和完善司法责任制，做实符合司法规律的审判管理，参与全国法院"一张网"建设，推动审判体系和审判能力现代化。发挥检察职能，服务保障京津冀协同发展，高标准高质量推进雄安新区建设，强化民生司法保障。全面协调履行四大检察职能，优化检察管理，抓实检察业务管理、案件管理、质量管理。依法均衡办案，落实和完善司法责任制，健全检察权运行监督、运行制约监督机制，确保检察权依法规范公正高效廉洁运行。

（四）推动"八五"普法规划全面实施

严格落实普法责任制，开展"谁执法谁普法"履职评议，落实法官、检察官、行政复议人员、行政执法人员、律师等以案释法制度。推动落实领导干部应知应会党内法规和国家法律清单制度，深化领导干部学法用法。组织实施公民法治素养提升行动，做好重要时间节点的法治宣传教育工作，开

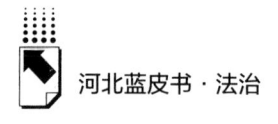

展精准普法。培养乡村"法律明白人",实施"1名村(居)法律顾问+N名法律明白人"行动,培养老百姓身边的法治宣传和法律服务队伍。

参考文献

董开军:《河北省人民检察院工作报告》,《河北日报》2025年2月12日。
黄明耀:《河北省高级人民法院工作报告》,《河北日报》2025年2月11日。

立法篇

B.2 开展规章清理工作的实践与思考

——以河北省规章清理工作为例

马 涛*

摘　要： 开展规章清理工作是深入践行习近平法治思想、维护国家法制统一、保证政令畅通的有效举措。本报告详细阐述开展规章清理工作的重要性和必要性，并以河北省近年来特别是2024年规章清理工作为例，梳理了清理过程中的有效做法，通过建立健全规章清理工作机制、常态化开展规章清理实践，特别是2024年采取整体推动、分头推进、精准对标、开门清理、借助外脑、加强协调、重点沟通、衔接联动、充分研究、严格审查等十项工作举措，高质量完成了清理任务。同时，结合工作实际，提出了注重规章立法后评估结果运用、注重拓宽各方参与规章清理工作渠道、加强对规章清理工作的统筹协调等构想建议，希望能对规章清理工作高质高效开展有所裨益。

关键词： 规章清理　废止　"打包"修改　全面修订

---

* 马涛，河北省司法厅立法二处三级调研员，研究方向为政府立法。

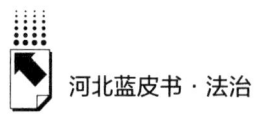

一 开展规章清理工作的必要性

规章清理，即规章的制定机关从维护国家法制统一和改革发展需要出发，对一定时期和范围内的规章进行梳理、分析、审查，确定其是否继续适用或者需要修改、废止、宣布失效的工作制度。规章清理具有立法的性质，能够产生修改或者废止部分规章的结果。高质量开展规章清理工作，对增强规章的协同性、系统性、针对性具有重要意义和作用。

（一）维护国家法制统一的客观需要

我国是单一制国家，中央和地方均有立法权。截至2024年11月8日，我国现行有效的法律305部、行政法规596部、地方性法规1.44万余部、地方政府规章8000余部。[1]地方政府规章由省、设区市的政府制定出台，效力较低，在制定或者实施过程中难免出现与新出台的法律法规不衔接、不一致情况。为此，有必要常态化开展规章清理工作，及时衔接上位法立改废情况，采取废止、"打包"修改等方式解决规章中存在的与上位法不一致、不衔接、不适应等方面问题，同时审查分析同位阶各规章之间的内在关联性和协调一致性，可以消除规章规定之间的冲突和重叠，实现相关领域上下联动、左右协同，切实增强规章的系统性、整体性、协同性、时效性，有效维护国家法制统一，确保国家法律法规的全面有效实施。

（二）增强法律适用性、补充成文法滞后性的重要举措

我国是成文法国家，成文法的优点是具有系统性、稳定性，法律规则明确、易于掌握适用，但缺点是具有一定的滞后性，缺乏灵活性，容易和当前经济社会发展要求不相适应，需要不断更新以适应当前经济社会发展新要

---

[1] 相关数据来源于国家法律法规数据库，中国政府网国家行政法规库、国家规章库。

求。规章清理具有灵活、高效、可操作性强等特点，能修改的不轻易废弃重立，借助这种"小快灵"的立法方式，"一揽子"修改、废止与当前经济社会发展不相适应的部分规章，能够节约立法成本、提高立法效率，及时弥补成文法不足，以更快速地适应经济社会发展新要求，实现法律系统性、稳定性和灵活性、变动性的有机结合，切实增强政府规章的实施效果，以良法促进发展、保障善治。

（三）深入贯彻国家、省相关规定的必然要求

国务院《规章制定程序条例》规定，国务院部门，省、自治区、直辖市和设区的市、自治州的人民政府，应当根据全面深化改革、经济社会发展需要以及上位法规定，及时组织开展规章清理工作。对不适应全面深化改革和经济社会发展要求、不符合上位法规定的规章，应当及时修改或者废止。《法治政府建设实施纲要（2021—2025年）》对规章清理工作提出要求，增强政府立法与人大立法的协同性，统筹安排相关联相配套的法律法规规章的立改废释工作。2024年，党中央、国务院又先后部署开展涉及不平等对待企业法律法规政策清理、规范和监督罚款设定与实施工作等，对做好规章清理工作提出明确要求。河北省委、省政府高度重视，省委主要领导多次作出指示、提出要求，省政府主要领导审定清理工作方案，召开省政府常务会议专题研究。河北省司法厅认真贯彻落实国家、省关于规章清理工作部署要求，确保高质量完成规章清理工作任务。

二 开展规章清理工作的具体实践

按照国家、省关于规章清理工作的要求和具体安排，河北省司法厅切实加强规章清理工作，不断健全清理工作机制，牵头组织有关部门常态化开展规章清理工作，同时开展《民法典》《中华人民共和国外商投资法》《中华人民共和国行政处罚法》等涉及省政府规章的专项清理，努力破除制约高质量发展的制度障碍，取得了积极成效，积累了实践经验。

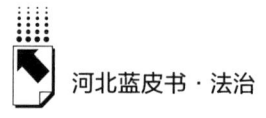

（一）建立健全规章清理工作机制

2019年12月，为及时衔接《中华人民共和国立法法》、国务院《规章制定程序条例》以及《河北省地方立法条例》等上位法，河北省人民政府出台《河北省政府规章制定办法》，对规章清理作出具体规定，要求省和设区市人民政府根据全面深化改革、经济社会发展需要以及上位法规定，及时组织开展政府规章清理工作。对不适应全面深化改革和经济社会发展要求、不符合上位法规定的政府规章，及时修改或者废止。2022年3月，《关于提高政府立法工作质量的若干措施》要求，完善政府规章清理长效机制，定期对政府规章进行清理，及时修改或废止不符合上位法规定、与改革决策不相适应的规章，着力破除制度障碍，使政府规章和改革决策相衔接，确保法律体系内部衔接协调。2022年6月，《河北省规章规范性文件清理办法》围绕何时清、谁来清、怎么清等方面作出规定，明确对现行有效的政府规章每2年至少清理一次，对政府规章施行满5年的开展评估，需要清理的，及时报告制定机关纳入清理范围。针对清理工作标准不统一问题，按照合法性、合理性、协调性、可操作性、实效性等5个标准开展清理工作。针对废止、修改、宣布失效的具体情形不够明确问题，分别规定了6种予以废止、6种宣布失效、8种予以修改的情形。

（二）常态化开展规章清理工作

近年来，按照省委、省政府工作部署，河北省司法厅牵头组织省有关部门每年开展政府规章清理工作，2022年至今累计提请省政府废止52部、"打包"修改64部省政府规章。连续开展营商环境领域规章清理专项行动，重点清理与上位法不一致、不适应全面深化改革和经济社会发展、不利于京津冀协同发展有关内容，同时组织开展《民法典》、《中华人民共和国外商投资法》、《中华人民共和国行政处罚法》、《中华人民共和国人口与计划生育法》和《优化营商环境条例》等涉及省政府规章的专项清理，努力破除制约高质量发展的制度障碍。

（三）2024年规章清理工作开展情况

2024年规章清理工作不同于以往，是一次系统全面的清理。河北省司法厅牵头完成了对截至2023年底现行有效的203部省政府规章的全面清理工作，共废止36部、"打包"修改28部、拟列入立法计划全面修订34部。11月11日，省政府第39次常务会议专题研究；11月16日，公布了《河北省人民政府关于废止和修改部分省政府规章的决定》。此次规章清理是近年来河北省力度最大、范围最广、成果最突出的一次。

1. 主要特点

一是领导重视程度高。省委主要领导在省委常委会、省委全面依法治省委员会会议上专门作出部署，要求统筹推进立改废，及时修改、废止不适应实践需要的法规规章文件，到省司法厅调研时又专门过问，再次强调这是省委启动的一项系统性清理工作。省政府主要领导审定清理工作方案、主持召开省政府常务会议审议清理决定草案，对常态化开展规章清理工作提出明确要求。省委政法委主要领导召开全体会议听取汇报，给予有力指导。省政府分管领导多次组织专题调度，指导推进清理工作落实。二是规章时间跨度长，截至2023年底现行有效的203部省政府规章，最早的公布于1986年，存续10年以上从未做过修改以及虽做过修改但最后一次修改时间也超过10年的达70部，更是此次清理工作的重点。三是清理重点多，既有贯彻党中央、国务院安排部署，专项清理涉及不平等对待企业的内容，又有按照国务院进一步规范和监督罚款设定要求，清理违法设定罚款的内容，还要落实全省优化营商环境要求对规章相关内容进行清理，同时及时衔接上位法立改废情况和国家相关政策调整情况进行清理。

2. 采取的措施

河北省司法厅坚持政治站位，强化责任担当，多措并举、持续推进，集中半年多时间牵头完成了清理工作。一是整体推动。先后召开12次厅党委会、专题会研究部署调度，组建工作专班，制定工作方案，组织召开由相关部门参加的3次清理工作会议。对清理任务重的15个部门进行重点督导，对其他31个部门召开集中督导会议，讲政策、压责任、督进度、抓落实，实现督导全覆盖。二是分头推进。按照"谁制定、谁清理""谁实施、谁提出清理意见"的原则，建立清理责任制，各责任部门对其实施的规章进行全面梳理，提出初步清理意见并经集体研究审定。对修改内容涉及国家相关政策调整的，均对口征询国家有关部委意见；对涉及市县乡等基层职责和其他部门职责的，分别听取基层单位和相关部门意见。三是精准对标。按照党中央、国务院关于开展涉及不平等对待企业法律法规政策清理、规范和监督罚款设定与实施等文件要求，及时衔接法律法规立改废情况，统筹推进清理工作，确保国家法制统一。紧贴河北省实际，结合机构改革后部门职责和政策调整情况，对相关法律主体和部门权责进行规范调整。四是开门清理。通过发布清理公告，面向社会公众广泛征集意见。发挥立法联系点作用，向省政府基层立法联系点发函征求意见建议。组织召开规章清理企业座谈会，邀请省工商联、省企业家协会和22家企业参加，深入听取企业家意见建议。五是借助外脑。选取8名高校法学教授、专家学者组成专家组，全程参与清理工作。召开专家座谈会，邀请河北大学、河北师范大学、河北经贸大学、省社科院和省律协及有关律所相关专家、律师参加，听取专业意见建议。六是加强协调。针对《河北省水功能区管理规定》等4部规章清理中的分歧，组织5个相关部门召开协调会，协调解决争议。针对有关部门提出的清理政策、规章条款等方面问题予以解答，对清理内容把握不准、存在疑惑的，深入相关部门共同研究解决。七是重点沟通。认真落实中央、省关于整治形式主义减轻基层负担的部署要求，就35部包含监督检查考核、表彰奖励等内容的规章，发函征求省委组织部、省人力资源和社会保障厅意见建议。针对涉及部门较多、职责边界不清的部分规章，会同省委编办对有关部门"三定方案"和具体职责进行核对，进一步厘清部门职责边界。八是衔接联动。及时向司法部请示汇报，动态关注行政法规最新清理情况，做好与河北省相关规章的有效衔接。与省人大常委会法工委保持密切沟通，根据地方性法规立改废情况，及时修改废止相关规章。加强省市工作联动，指导、督促11个设区市对截至2023年底现行有效的181部市政府规章进行清理，3次组织召开集中督导会议，分4个调研组赴11个设区市实地督导指导，帮助解决清理中遇到的问题，确保清理工作顺利推进。九是充分研究。综合有关部门、市场主体和专家学者等各方面意见建议，研究提出初步清理结果后，再次书面发函征求55个省有关部门的意见，针对反馈的意见建议，会同有关部门逐条研究，做到充分吸纳、协调一致，确保"应清尽清、应废尽废、应修尽修"。十是严格审查。经过反复沟通修改，提出废止、"打包"修改、全面修订、保留四个方面清理意见，起草《河北省人民政府关于废止和修改部分省政府规章的决定》，并于11月11日省政府第39次常务会议审议通过，11月16日予以公布。

3.清理结果

废止省政府规章36部、"打包"修改28部、列入立法计划全面修订34部。

（1）废止36部省政府规章。主要包含以下情形。

一是主要内容已被新出台的法律法规和国家政策所涵盖，没有保留必要。比如，《河北省公路路政管理规定》，其主要内容已被《中华人民共和国公路法》、国务院《公路安全保护条例》以及《河北省公路条例》所覆盖；《河北省关于禁止在市场经济活动中实行地区封锁的规定》，其主要内容已被相继出台的《中华人民共和国反垄断法》《中华人民共和国反不正当竞争法》，国务院《优化营商环境条例》、《公平竞争审查条例》和国家市场监管总局《制止滥用行政权力排除、限制竞争行为规定》所涵盖；《河北省邮政业安全监督管理规定》已被《中华人民共和国邮政法》《中华人民共和国安全生产法》，国务院《快递暂行条例》，交通运输部《邮政业寄递安全监督管理办法》、《快递市场管理办法》以及《河北省邮政条例》等法律法规规章所覆盖；《河北省畜禽屠宰管理办法》已于2023年9月上升为省级地方性法规。

二是主要内容与上位法不一致或者经济社会发展要求不适应，没有保留必要。比如《河北省依法行政考核办法》，按照省委要求，依法行政考核已列入"法治建设"考核项目，不再单列。又如《河北省广播电视设施保护实施办法》，2010年以来，河北省广播电视系统进行了多轮机构改革，广播电视行业由原来的"局台网一体"调整为"局台网分设"。该办法中关于广播电视设施保护的实施主体发生变化，工作职能也予以调整，办法不能适应新的工作发展需要。再如《河北省森林病虫害防治实施办法》，随着经济社会的发展，防治机构设置、防治组织形式、管理模式等都发生较大变化，相关规定已不符合当前防治工作需要。

三是依据的上位法或者国家有关规定已经废止。比如，《河北省机关事业单位工资基金管理规定》，其依据的国务院《工资基金暂行管理办法》已废止，河北省根据国家要求出台了事业单位绩效工资相关规定；《河北省收养登记办法》，其依据的《中华人民共和国收养法》已被《民法典》替代，其调整的内容已被2023年新修订的《中国公民收养子女登记办法》所涵盖，其没有实质保留必要；《河北省退役士兵安置办法》，其依据的上位法《退役士兵安置条例》被废止，国家出台的《退役军人安置条例》对退役军人安置工作作出了较为详尽的规定，其没有保留必要。

四是调整对象已不存在。比如，《河北省河道工程修建维护管理费征收管理规定》，根据财政部、国家发展改革委关于清理规范行政事业性收费有关规定，水行政部门已停征河道工程修建维护管理费。《河北省农村五保供养实施办法》调整的"农村五保人员"已纳入农村特困人员保障范围，河北省根据国家规定已制定《河北省特困人员认定办法》予以规范。

（2）"打包"修改28部省政府规章。主要包括以下情形。

一是聚焦优化法治化营商环境，按照国家有关规定对相关规章内容作出修改。比如，根据2022年修订的《旅馆业治安管理办法》和公安部《旅馆业特种行业行政许可事项实施规范》关于经营旅馆条件和先照后证的规定，对《河北省旅馆业治安管理实施细则》相关内容作出修改；按照国务院《关于进一步完善失信约束制度构建诚信建设长效机制的指导意见》要求，地方政府规章不得自行设定失信惩戒措施，因此对《河北省市场中介组织管理办法》相关内容作出修改。

二是与上位法不一致、与工作实际或者改革要求不相符需要修改。比如，《河北省体育后备人才培养规定》《河北省捐资助学办法》《河北省信息系统审计规定》《河北省企业国有资产监督管理实施办法》都及时衔接上位法和国家相关规定进行了修改。又如，随着国家社保费征管"统模式"改革推进，社保费征收管理工作由税务机关负责，其他多项非税收入也由其负责征缴，为适应改革需要，《河北省税收征管保障办法》增加"依法由税务机关负责征缴的社会保险费和非税收入，其征缴保障工作参照本办法有关规定执行"内容。

三是根据机构改革要求对相关部门名称等作出修改。比如，《河北省实施〈重大动物疫情应急条例〉办法》中的"出入境检验检疫机关"修改为"海关"、"畜牧兽医主管部门"修改为"农业农村主管部门"。又如，2016年医药卫生体制改革后，原"城镇居民基本医疗保险"和"新型农村合作医疗保险"合并为"城乡居民基本医疗保险"，《河北省老年人优待办法》对相关内容作出修改。

（3）拟全面修订34部省政府规章。全面修订主要考虑的是政府规章依据的上位法已列入国家立法规划、计划修改范围，将根据上位法立改废情况，列入省政府立法工作计划，及时衔接修订。其中，《河北省海上搜寻救助规定》《河北省行政执法证件和行政执法监督检查证件管理办法》按照省政府2024年立法工作计划已经完成全面修订工作。

此次规章清理后，现行有效的省政府规章共计170部（包括保留的105部、"打包"修改的28部、全面修订的34部、2024年新出台的3部），基本涵盖了行政管理各个领域，能够与国家法律法规相配套相衔接、满足全省经济社会发展需要，充分发挥对上位法细化补充和对高质量发展的引领、推动、保障作用。

三 加强和改进规章清理工作的构想和建议

近年来，各省都开展了规章清理工作，从清理工作实践来看，大多取得了良好成效，及时破除了制约高质量发展的制度障碍，切实增强了立法系统性、整体性、协同性、时效性，促进了规章的全面有效实施。但在清理过程中，也还存在一些问题，如常态化清理工作机制还有待健全，清理工作及时性、全面性还有待增强；开门清理还需进一步加大力度；因清理周期短、时间紧，征求公众和有关方面意见还不够充分。

（一）进一步健全规章清理工作机制

《中华人民共和国立法法》首次将规章清理工作以法律形式明确下来，为开展规章清理工作提供了有力的制度保障。但目前清理工作仍然处于探索阶段，实践中仍需要进一步完善，可以将一些较为成熟的经验制度化，坚持定期清理和日常清理相结合，进一步明晰清理责任、规范清理程序，统一清理标准、明确清理的启动和清理结果的处理等。同时，加强协调联动，健全向国家部委征询意见机制，对修改内容涉及国家相关政策调整的，对口征询国家有关部委意见，做好与省级相关规章的有效衔接；健全与省人大常委会法工委常态化沟通机制，根据地方性法规立改废情况，及时修改废止相关省政府规章。加强对省直有关部门的指导，协调解决规章清理中存在的问题，进一步推进规章清理工作常态化。

（二）进一步注重规章立法后评估结果运用

立法后评估是对规章科学性、合理性和可操作性进行评价并完善相关制度的重要手段，通过立法后评估，能够准确发现规章在制度设计、实施过程中存在的问题，并有针对性地提出修改废止建议，为规章立改废和改进行政执法工作提供重要的参考依据。为此，还需进一步加强对规章立法后评估结果的运用。比如，近两年河北省每年选取直接关系人民群众切身利益、与营商环境密切相关、对经济社会发展具有较大影响，并且施行时间较长的40部省政府规章进行立法后评估，根据评估情况提出了废止、"打包"修改、全面修订和保留的评估建议。在规章清理工作中，对评估建议进一步研究论证并结合具体情况予以采纳，对相关规章予以废止或者"打包"修改。

（三）进一步拓宽各方参与规章清理工作渠道

要坚持和拓展公众参与立法、表达诉求的途径和方式，多层次、全方位、多渠道广泛听取社会各方面和基层群众意见建议。规章清理作为一项立法活动，理应践行全过程人民民主，坚持"开门清理"。要进一步拓宽有关方面参与规章清理工作的渠道和途径，通过公开发布规章清理公告、组织召开座谈会论证会、问卷调查等形式充分听取人大代表、政协委员、专家学者和基层执法一线人员意见建议。要注重听取各类有代表性的企业和行业协会商会的意见，特别是民营企业、劳动密集型企业、中小企业等市场主体的意见，并认真研究吸纳。要着力拓宽公众参与立法途径，通过政务新媒体以及网络、电视、广播等便于公众知晓的途径，向社会公开征求对规章清理工作的意见建议，让规章清理工作更好地察民情、聚民智、惠民生。

（四）进一步加强对规章清理工作的统筹协调

规章清理涉及部门多、领域广，政治性、政策性、专业性强，且部分规章存续时间较长，机构改革后职责发生变更，有关部门对规章清理主体存在分歧，在规章清理过程中难免遇到清理政策、清理范围、规章具体内容修改废止建议等方面的问题，这都需要加强统筹协调，确保规章清理工作顺利推进。司法行政部门作为政府规章清理的牵头部门，还需持续发挥统筹协调作用，加强对重点部门、重点领域规章清理的督导指导，明确清理重点、清理标准，及时与有关部门沟通联系、搞好配合，共同研究解决规章清理过程中遇到的分歧、法律适用等方面问题，确保规章清理工作高质高效推进。

参考文献

袁曙宏主编《立法后评估工作指南》，中国法制出版社，2013。

B.3
河北省生态环境监测法治化研究

栗萍 解立虎*

摘　要： 本报告通过国家法律和河北省地方法规两个层级研究国家和河北省生态环境监测现行法规立法现状，分别从监测法律体系亟待完善、现行生态环境监测法规无法满足现实需求、难以适配新出台的上位法《生态环境监测条例（草案征求意见稿）》三方面指出河北省生态环境监测亟须提高立法保障水平，提出立法体系与技术标准协同升级、数据质量与责任体系多维强化、区域协同与社会共治机制完善三项建议。通过《河北省生态环境监测条例》的制定与既有法规的联动修订，构建覆盖全面、责任清晰、技术先进的监测法治框架，将现代监测技术转化为生态治理的先进生产力，为京津冀协同发展与美丽河北建设提供坚实保障。

关键词： 河北省生态环境监测　立法保障　监测条例

　　中国式现代化是人与自然和谐共生的现代化。党的二十届三中全会审议通过的《中共中央关于进一步全面深化改革　推进中国式现代化的决定》（以下简称《决定》），把聚焦建设美丽中国、推动人与自然和谐共生作为进一步全面深化改革总目标的关键组成部分。同时，对深化生态文明体制改革的重点工作及重大措施作出了安排部署。习近平总书记强调："建设生态

---

* 栗萍，河北省生态环境厅邯郸监测中心正高三级工程师，公职律师，研究方向为生态环境监测和环境法治；解立虎，河北省生态环境厅法规处处长，公职律师，研究方向为法治建设。

文明，重在建章立制。"① 健全生态环境监测和评价制度，统筹推进生态环境、资源能源、应对气候变化等领域法律法规的制定修订工作，同时编纂生态环境法典，以此强化美丽中国建设的法治保障。

作为生态环境保护的"哨兵"和"耳目"，生态环境监测发挥着重要作用。要全面推进美丽中国建设，就要切实贯彻落实好深化生态文明体制改革的目标任务。健全生态环境监测制度，用最严格制度、最严密法制保护生态环境，推进生态环境监测领域的法治保障势在必行。本报告将重点研究河北省生态环境监测立法现状、立法需求，并提出下一步立法建议。

一　生态环境监测立法现状

当前，我国在生态环境监测方面出台了一系列法律法规和政策文件，为生态环境监测工作提供了一定的法律依据和规范指导。

（一）国家法律层面

我国通过多层次立法构建覆盖全要素的环境监测制度网络，形成"基础法+单行法+配套规范"的立体化规制体系。

法律规制框架，基础法律《环境保护法》确立监测制度框架，要求统一规划监测网络、建立数据共享机制，明确篡改数据法律责任，其中第六十三条设定逃避监管排污行为的处罚基准。专项立法，七大污染防治法分别构建领域监测制度，"大气法"确立重点单位数据主体责任，"水法"建立有毒物风险管控机制，"土壤法"制定农用地专项监测标准，"海洋法"创建立体监测体系，"噪声法"明确声环境质量监测责任，"核安全法"规定放射性监测义务。各领域均设置对应罚则，形成50余条责任条款体系。实施保障机制，部门规章构建三级监测管理体系，《环境监测管理办法》规范三

---

① 中共中央宣传部、中华人民共和国生态环境部编《习近平生态文明思想学习纲要》，学习出版社、人民出版社，2022。

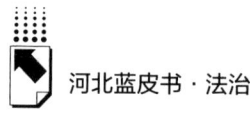

类监测流程,自动监控领域建立设备管理、数据审核、现场检查全链条制度。规范性文件《生态环境监测网络建设方案》"五位一体"推动数据联网与智能预警,《关于深化环境监测改革提高环境监测数据质量的意见》建立七大保障机制,防范行政干预与企业造假,配套制度细化监测机构资质、人员管理、造假认定标准。

制度特征分析。在责任体系方面,形成"政府主导—企业主体—社会参与"的三维责任架构,强化重点排污单位自行监测义务。在技术规范方面,构建涵盖"水气声渣土海核"的全要素监测标准体系,突出自动监测设备法律地位。在惩戒机制方面,建立"行政记录—信用惩戒—刑事追责"的阶梯式处罚体系,对数据造假实行"零容忍"。在创新导向方面,推动监测网络智能化转型,鼓励第三方机构参与,强化大数据应用与信息共享。

该法律体系通过多层级制度安排,构建覆盖全要素、全过程的环境监测制度网络,为精准治污、科学治污提供了法治保障。

(二)河北省地方法规立法方面

《河北省环境监测管理办法》(以下简称《办法》)明确了环境监测管理中各部门的职责分工,规范了环境机构的监测行为,确保数据真实准确。监测数据作为环境管理依据,《办法》要求企业开展自行监测并公布结果,同时规定了监督检查与法律责任。

二 河北省生态环境监测亟须提高立法保障水平

通过研究国家生态环境监测法规现状,结合河北省生态环境监测立法现状可以发现,河北省生态环境监测迫切需要完善相关立法,提升立法保障水平。

(一)监测法律体系亟待完善

缺乏系统性。目前尽管已经有诸多生态环境保护相关的法律法规,但针对生态环境监测的专项法律或行政法规仍有所缺失，生态环境监测的相关规定散落于各个层级法律中，呈现碎片化特征。《环境监测管理办法》和《办法》虽然对环境监测管理作出了相应的规定，但对于监测机构建设、职能定位、监测标准适用、违法行为与责任追究等方面的规定不够系统和细致，加之随着生态环境监测等新内容的加入，实际工作中许多监测行为的管理缺乏系统明确的法律依据和指导。

（二）现行生态环境监测法规无法满足现实需求

1. 新兴监测内容快速增加的需求

近年来，生态环境部持续推进生态环境监测体系的现代化与精细化，监测内容不断拓展，技术手段持续升级，逐步形成覆盖多介质、多要素、多尺度的综合监测网络。

在大气环境监测领域，监测从常规污染物向协同控制延伸，臭氧（O_3）与VOCs协同监测、非甲烷总烃（NMHC）在线监测、大气温室气体监测试点，推动碳排放核算与监测技术融合。在水环境监测领域，监测从水质指标向水生态健康拓展，开展水生态监测与生物多样性评估、新污染物监测（如抗生素、微塑料）、地下水污染监测网络升级。在土壤与固废监测领域，风险管控与全过程追踪并重，土壤污染重点监管单位自行监测，开展新污染物在土壤中的赋存监测、垃圾分类与固废资源化监测。在生态质量监测领域，监测从关注单一要素转向系统评估，开展生态质量指数（EQI）与生态保护红线监测，建立"天空地一体化"生态监测网络、生物多样性观测网络。在应对气候变化领域，碳监测与全球协同，开展碳监测评估试点CMAE，参与全球环境监测，我国牵头建设"全球碳卫星监测网"，并参与联合国环境署的全球海洋微塑料监测计划，提升国际环境治理话语权。

新兴监测呈现三大趋势，逐渐向精准化、系统化、科技赋能转型。从总量控制转向组分解析，融合多介质（水—土—气）、多尺度（区域—全球）监测数据，支撑生态保护与减污降碳协同，卫星遥感、AI、物联网技术推动监测从"末端监管"向"全过程感知"转型。

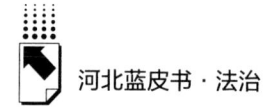

生态环境部政策文件《生态环境监测规划纲要（2020—2035年）》已明确将上述领域作为重点，未来监测体系将更紧密对接生态保护修复、气候变化应对等国家战略需求。如今，原有的监测管理办法面对新兴的监测内容显得捉襟见肘，已经远远不能适应目前最新的监测需求。

2. 新兴监测技术飞速发展的需求

当前，生态环境监测技术已实现天空地海多维度突破，但传统制度体系与技术创新的适配矛盾日益凸显，亟须通过法规标准升级释放技术潜力。

多维监测技术革新。天空立体监测，无人机集群搭载多光谱传感器与AI算法，动态追踪$PM_{2.5}$、臭氧等污染物三维扩散路径，结合卫星遥感形成智能监测网络，覆盖复杂地形效率快速提升。但《环境空气质量标准》（2012版）仍以地面数据为核心，多源遥感数据未纳入评价体系，导致技术成果难以转化为权威决策依据。地面智能转型，eDNA定量技术通过DNA序列差异精准评估物种丰度，支撑长江禁渔等生态保护，自动化监测站替代人工采样，效率大幅提升，现行标准尚未明确新型生物监测数据的法律效力。海洋协同监测，无人船+智能浮标网络实现赤潮、油污扩散动态追踪，多介质传感器同步分析水—气—土污染物迁移规律。但入河排污口监测仍侧重实验室数据，智能设备实时监测结果未纳入执法标准。

数智化技术突破。智能分析体系，基于LSTM神经网络的时空模型融合气象、交通等多源数据，精准定位污染源，区块链技术构建防篡改数据链，云计算平台实现全国监测数据实时共享。边缘计算应用，微型传感器与轻量化AI模型在偏远地区部署，结合边缘计算技术实现污染物实时预警，数据传输延迟降低至秒级。但跨部门数据协同缺乏制度支撑，AI算法认证标准尚未建立。

新兴设备应用困境。无人机集群、AR巡检机器人已在热电厂、钢铁厂等高危场景规模化应用，[1] 2025年上海人工智能展展示的智能控制系统可实

---

[1]《"具身智能"首入政府工作报告，宝通科技联手宇树科技掘金工业机器人蓝海》，新浪财经，2025年3月5日，https://finance.sina.com.cn/stock/relnews/cn/2025-03-05/doc-inenrqqc4182387.shtml。

现毫米级监测精度，①然而现行法规存在设备准入条件缺失、无人机操作规范化不足、机器人安全标准尚未细化三大短板。数据风险突出，AI算法黑箱特性导致监测结果可解释性不足，数据隐私保护规则空白。认证体系滞后，智能设备监测数据未纳入环境质量评价法定范畴，造成"技术能用、制度不用"的实践悖论。

制度升级关键路径。技术迭代呈现"三高两低"特征，监测精度高、数据产能高、应用需求高，但制度转化率低、标准适配度低。当前技术发展已为生态环境治理提供精准工具，但需通过法规标准系统性革新，破解"数据产能过剩、制度转化不足"的核心矛盾。

3. 实践中监测数据造假问题急需遏制的需求

数据造假问题已成为阻碍生态环境有效治理的突出顽疾。据不完全统计，2021~2023年，生态环境部协同最高人民法院、最高人民检察院、公安部、国家市场监督管理总局，对存在违法行为的第三方环保服务机构进行查处，一共查处了2260家有违法行为的机构，对457个典型案例予以公开曝光，并且移送了193起案件进行刑事立案。除此之外，生态环境部还对企业在自行监测过程中的造假行为进行了查处，共查办了4255件企业自行监测的造假案件，同时向有关部门移送了930起涉嫌违法犯罪的案件。②这反映出监测数据造假现象非常猖獗，严重威胁生态环境信息的真实性与可靠性，误导环境决策，使环境保护工作陷入被动。

深究这一乱象背后的原因，法律约束依据不足是其中之一。目前，我国针对第三方环境监测机构数据造假的法律规范尚不完善，存在诸多空白与模糊地带。在现有的法律体系中，生态环境监测上位法缺失，对于数据造假行为的界定不够全面，导致在实际执法过程中，监管部门难以准确认定一些复

---

① 《全民化、国际化、加速化——2025全球开发者先锋大会透露AI发展新趋势》，新华网，2025年2月23日，https://www.news.cn/fortune/20250223/cf31624604204d2290e5b5ca18ae9043/c.html。
② 《以零容忍态度打击第三方环保机构造假，已查处2260家有违法行为的第三方环保机构》，法治网，2024年9月2日，http://m.legaldaily.com.cn/index_article/content/2024-09-02/content_9048718.htm。

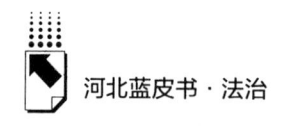

杂的新型造假手段，使得部分违法者有机可乘。

违法成本低也是关键原因之一。对数据造假的处罚相对较轻，多以罚款、警告等常规处罚为主，违法成本远远低于造假带来的巨额收益，无法对违法者形成足够的威慑力。我国对类似数据造假行为的处罚金额与其违法获利数额相差较大，这种巨大的差距使一些不法企业甘愿冒险。

监测机构监管职责不清存在的漏洞也为监测数据造假提供了不法空间。一方面，监管主体职责划分不够明确，生态环境、市场监管、公安等多个部门都涉及对第三方环境监测机构的监管，但现行法规未明确各部门的职责分工，导致监管合力不足。另一方面，监管技术手段相对落后，主要依赖事后检查，缺乏实时、动态的监管手段，部分第三方机构利用先进技术手段（如数据加密、远程操控）掩盖造假行为，而监管部门的技术能力未能同步升级，导致难以发现隐蔽性较强的造假行为。此外，监管人员的专业素养参差不齐，面对日益隐蔽、复杂的造假手段，部分监管人员缺乏足够的识别能力和应对经验，导致监管效果大打折扣。

（三）难以适配新出台的上位法《生态环境监测条例（草案征求意见稿）》

《生态环境监测条例（草案征求意见稿）》（以下简称《条例》）作为上位法，对生态环境监测的规范化、科学化和现代化提出了更高要求。然而，现行的《办法》在多个方面难以适配《条例》的要求。

1. 总则方面

第一，立法定位与目标层面。《条例》以"生态文明建设"和"高质量发展"为核心目标，覆盖全领域监测（陆海统筹），强调数据质量保障与现代化治理体系构建，体现上位法统领性。《办法》聚焦"规范监测行为"和"服务环境管理"，立法层级较低，未突出生态优先与科技赋能导向，难以匹配新时代需求。第二，适用范围界定层面。《条例》明确包含海域监测，清晰划分生态环境质量监测（要素跟踪）与污染源监测（溯源管控）两类体系，排除自然资源调查等非监测职能。《办法》未明确海域监测适用性，对监测边界（如与自然资源调查的区分）及军队监测协作机制表述模糊，存在职能交叉隐患。第三，监测数据管理层面。《条例》构建"数据汇交—共享—应用"全链条制度，强调跨部门数据互通与开放利用，支撑智慧决策。《办法》仅要求建立监测档案与数据库，缺乏系统性数据共享机制，实践中易形成"数据孤岛"，削弱监测效能。第四，技术创新与人才保障层面。《条例》明确科技研发支持与专业人才培养路径，推动监测技术智能化升级。《办法》停留于"按规范操作"的执行层面，未涉及技术迭代激励与人才梯队建设，制约监测技术现代化发展进程。第五，管理体制设计层面。《条例》确立"国务院主导、部门协同"机制，统筹国家监测网络建设与财政保障，强化纵向联动与横向协作。《办法》以县级生态环境部门为单一监管主体，未明确省级统筹职责与跨部门协同机制，管理碎片化问题突出。

2. 生态环境质量监测方面

监测站点规划与保障机制。《条例》明确由国务院和地方生态环境主管部门分级规划监测站（点），要求地方政府提供土地、水电、网络等基础设施保障，并划定保护范围（如禁止侵占、毁损设备等）。《办法》仅规定监测点位需经认定且不得随意变动，未涉及站点建设和运行保障的具体措施。《办法》缺乏对监测站点系统性规划的法律支撑，可能导致站点布局不合理或运行维护不足。

监测活动组织实施。《条例》强调多部门协同开展监测（如国务院生态环境主管部门会同有关部门组织实施全国监测）。《办法》仅要求生态环境主管部门统一监管，其他部门"接受业务指导"，未明确协同责任。《办法》中监测活动的部门协作机制薄弱，难以实现跨领域数据整合。

监测信息发布。《条例》规定省级以上生态环境主管部门统一发布监测信息，其他部门需与其协商一致或采用统一数据。《办法》未明确信息发布主体，仅要求环境监测机构如实出具数据，可能导致信息发布主体混乱，削弱数据权威性。

3. 污染源监测方面

自行监测的精细化要求。《条例》强制要求重点排污单位安装自动监测设备并联网，保存原始记录至少5年，监测方式需与排污许可证一致。《办法》仅规定排污单位"必须监测并上报数据"，未明确自动监测设备安装义务和记录保存期限。《办法》对重点排污单位的监管力度不足，可能导致数据缺失或滞后。

超标排放的应对机制。《条例》要求排污单位发现超标后立即报告并采取措施，主管部门可现场核查。《办法》未规定超标报告义务，仅要求排污单位配合监测机构工作。《办法》缺乏超标排放的快速响应机制，可能延误污染控制。

数据公开与应用规则。《条例》规定，排污单位需要在全国排污许可证管理信息平台上对自行监测所获得的数据予以公开，并明确自行监测数据与执法数据的优先性。《办法》未规定排污单位信息公开义务，仅强调监测数据作为政府决策依据。《办法》规定的公众监督渠道不畅通，数据应用规则模糊，易引发争议。

4. 监测数据质量保障方面

第一，标准执行层面。《条例》确立国家统一监测规范及监督机制，《办法》未明确地方执行细则与标准更新权限，存在央地规范脱节风险。第二，设备管理层面。《条例》明确设备强制校准及异常报告义务，《办法》仅要求"设备维护"，缺乏校准要求和异常处理机制，易导致误差累积。第三，过程追溯机制层面。《条例》强制重点点位视频监控联网并保存一年，《办法》仅规定建立监测档案，缺乏可视化追溯手段，数据真实性验证存在漏洞。第四，质控制度设计层面。《条例》建立三方（政府、企业、机构）质量责任体系及见证制度，《办法》仅规定机构责任，委托方监督义务缺位，导致责任边界模糊。第五，防篡改机制层面。《条例》明确五类典型篡改行为并禁止行政干预，《办法》仅笼统禁止数据造假，缺乏具体情形界定和干预禁令，执法操作性不足。第六，机构资质要求层面。《条例》实行分类管理（资质认定+备案），细化人员专业要求，《办法》仅规定资质认定，未建立备案制度及人员能力标准，存在机构水平参差风险。第七，委托监管机制层面。《条例》建立委托方能力核查、现场见证及连带责任制度，《办法》未明确委托方义务与责任，存在低价选劣和合谋造假监管真空。第八，抗干扰能力层面。《条例》明文禁止地方行政干预和打击报复，《办法》未设置相关条款，难以防范地方保护行为导致的数据失真。

5. 监督管理方面

第一，执法权限差异。《条例》赋予查封扣押等强制权限，《办法》仅泛化检查权，无强制措施和单位配合义务，执法威慑力不足。第二，数据整合能力。《条例》要求监测数据实时上传至全国统一平台，《办法》仅规定机构自建数据库，未建立跨部门共享机制，存在信息孤岛风险。第三，信用惩戒力度。《条例》建立全国信用记录及联合惩戒制度，《办法》仅规定罚款和连带责任，缺乏信用约束，违法成本较低。第四，公众监督渠道。《条例》明确举报处理及保密机制，《办法》未设公众监督路径，社会共治效力弱化。第五，跨部门协作。《条例》建立部门协作框架并规范保密义务，《办法》仅强调业务指导关系，协作机制与数据保密规则缺失。第六，数据溯源性。《条例》要求通过全国统一平台实现全流程追溯，《办法》未规定数据上传及追溯要求，真实性验证技术保障不足。

6. 法律责任方面

细化明确法律责任。《条例》细化明确了违反规定的诸多违法行为需要承担的法律责任，明确了对排污单位和监测机构、机构和人员、直接负责的主管人员和其他直接责任人员"双罚"和禁业处罚制度，加大了对篡改、伪造监测数据的惩罚力度，处罚金额提高到200万元。《办法》对承担法律责任方面规定得比较少，且违法行为规定不具体不明确，只是笼统带过，且关于篡改、伪造监测数据承担法律责任的规定不够具体明确，也没有禁业处罚制度。《办法》对法律责任规定的简化，易造成违法行为不易确定、违法成本低、数据造假高发的风险。

三　河北省生态环境监测立法建议

近年来，随着生态环境问题日益复杂化与监测技术的快速发展，河北省

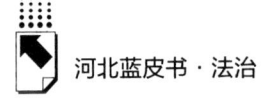

现行环境监测法规在立法层级、技术适配性、数据真实性保障等方面暴露出显著不足。基于此，亟须通过系统性立法优化，构建与上位法衔接，兼具河北特色的生态环境监测法规体系。结合《条例》等上位法要求及河北省实际，建议从以下几个方面推进立法完善。

（一）立法体系与技术标准协同升级

提升立法层级。制定《河北省生态环境监测条例》，整合现行规章碎片化条款，衔接《河北省土壤污染防治条例》等专项立法，填补陆海统筹、跨境监测等制度空白。重点细化渤海湾入海排污口"查测溯治"全流程监管，建立跨区域协作机制。

强化技术规范。构建"天空地海"立体监测网络，立法明确无人机监测、区块链存证等技术标准。建立省级技术标准委员会动态更新机制，将微塑料、持久性有机污染物（POPs）等新污染物监测纳入强制范畴，重点行业推行温室气体在线监测与双轨校验。

（二）数据质量与责任体系多维强化

数据造假治理。建立"区块链存证+视频监控"防篡改体系，强制重点点位配置联网视频（存期≥1年）。将数据造假处罚上限提高至200万元，实施"禁业条款"与信用联合惩戒，对行政干预行为设定撤职追责条款。

责任机制创新。构建"经济处罚（3~5倍违法所得）+按日计罚+刑事追责"阶梯式惩戒体系，明确第三方机构数据终身负责制。建立标准协调委员会，统筹跨部门监测规范，统一入河排污口"浓度+总量"双控标准。

（三）区域协同与社会共治机制完善

京津冀协作。构建三地监测数据共享平台，统一跨境河流监测标准与溯源规则。参照冀津土壤污染联防经验，建立跨省联合执法机制，破除行政辖区壁垒。

社会参与创新。设立举报奖励与10日反馈机制,省级平台定期公示监测数据及处罚案例。推行"政产学研"协同模式,设立监测技术研发基金,建设专业人才实训基地。

建议以《河北省生态环境监测条例》为核心,实施配套法规联动修订,构建覆盖全要素、全流程的监测法治框架,为京津冀环境协同治理提供制度保障。通过立法引导技术创新与标准衔接,推动监测数据转化为环境治理效能,助力美丽河北建设。

B.4
地方党内法规的类型化及其建设研究

梁润溪*

摘　要： 本报告基于类型化研究方法，对地方党内法规进行分类探讨，旨在构建一个结构清晰、有规律可循的地方党内法规制度体系。依据《中国共产党党内法规制定条例》的相关规定，地方党内法规可划分为"配套类"、"创制类"及"先行先试类"三种类型，本报告深入分析了各类法规的特性与功能定位，并针对各类法规的特质提出差异化治理策略。通过类型化分析，本报告为提升地方党内法规制定质量提供了新路径，以促进党内法规体系的科学化、系统化与高效化。

关键词： 地方党内法规　类型化研究方法　配套类法规　创制类法规　先行先试类法规　差异化制度

《中国共产党党内法规制定条例》（以下简称《制定条例》）第3条明确了党内法规概念内涵，从这一定义出发，以制定主体为标准，党内法规可以分为中央党内法规、部委党内法规、地方党内法规。其中，地方党内法规是指省、自治区、直辖市党委制定的党内法规。《制定条例》第11、12、14条针对地方党内法规作出了较详细的规定，可以将地方党内法规划分为"配套类"、"创制类"和"先行先试类"三种类型。

《制定条例》第11条规定，省、自治区、直辖市党委"就其职权范围内有关事项"制定党内法规。该条分两项对"职权范围"进行了规定，一

---

* 梁润溪，河北省委法规室二级主任科员，研究方向为党内法规。

为"为贯彻执行中央党内法规作出配套规定",二为"履行党章和中央党内法规规定的领导本地区经济社会发展和负责本地区党的建设相关职责"。以这两类调整事项为划分依据,地方党内法规可以划分为贯彻执行的"配套类"和履行职责的"创制类"两类。《制定条例》第12条规定,根据党中央授权,对应当制定中央党内法规的事项,省、自治区、直辖市党委可以先行先试制定党内法规,待条件成熟时再制定中央党内法规,这一类党内法规与上述两类法规具有明显的区分,可以划分为"先行先试类"。

从《制定条例》对地方党内法规的规定出发,以制定权限、内容来源、调整事项、实现目标和制定主动性为辨别标准,三类地方党内法规具体类型和特点差异见表1。

表1 三类地方党内法规具体类型和特点差异

类型	制定权限	内容来源	调整事项	实现目标	制定主动性
配套类	省级党委职责	上位党内法规规定	本地区事务	贯彻执行上位党内法规	上位党内法规明确要求才能制定
创制类	省级党委职责	本地区经济社会发展和党的建设	本地区事务	完善本地区党内法规	结合本地实际自主制定
先行先试类	党中央授权	中央党内法规空白领域	中央党内法规保留事项	先行试验,为制定中央党内法规积累经验	党中央授权才能制定

一 地方党内法规建设中的类型定位

(一)"配套类"地方党内法规的基本定位

《制定条例》第14条规定:"制定配套党内法规,不得超出上位党内法规规定的范围,作出的规定应当明确、具体,具有针对性、可操作性。除非必要情况,对上位党内法规已经明确规定的内容不作重复性规定。"从这一规定考察,"配套类"法规调整范围不能超出"上位党内法规规定的范围",具有明显的"依附性"和"从属性";作出的规定要明白清楚,特别是对行为主体、行为模式、行为后果的规定要具体准确,融入本地区适用场景,不照抄照搬上位党内法规,突出"地域性"和"可操作性"。

"配套类"法规作为低位阶法规,外观名称多带有"实施"字样,如"实施办法""实施细则"等,功能在于填补而非替代,旨在将宏观原则转变为微观操作,把上位党内法规的笼统规定具体化、处理处置程序化、裁量条款精细化,即在维护中央党内法规权威的前提下,增强政策的程序性、可操作性和实用性,使政策措施更"接地气",通过健全监督考评、督促落实、责任追究,强化制度刚性约束,破解法规"执行难"问题。同时,法规制度具有天然的滞后性,难以实时跟进地方工作实践中出现的新情况新问题,"配套类"法规能够发挥属地优势,洞察实践变化,掌握本地实情,在中央党内法规精神基本框架内,精准发力、靶向施策,尽量把制定制度与符合实践的时间差降到最小,以供给的精准性、针对性满足地域性制度需求。

(二)"创制类"地方党内法规的基本定位

"创制类"法规和"配套类"法规相比,虽然都是调整省级党委职权范围内事项,但是差异显著,以"配套类"法规为基点,可以推导出"创制类"法规的基本特征。第一,就制定目的而言,"配套类"法规目的在于确保上位党内法规执行到位,"创制类"法规是为了履行属地管理责任,实现"把方向、管大局、作决策、保落实"的目标;第二,就调整内容而言,"配套类"法规调整范围不得超出对应的上位党内法规规定范围,"创制类"法规旨在解决区域经济社会发展和党的建设问题,内容涉猎更加广泛;第三,就制定主动性而言,"配套类"法规在上位党内法规明确要求制定时才能制定,没有要求的一般不再制定,"创制类"法规则可以根据实践需求主动制定。

从上述比较可以看出,"创制类"法规以中央党内法规的预留空间和政策接口为切入点,以突出和把握地方特色为重点,以解决地域性问题为导向，通过制定改革创新举措，加强政治、组织和工作领导，实现与中央党内法规的协调衔接，确保党中央重大决策部署贯彻落实，保障本地区发展的正确政治方向，发挥党内法规在本地区的"两个重大作用"，推动地方治理体系和治理能力现代化。《中国共产党党内法规和规范性文件备案审查规定》第11条提出，"审查机关在审查中，应当注重保护有关地区和部门结合实际改革创新的积极性"，即在不违背中央精神和上级规定的前提下，鼓励省级党委守正创新，制定改革举措。习近平总书记强调，"大力弘扬与时俱进、锐意进取、勤于探索、勇于实践的改革创新精神，争当改革的坚定拥护者和积极实践者"[①]。要深入落实习近平总书记重要指示精神，以党建需求和经济社会发展为导向，主动创制"区域性良规"指导实践、推动工作，实现本地区的"良规善治"。

（三）"先行先试类"地方党内法规的基本定位

《制定条例》第12条对"先行先试类"法规进行了明确界定和严格限制，制定"先行先试类"法规要具备以下4个条件：一是必须而且只能由党中央授权，这是必备条件；二是制定中央党内法规条件尚未成熟，这是基本前提；三是实践要求急需制定，这是动因需求；四是被授权主体已有一定的实践探索和经验积累，这是实践基础。因此，与前述两类法规相比，"先行先试类"法规又有新的特点：制定权限来源于党中央的授权，制定范围不能超出党中央授权事项的范围，制定事项不是针对地方事务而是对中央党内法规保留事项，制定目的是在地方进行先行试验，待条件成熟后再上升为中央党内法规。

习近平总书记强调："把顶层设计同基层探索有机结合起来，允许和鼓励不同地区因地制宜探索，善于发现和总结基层的实践创造。"[②] 从历史维度来看，新中国成立以来许多成熟的制度都是由一些地方总结实践经验得来

[①] 《习近平在全国政协新年茶话会上的讲话》，《人民日报》2014年1月1日。
[②] 《建设更高水平开放型经济新体制 推动能耗双控逐步转向碳排放双控》，《人民日报》2023年7月12日。

的，地方立法先行实践为国家立法提供了很多可资借鉴的经验，"试点—总结—固化—推广"这种渐进式的立法路径已经成为我国法治建设的重要经验。这一经验在党内法规建设领域同样适用，针对中央党内法规的空白领域，在地方先行先试制定党内法规，"摸石头过河"，充分发挥地方和基层的首创精神，勇于创新、大胆试错，在取得"局部的阶段性成果"后，将发现的问题、解决的方法、蕴含的规律总结提炼升华，在更大范围推广，进而优化完善顶层设计，在全党范围内消除制度死角、填补制度漏洞，推动建设更加完善的党内法规体系。

二 因类施治，高质量推进地方党内法规制度供给

习近平总书记强调："要在确保质量的前提下加快立法工作步伐，增强立法的系统性、整体性、协同性，使法律体系更加科学完备、统一权威。"[1]同样，推进党内法规制度建设过程中，我们要聚焦提高制定质量这个核心，不断完善内容科学、程序严密、配套完备、运行有效的党内法规体系。通过上述分析，深入研究地方党内法规类型化问题，探讨三种类型地方党内法规的基本特征和功能定位，为提高地方党内法规制定质量提供了新的路径。制定地方党内法规过程中要运用类型化思维，坚持目标引领和问题导向，针对不同类型采取不同措施，积极回应依规治党、制度治党的现实需要，切实提高三类党内法规的科学性、针对性和实效性，确保每部法规都能立得住、行得通、用得好。

（一）制定"配套类"法规要突出"贯彻执行"，始终做到"三个注重"

注重"实"的作风。在制定"配套类"法规时要实实在在，大力弘扬"短实新"文风，不照抄照搬、生搬硬套，对上位党内法规已经明确规定的

---

[1] 习近平：《在中央人大工作会议上的讲话》，《求是》2022年第5期。

内容一般不作重复性规定，直接提出务实举措，少写道德性或提倡性条款，多写规则性或强制性条款，增强法规刚性约束。语言朴实无华，表述精准恰当，一是一、二是二，写得清楚明白，不能语焉不详、模棱两可，突出法规的针对性和可操作性。要细化实化，对本地"精准画像"，把上位党内法规的抽象性、原则性、裁量性规定具象到贯彻执行当中，从体制机制、方式方法、规范对象、调整事项、职权职责、程序期限、监督保障、惩处奖励等具体方面寻找切入点和落脚点，能实则实、能细则细、能明则明，切实提高法规执行性。

注重"严"的要求。立规上，中央党内法规明确要求制定配套法规的必须制定，并且严格把握时效性及时制定，防止怠于履职、拖延配套；中央没有明确要求制定的，一般不制定，不搞"滥配""乱配"等以文件落实文件的形式主义。事权上，严格遵守《中国共产党地方委员会工作条例》等规定，准确把握省级党委事权配置，杜绝出现"越权"行为；正确处理地方党内法规和地方性法规的关系，准确把握两种规范各自专属调整范围，杜绝出现"越位"行为。内容上，全面对标对表上位党内法规，不得超出上位党内法规范围，恪守规定的步骤、标准、程序、期限等具体要求，不得擅自变更、降格以求。

注重"密"的思维。制定"配套类"法规要做到于法周延，审慎排查本地制度空白和漏洞，织密制度网络、扎紧制度笼子，防止出现"牛栏关猫"的问题。要做到"逻辑自洽"，配套内容逻辑严密，条文之间相互衔接，符合客观规律和公众认知，实现实体性内容和程序性内容、综合性规定和专门性规定耦合，防止出现制度效应"对冲"和"合成谬误"等情况。要做到程序严密，程序正义是实现实体正义的前提，没有严密的程序就会导致法规执行的随意性，甚至出现以守规之名行违规之实，"配套类"法规要建立健全"公式化"执行程序，输入具体情形即可推导出公平结果，着力搭建从法规制定到实施的"桥梁"，推动上位党内法规静态规定更好转化为本地执行效果。

为全面落实乡村振兴责任制，根据中共中央办公厅、国务院办公厅印发

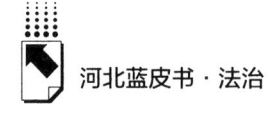

的《乡村振兴责任制实施办法》，结合河北工作实际，省委办公厅、省政府办公厅配套印发了《河北省乡村振兴责任制实施细则》，在中央的实施办法基本框架内，对市级党委和政府乡村振兴责任，县级党委和政府"一线指挥部"责任，乡镇党委和政府发挥基层基础作用，以及村级党组织职责作用等方面进行了细化明确，并对省直有关职能部门履行乡村振兴责任提出明确要求，进一步扎紧制度笼子，落实中央统筹、省负总责、市县乡抓落实的乡村振兴工作机制，构建职责清晰、各负其责、合力推进的乡村振兴责任体系。

为加强各级党委和政府对安全生产工作的领导，健全落实安全生产责任制，树立安全发展理念，根据中共中央办公厅、国务院办公厅印发的《地方党政领导干部安全生产责任制规定》，结合河北省实际，河北省配套制定了《河北省党政领导干部安全生产责任制实施细则》，该细则围绕贯彻中央规定的"职责""考核考察""表彰奖励""责任追究"等四个方面内容进一步细化实化，特别是在明确职责上，将"党委政府领导干部职责"和"部门领导干部职责"区分开来，将"部门领导干部职责"单独列章，同时结合其他规定增加责任追究具体情形，推动安全生产责任规定更加"严丝合缝"。

为深入推进社会治安综合治理，健全落实领导责任制，切实维护社会大局稳定，全面推进平安河北建设，根据中共中央办公厅、国务院办公厅印发的《健全落实社会治安综合治理领导责任制规定》，河北省配套制定了《河北省健全落实综治维稳领导责任制办法》。该办法深入总结吸收了近年来河北综治维稳工作的特色亮点，直面河北综治维稳工作中的重点难点问题，细化《健全落实社会治安综合治理领导责任制规定》有关条款，进一步细化了职责明确、奖惩分明、衔接配套、务实管用的责任体系，层层压实责任，更具科学性和可操作性，为落实各级党委、政府"保一方平安"的政治责任提供了制度保障。

（二）制定"创制类"法规要突出"地域性"，始终做到"四个坚持"

坚持贯穿始中。自觉聚焦地域阶段性特征和亟待解决的问题，把党内法规制度建设融入本地区工作大局、嵌入经济社会发展系统，充分利用中央党内法规预留的制度空间有针对性地作出制度安排，讲好"地方话"、唱好"地方戏"，量身定制专属性法规，切忌置身事外、"闭门造规"，着力破解法规制定和本地实际"两张皮"问题，防止出现"法规悬置"现象。

坚持民主集中制。民主集中制是我们党的根本组织原则和领导制度，也是党内法规体系的核心，制定法规要一以贯之。按照民主立规、科学立规的要求，深入调查研究，广泛听取党员干部、基层群众、专家学者的意见建议，最大限度地了解和掌握本地区党员干部群众意愿和诉求，激发创造活力、汇聚各方智慧，体现最大公约数、画好最大同心圆，努力获得最广泛理解和支持。

坚持于事有效。立规在精不在多，"创制类"法规要以追求制度实效性为价值导向，制定的地域性措施要注重"小切口"、用好"小快灵"，确保务实管用、可行易行，不能搞贪大求全、层层加码、无中生有，坚决防止产生"制度空转""玻璃门"等不良现象。要宏观思考、总体规划，统筹各部法规的调整广度和角度，各适所需、各展所长，不搞制度"大杂烩""大拼盘"。不分主次侧重笼统地把各个方面的举措汇集到一块，什么都要管、什么都管不住，貌似齐全、实则无用。

坚持宽严结合。科学看待法规创制过程中因为改革创新造成的失误偏差，用好"三个区分开来"的纪法标准和政策策略，既要把牢不可逾越的党纪国法红线底线，对掺杂地方和部门利益、突破自身职责权限、曲解原文违背原义等不当创新，坚决予以纠正并依规依法追责问责，又要科学分析失误动因，区分是"为公"还是"谋私"、是"无心之失"还是"有意为之"，正确处理原则与灵活的关系，不搞烦琐哲学、过度管理，为勇于创新者鼓劲，为敢于改革者撑腰。

为进一步做好退役军人管理服务工作，保障退役军人合法权益，让退役军人受到全社会的尊重尊崇，充分发挥退役军人在新时代全面建设经济强省、美丽河北中的积极作用，根据《军人抚恤优待条例》《河北省退役军人管理服务工作暂行办法》等有关规定，深入调查研究河北省退役军人工作

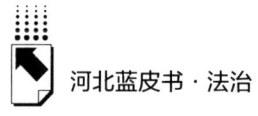

实际情况,创制出台《河北省退役军人公共服务优待办法(试行)》。该办法明确规定各级退役军人工作部门的主管责任,对制发审验管理"河北省退役军人优待证",在铁路、公路、航空、旅游景区、博物馆等场所享受的优先服务待遇等有关方面内容进行了详细规定,为优待尊崇退役军人提供了制度保障。

为构建防范和惩治统计造假、弄虚作假督察机制,推动各地各部门严格执行统计法律法规,确保统计数据真实准确,根据《中华人民共和国统计法》《中华人民共和国统计法实施条例》《河北省统计条例》等法律法规,结合河北省实际,创制出台《河北省防范和惩治统计造假、弄虚作假督察工作实施办法》。该实施办法对省统计局督察职责、统计督察对象和内容、负面清单管理,统计督察的方式、程序,对统计督察人员违纪违法行为处理等方面进行了具体规定,进一步细化了统计法律法规有关条款,为推动河北省统计改革发展,做好经济社会发展统计工作夯实制度基础。

为贯彻落实全面从严治党、从严管理干部的要求,防止干部"带病提拔",确保选人用人质量,根据中共中央办公厅印发的《关于防止干部"带病提拔"的意见》,并结合《党政领导干部选拔任用工作条例》《中国共产党党内监督条例》《中国共产党纪律处分条例》《中国共产党问责条例》等有关法规制度,总结提炼河北省经验做法,将有关要求上升为党内法规制度,省委办公厅印发《关于防止干部"带病提拔"的实施办法》。该实施办法坚持把责任挺在前面,以责任追究压阵,打牢日常了解、综合研判两个基础,抓好动议审查、任前把关两个关键,既"源头预防"又"全程把关",着力形成责任清晰、措施有力、相互衔接、完整闭合的防范机制,坚决防止"带病提拔"。

(三)制定"先行先试类"法规要突出"无授权即禁止",始终做到"三个不得"

一是"不得超出授权范围"。"先行先试类"法规调整的是中央党内法规事项,事关重大,必须严格遵循党中央授权范围和要求,无论在制定内容上还是在制定程序上都要严格把握授权的界限，坚决杜绝自我扩权和随意突破。另外，《制定条例》第9条对中央党内法规制定事项进行了明确，可以分为"相对保留事项"和"绝对保留事项"两个层次。其中，第1款以罗列的形式明确了7种应由党的中央组织制定法规的事项，并未绝对排除其他法规制定主体，属于"相对保留事项"；第2款规定"凡是涉及党中央集中统一领导的事项，只能由中央党内法规作出规定"，绝对排除其他制定主体染指，属于"绝对保留事项"。因此，即使经过授权，"先行先试类"法规也只能就"相对保留事项"作出规定，不得对"绝对保留事项"进行调整。

二是"不得自作主张"。"先行先试类"法规调整的是中央事项，必然会超出省级党委权限，也可能会与现行有效的各类制度产生冲突，不能以"党中央授权"为尚方宝剑擅自决策，更不能违背上位党内法规以及宪法和法律，在遇到此类冲突情况时要及时向党中央请示报告，由党中央作出决策。探索未知必然伴随风险，在制定"先行先试类"法规过程中要建立健全政策风险评估机制，对各类风险因素开展调查、识别、分析，经研判可能出现重大风险隐患时，要及时向党中央请示报告，该叫停的及时叫停、该调整的及时调整，避免产生严重后果。同时，"先行先试类"法规制定完成后，应当报请党中央批准才能发布，未经党中央批准不得擅自发布。

三是"不得转授权"。一切制度规定皆为制定程序的产物，立规主体适格是立规程序正当的前提和基础。《制定条例》对"先行先试类"法规制定主体资格划定了两条红线，一是作为地方党内法规，制定主体只能是省、自治区、直辖市党委，其他各级地方党委和部门党组（党委）都不是适格主体；二是只能由党中央授权，其他党组织均不能授权制定。因此，制定"先行先试类"法规的适格主体只能是被党中央授权的特定省、自治区、直辖市党委，被授权主体不能将制定权限转授其他省、自治区、直辖市党委，更不能将权限转授没有党内法规制定权限的党组织。

实践中，对于应当制定中央党内法规的有关事项，已经有党中央授权中央部委先行先试制定党内法规的情况。比如，为适应推进党的纪律检查体制改革和国家监察体制机制改革的需要，2016年中共中央纪律检查委员会着

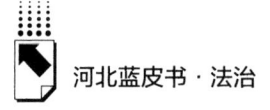

手制定《中国共产党纪律检查机关监督执纪工作规则（试行）》，经中共中央政治局常委会会议、中共中央政治局会议分别审议后，2017年1月由中共中央纪律检查委员会第七次全体会议审议通过，并以中共中央纪律检查委员会名义发布。经过近两年的探索，党中央根据新形势新任务将其修订为《中国共产党纪律检查机关监督执纪工作规则》，上升为中央党内法规。从总体来看，党中央在授权制定上还是比较慎重的，因此"先行先试类"法规数量很少，目前省级党委还没有出台过此种法规。

行 政 篇

B.5
承德市法治引领生态产品价值创新的调研报告

刘馨阳 苑鹏飞[*]

摘　要： 多年来，承德市委、市政府始终坚定不移地贯彻习近平生态文明思想和习近平法治思想，以高度的责任感和使命感认真落实习近平总书记视察河北、视察承德重要讲话精神。在生态建设的征程中，承德积极用"法治红线"牢牢守住"绿色底线"。通过不断强化立法统筹，制定一系列具有地方特色的生态保护法规，为生态环境保护筑牢坚实的法律屏障。同时，强化制度设计，精心制定绿色发展规划方案，从总体布局到专项攻坚，全面构建完善的政策体系。在此基础上，承德努力实现"金色价值"，积极拓展"绿水青山"向"金山银山"转化的渠道，为实现可持续发展、建设美丽中国贡献承德力量。

---

[*] 刘馨阳，承德市生态环境局法规科二级主办，研究方向为法制审核；苑鹏飞，承德市生态环境局法规科副科长，研究方向为法制审核。

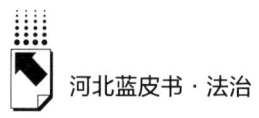

关键词： 法治建设 生态产品价值 法治引领

一 "生态环境法治建设"的背景和意义

承德市，作为习近平总书记亲自定位的京津冀水源涵养功能区和"塞罕坝精神"的发源地，承载着特殊的生态环境保护使命。多年来，承德市委、市政府始终坚定不移地贯彻习近平生态文明思想和习近平法治思想，以高度的责任感和使命感认真落实习近平总书记视察河北、视察承德重要讲话精神，积极用"法治红线"牢牢守住"绿色底线"。

一是在生态建设的征程中，承德通过不断强化立法统筹，制定一系列具有地方特色的生态保护法规，为生态环境保护筑牢坚实的法律屏障。同时，强化制度设计，精心制定绿色发展规划方案，从总体布局到专项攻坚，全面构建完善的政策体系。这不仅为生态环境保护工作提供了法治支撑，实现有法可依，更在全社会营造了浓厚的法治氛围，引导广大市民积极参与生态环境保护，共同守护承德的绿水青山。

二是承德积极践行"绿水青山就是金山银山"理念，聚焦"三区两城"发展定位，勇于立法实践，敢于制度创新，用法治屏障守护生态环境质量，用法治土壤厚植生态产品价值化，持续擦亮生态底色，为承德绿色高质量发展奠定坚实基础。通过完善的法律法规体系，承德明确了生态保护的责任与义务，让破坏生态环境的行为无处遁形。严格的执法，确保了各项生态保护措施的有效落实，为生态产品的持续供给提供了可靠保障。

三是法治建设为承德的生态产品价值创新之路奠定了坚实的基础。法律如同钢铁长城，守护着生态环境的底线。同时，法治也为生态产品的价值实现提供了规范的路径。从生态资源的确权到生态产品的交易，从生态补偿机制的建立到生态产业的发展，每一个环节都离不开法治的保障。在法治的引领下，承德积极探索生态产品价值创新的多元路径，一方面，大力发展生态农业、生态旅游等绿色产业；另一方面，创新生态产品价值实现机制，通过建立生态银行等方式,对分散的生态资源进行整合、开发和运营,实现生态资源的资本化转化,让生态资源真正变成"金山银山"。

四是承德的生态环境法治建设不仅体现了上级部门对生态保护工作的高度重视和大力支持,也为承德持续推进生态建设、改善民生福祉注入了强大动力。展望未来,承德将继续坚定不移地走在生态产品价值创新之路上,以法治为引领,不断开拓创新,努力将生态优势转化为经济优势、发展优势,为建设美丽中国贡献更多的承德智慧和承德力量。

二 "生态环境法治建设"的实践探索

践行"两山"理念,筑牢生态根基。承德积极践行"绿水青山就是金山银山"理念,聚焦"三区两城"发展定位,勇于立法实践,敢于制度创新,用法治屏障守护生态环境质量,用法治土壤厚植生态产品价值化,持续擦亮生态底色,为承德绿色高质量发展奠定坚实基础。

(一)强化立法统筹,实现良法善治

承德获得地方立法权后,积极作为,充分发挥立法的引领和推动作用。突出地方特色,在水源涵养功能区保护领域开展先行性、创新性立法,展现对生态环境保护的高度重视。《承德市水源涵养功能区保护条例》作为全省首部地方生态立法,为保护水源涵养功能区提供了坚实的法律保障。《承德市滦河潮河保护条例》则进一步强化了对流域的保护,确保水资源的可持续利用。而《承德市大气污染防治条例》更是推进大气污染防治体系建设的细化之举,有力地推动了空气质量的改善。这些法规的颁布实施,使得承德生态环境领域法规体系日益健全,不仅为生态环境保护工作提供了法制支撑,实现有法可依,更在全社会营造了浓厚的法治氛围,通过明确各方面的责任和义务,引导广大市民积极参与生态环境保护,共同守护承德的绿水青山。同时,也为其他地区的生态立法提供了有益的借鉴和参考,为推动全国生态文明建设贡献了承德力量。

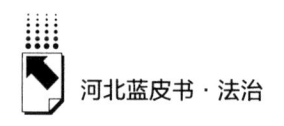

（二）强化制度设计，夯实政策基础

承德积极谋划、精心制定印发一系列绿色发展规划方案。《承德市生态环境保护"十四五"规划》为未来生态环境保护指明方向；《承德市京津冀水源涵养功能区和生态环境支撑区建设规划》凸显区域重要使命；《承德国家可持续发展议程创新示范区建设方案》推动可持续发展迈上新高度；《中国式现代化承德场景生态价值实现专项工作方案》及《生态价值实现工作专班2023年重点工作任务清单》则聚焦生态产品价值实现，明确重点任务。从总体布局到专项攻坚，承德构建全面系统的政策体系，这不仅为环境保护筑牢坚实基础，更将生态优势转化为发展优势，引领承德绿色发展事业不断前行。在完善的政策体系下，各部门协同合作，全社会共同参与，为实现承德的生态之美、发展之美而努力奋斗。

（三）强化司法联动，凝聚保护合力

一方面，成立生态环境司法保护基地。2022年塞罕坝生态环境司法保护基地、燕山生态环境司法保护基地揭牌成立，市中级人民法院、市人民检察院、市生态环境局和兴隆县政府共同签署《燕山（承德区域）生态环境保护协作框架协议》，印发《关于加强检察公益诉讼与生态环境损害赔偿衔接协作的工作办法》《承德市关于探索开展"降碳产品价值实现+生态环境损害赔偿"工作的通知》，有效促进生态环境损害赔偿制度、检察公益诉讼制度与生态产品价值实现工作机制相互支持、有效衔接。另一方面，实现常态化京津冀联合执法。2024年3月，市生态环境局会同密云区生态环境局对省界进京重型柴油车管控情况进行督查，现场抽查部分车辆尾气排放情况，对密云水库上游潮河流域清水河支流进行了联合巡查，对国考断面水质情况、河流两岸采砂洗砂点清理整治情况、铁选企业拆除等情况进行执法检查；5月，邀请北京市生态环境局和河北省生态环境厅派员，与密云区生态环境局、怀柔区生态环境局成立两个跨区域联合检查组，对密云水库上游区域污水处理厂、涉水风险源、建设项目清理整治等情况进行了联合执法；6

月，与北京市密云区开展联合执法行动，通过开展联合执法行动，深入排查两地交界处河道水质、水环境、大车移动污染源、油气回收、跨界扬尘等各类生态环境问题；7月，与北京市平谷区开展联合执法行动，在上堡子综检站开展过境重型柴油车污染管控联合执法检查行动；8月，与北京市平谷区生态环境局开展了将军关石河、重型柴油车、尾矿库隐患排查联合联动执法行动。

（四）强化执法保障，提升监管效能

一方面，全面落实生态环境监督执法正面清单。综合考虑全市生态环境监管能力、履职要求和企业标杆示范作用等因素，将部分优秀企业依法纳入监督执法正面清单并实行动态管理。截至2024年，共将179家企业纳入正面清单，全部采取非现场执法手段进行执法检查，通过实行分类监管和差异化监管，充分发挥对生态环境守法企业的正面激励和示范效应。另一方面，有效防范生态环境风险。继续完善县区人民政府突发环境事件应急预案体系，承德市12个县区人民政府（含高新区管委会）突发环境事件应急预案全部上报省生态环境厅备案。深化整合丰宁满族自治县、滦平县潮河"一河一策一图"，将隐患交通道路、流域周边的涉水风险企业、可依托的企业应急物资库纳入响应方案，创造性地融合为一张图，有效应对突发环境事件；完成了潮河流域突发水环境事件应急演练地点现场踏勘和演练脚本初稿编制工作，相关演练工作正在有序开展中；为有效提高潮河流域环境应急物资调运使用效率，缩短环境应急保障响应时间，正在建立以市级储备为支撑、县级储备为依托、企业储备为基础的全市环境应急物资储备格局。目前项目已编制完成，正在积极申报纳入项目库。

三 探索生态路径，开辟法治新途

承德生态环境领域在法治化的轨道上挖掘资源变资产、资金的路径和模

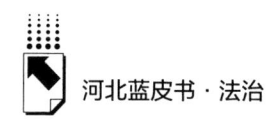

式，力争探索一条路径、破解一个问题、总结一个方法、出台一项制度，由"生态优"转向"生态+"，走出法治化新路径。

（一）生态补偿转化路径

一是对于承德而言，生态补偿资金犹如一场及时雨，为生态环境保护和重点民生领域提供了坚实保障。承德市转移支付范围不断拓展，从2009年仅有丰宁、围场两县，到2014年覆盖全市，实现了重大突破。与此同时，金额也呈现显著增长态势，从2009年的1.5亿元一路攀升至2024年的11.05亿元。这一变化不仅体现了上级部门对承德生态环境保护工作的高度重视和大力支持，也为承德持续推进生态建设、改善民生福祉注入了强大动力。二是流域横向生态补偿资金对流域生态保护起到重要支撑作用。从2016年开始，天津与河北建立滦河流域生态补偿机制，已实施至第三期第9年。2018年开始，北京与河北建立密云水库上游流域生态补偿机制，已实施至第二期第7年。补偿机制建立以来，承德累计获得补偿资金43.34亿元，实施流域水资源保护、水环境治理、水生态修复项目264个，对滦河、潮河流域的水质改善、水源涵养能力提升发挥了重要作用。三是森林生态补偿资金有效促进森林资源安全保护工作。承德落实公益林、天然林停伐保护措施，"十三五"以来获得中央下达天然林停伐补助资金20.31亿元、重点生态公益林补偿资金14.73亿元，累计达35.04亿元。①

（二）固碳产品转化路径

承德市已备案固碳量500余万吨，占全省备案总量的90%以上，为全省提供了降碳产品可度量的"承德经验"。2021年，河北省坚决贯彻习近平生态文明思想和习近平总书记考察承德时重要指示精神，牢固树立"绿水青山就是金山银山"理念，大力推进首创性改革探索，以开发降碳

---

① 《承德加快将生态优势转化为发展优势》，河北省生态环境厅网站，2024年7月9日，https：//hbepb.hebei.gov.cn/hbhjt/ztzl/zhuanlan/sthjfb/101723262269941.html。

产品、实现生态价值转化为切入点，以承德市森林固碳为试点创新建立降碳产品价值实现机制。围绕"底数难清"，承德市配合完成了全省第一个降碳产品方法学《承德市森林固碳生态产品试点项目方法学》，同时，依托丰富的生态资源优势，在全省率先开发了草地、湿地、景区碳普惠降碳产品方法学，成为全省标准。承德市累计备案降碳产品500余万吨，居全省首位。围绕"交易难成"，承德市于2021年9月29日实现了全省首笔降碳产品交易后共完成5批降碳产品交易，其中承德市承办了2022年、2023年、2024年三次全省交易仪式，截至2024年，承德市110万吨降碳产品实现生态价值转化6000余万元，占全省的83%。承德市降碳产品开发已经从林业扩大到草原、湿地等生态"绿碳"，并延伸到分布式光伏、景区碳普惠等多个领域，为承德市降碳产品价值实现机制注入了新的活力，带来了新的机遇。围绕"损害难偿"，承德市在省内率先建立检察公益诉讼与降碳产品价值实现衔接机制，首起"毁林修复+降碳产品认购"案例获中国法学会2023年环境资源司法保护案例一等奖，入选河北省法院2023年十大典型案例，截至2024年共交易21例，认购金额90余万元，并成功推广至石家庄、雄安，开辟了全省降碳产品交易的新路径。围绕"举措创新"，承德市探索降碳产品开发"多方合作"模式，在全省率先组织隆化县、承德县政府与河钢集团签署降碳产品价值实现合作协议；探索降碳产品抵质押机制，中国建设银行、中信银行、中国银行为塞罕坝生态开发集团降碳产品授信7亿元，提供了降碳产品可度量、可交易、可抵押的"承德经验"。[①] 2024年承德市在全省率先拓展降碳产品会议"碳中和"、办公场所"碳中和"实现路径。

（三）CCER转化路径

CCER是中国核证自愿减排量，目前生态环境部正在做CCER市场开放

[①] 《承德加快将生态优势转化为发展优势》，河北省生态环境厅网站，2024年7月9日，https://hbepb.hebei.gov.cn/hbhjt/ztzl/zhuanlan/sthjfb/101723262269941.html。

的准备，承德市持续关注，提前着手打好基础。2014年丰宁千松坝林场签发碳汇9.6万吨，2014年12月与东坡餐饮（北京）公司完成全国跨区域交易首单，交易单价38元，交易量1550吨。塞罕坝机械林场的造林碳汇项目于2015年签发碳汇18万吨，成为全国林业碳汇签发量最大的项目。2024年1月22日全国温室气体自愿减排交易市场启动仪式上，塞罕坝机械林场作为代表签署自愿减排项目开发和减排量交易合规倡议。2024年出售1.9万吨碳汇，收入100.7万元，实现全国温室气体自愿减排交易市场重启后河北省的首笔交易。截至2024年，承德市累计交易额达700余万元。

承德市塞罕坝机械林场、御道口林场、丰宁满族自治县造林碳汇项目正在开发。承德与国家林草局华东规划设计院合作，初步核算2005~2025年森林固碳产品总量可达8698.84万吨，后续每年新增约700万吨。承德市塞罕坝生态开发集团与宝武集团、华宝证券合作，签订《减排量购买和交易协议》，约定首期两年购买50万吨CCER产品，预计可产生2500万元收益；后续15年每年购买不低于30万吨CCER产品，确保CCER市场开放后尽快投入市场交易。[1]

（四）排污权转化路径

承德市生态环境局深入落实省委、省政府和省生态环境厅关于深化排污权交易改革的决策部署，2022年7月19日，成功举行了首批排污权市场交易启动暨绿色金融战略合作签约仪式，成为河北省首个启动排污权交易市场的地级市。市场化交易启动以来，承德市累计组织完成排污权交易114笔，实现交易金额3468万元。一是高位推动部署，形成全市统一战略。省政府及省生态环境厅等部门印发排污权交易改革相关文件后，省污染物排放权交易服务中心多次实地开展政策解读、帮扶指导，承德市委全会、市政府工作报告明确将深化排污权交易改革列为全市重点工作任务。市委、市政府提出中国式现代化建设承德生态价值实现篇章，将排污权交易改革作为六大路径

---

[1] 数据来源于塞罕坝生态开发集团与宝武集团、华宝证券签订的《减排量购买和交易协议》。

之一,明确重点改革任务,全面部署推动落实。市生态环境局党组将深化排污权交易改革作为全市生态环境领域改革重点措施,出台《关于深化排污权交易改革的若干措施》。在省厅的大力指导推动下,承德全市上下形成了合力推动排污权交易改革工作的浓厚氛围。二是科学规范程序,构建有序交易市场。全面落实省级有关改革文件要求,全链条规范排污权确权、有偿使用、政府储备管理、交易主体资格审核等程序,加强多部门会商联动,有力地促进了本地排污权交易市场有序运转。确权方面,承德市印发《关于进一步规范主要污染物排污权确权工作的通知》,明确了企业申报、县级初审、技术评估、市级复核工作程序,组织召开动员部署会、现场办公会、专家审核会等,对所有持有排污许可证企业无偿和有偿取得的排污权进行确权。政府储备方面,市生态环境局组织县(市、区)根据确权情况,梳理原无偿取得总量指标的企业排污权使用情况,对淘汰或通过减排措施形成富余排污权的,由政府无偿收储。建立政府储备台账,明确使用政府储备审核流程,有关会议纪要抄送市财政局。现有政府储备二氧化硫6924吨、氮氧化物8191吨、化学需氧量1210吨、氨氮215吨。排污权交易审核方面,承德市印发《关于进一步规范主要污染物排污权交易审核程序的通知》,对于事权在市级的交易申请,明确了县级初审、市级审核、技术单位支撑的基本程序,并细化了市级形式审核、内部联审、技术审核、会议审核等工作流程,将建设项目总量确认和交易主体资格审核程序合并,市级审核时限压缩至5个工作日以内。交易平台方面,承德市在省环境能源交易所建立沟通对接机制,及时获取平台出让和受让信息,保障排污权交易顺利开展。同时,承德市生态环境局与市财政局、税务局、行政审批局建立了紧密的沟通协商机制,有力保障了排污权费用收缴、政府储备使用等工作有序开展。三是加强帮扶指导,助力经济绿色发展。将排污权作为加强建设项目总量管理、助力经济绿色发展的有力抓手,建立了省市重点建设项目保障、小微企业项目"绿色通道"、总量审核问题一次性告知、试点园区小额总量削减替代市级统筹、专人跟踪帮办等机制,编制了办理流程告知单、排污权资料受理表,积极解读政策,明确告知企业办理程序和时限,最大限度减轻企业负担,努

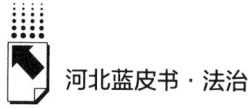

力实现"办事一次成"。排污权开展市场化交易以来，有力保障了承德黎河肥业有限公司年产100万吨绿色高效复合肥项目、平泉市生活垃圾焚烧处理热电联产项目等一批事关国计民生的重点建设项目投资落地，豁免了一批小微企业项目主体资格审核，得到了企业的一致好评。

四 生态环境法治建设成效及展望

（一）"红色"的法律效果

全省首部地方生态立法《承德市水源涵养功能区保护条例》、首部流域保护立法《承德市滦河潮河保护条例》颁布实施，用法治土壤厚植生态产品价值化；《中国式现代化承德场景生态价值实现专项工作方案》等文件，全省首个降碳产品核算标准，全省率先开发的草地固碳、湿地固碳、景区碳普惠降碳产品方法学等一系列成熟的政策文件、工作方法，为全省生态产品价值实现立法工作提供了"承德经验"；塞罕坝生态环境司法保护基地、燕山生态环境司法保护基地揭牌成立，《燕山（承德区域）生态环境保护协作框架协议》签署，生态环境执法改革全面推进，差异化监管措施、"非现场"执法方式进一步落实，为生态产品价值实现保驾护航的同时，通过衡平生态保护与经济发展的法益关系，让生态法治和生态价值理念成为社会共识。

（二）"绿色"的社会效果

习近平总书记指出，"良好生态环境是最公平的公共产品，是最普惠的民生福祉"[1]。生态补偿的"红包"，收获了生态"含绿量"，滦河入库断面、潮河出境断面水质明显改善。承德市林草资源全省第一、水生态环境全省最优、空气质量全省领先、自然保护地建设质量居全省首位、生态示范点

---

[1] 习近平：《推进生态文明建设需要处理好几个重大关系》，《求是》2023年第22期。

全省最多，入选全国生态文明建设试点区、全国水生态文明试点市、国家级生态文明先行示范区、国家可持续发展议程创新示范区，在 2023 年中国国际生态竞争力峰会上获评"中国最具生态竞争力城市"。

（三）"金色"的经济效果

"金色"的经济效果，奏响生态与经济和谐共进的乐章。承德始终致力于推动生态优势转化为经济优势，努力让绿水青山真正变为金山银山。在这条充满挑战与机遇的道路上，承德以敢为人先的勇气和开拓创新的精神，书写下一个个辉煌的篇章。承德勇敢地探索"跨区域"碳汇交易，通过跨区域的碳汇交易，将承德丰富的森林资源所蕴含的碳汇价值转化为实实在在的经济收益，不仅为本地生态保护提供了资金支持，也为其他地区实现碳减排目标提供了有效途径。这一探索，充分展示了承德在生态经济领域的前瞻性和领导力，为全国生态产品价值实现提供了宝贵的经验，见证了承德在生态经济领域的不懈努力和卓越成就。未来，承德将继续砥砺前行，不断探索创新，让生态与经济的融合更加紧密，为实现可持续发展的宏伟目标贡献更多的智慧和力量。

承德市将继续秉承习近平生态文明思想和习近平法治思想，坚定不移地推进生态环境法治建设，以法治红线牢牢守住绿色底线，不断强化立法统筹和制度设计，全面构建完善的政策体系。展望未来，承德市将积极探索生态产品价值创新的多元途径，努力将生态优势转化为经济优势和发展优势，为实现可持续发展贡献更多的承德智慧和力量，让承德这颗绿色明珠在新时代绽放更加绚烂的光彩，为建设美丽中国贡献承德力量。

B.6
河北省重大行政决策事项目录公开情况调研报告

陈鹏帆　蔡欣欣　张亦涛*

摘　要： 重大行政决策事项目录公开在建设法治国家、法治政府中扮演重要角色。河北各地将重大行政决策事项目录列入政府信息公开范畴，通过政府官方网站主动对外公开，但存在公开时间不一、普遍较晚，数量差距较大、个别地区没有公开目录，事项范围普遍单一等问题。2025年，河北省各级政府要确立正当程序理念、完善目录管理机制、建立网上运行平台、持续配强法治力量，实现重大行政决策事项目录公开制度落地、落实，满足形式法治要求。

关键词： 河北省　重大行政决策事项目录　政府信息公开

　　从程序角度规范重大行政决策是完善中国特色社会主义法治体系、推进国家治理体系和治理能力现代化的重要举措。《法治政府建设实施纲要（2021—2025年）》强调"推行重大行政决策事项年度目录公开制度"，河北各地从确定并公开重大行政决策事项目录开始，为行政主体与公众之间提供信息交流的场域，全面落实重大行政决策公众参与、专家论证、风险评估、合法性审查、集体讨论决定等各项后续制度，重大行政决策事项目录公开制度在河北各地推广铺开。在一定程度上，推行重大行政决策事项目录公开有效提升了各地科学决策、民主决策、依法决策水平。

---

* 陈鹏帆，中国政法大学数据法治研究院在读博士研究生，研究方向为数据法学；蔡欣欣，河北省社会科学院法学研究所副研究员，研究方向为法治建设；张亦涛，河北大学经济学院在读硕士研究生，研究方向为农村发展。

一 公开重大行政决策事项目录对推进法治政府建设意义重大

实行重大行政决策事项目录公开制度，能将抽象的决策范围与决策事项表象化、固定化，有职权公开和权力清单的性质。这样，既能促使决策事项承办单位在起草决策文件的过程中严格把握时限要求，贯彻执行各项决策程序和决策制度，也可以实现公众对重大行政决策事项的参与和监督，保障相关主体通过各种途径和形式参与决策，保护公民、法人或其他组织的合法权益，实现重大行政决策的法治价值。

（一）促使行政机关遵循法定程序，规范行政行为

决策是一切行政权运行的起点，其本质是围绕权利与义务产生的利益分配和关系组合，这必然会导致人们对决策产生不同的理解，进而促进不同群体的合作或引发一定的冲突。而重大行政决策事项是行政权力运行的重点，是依法行政的具体体现，在建设法治国家、法治政府中具有重要作用，关乎经济社会发展、群众切身利益、改革发展稳定大局，在全面推进依法治国中扮演重要角色。在法治国家、法治政府和法治社会一体建设中，政府能否做到依法决策，确保决策的科学性、民主性，直接体现政府依法行政水平的高低，决定政府能否全面依法正确履职，关系法治政府建设目标的顺利实现。公开重大行政决策事项目录也是依法行政的环节之一，可以进一步增强重大行政决策的计划性，规范重大行政决策按程序推进，避免决策过程的盲目草率，维护决策公平，提高重大行政决策的质量，有效保障各项重大任务和目标的落实，实现依法行政目的，防止政府的重大行政决策出现重大失误。

（二）落实全过程人民民主理念，提升行政决策的公信力和执行力

行政行为离不开其他相对人、利害关系人的参与。重大行政决策作为一种行政行为，以满足人民各种需求为导向，落实全过程人民民主的运行机

制，在决策中倡导和鼓励公民、法人或其他组织的参与。但重大行政决策的全过程人民民主不是单一笼统的"全过程"，而是涉及重大行政决策程序的方方面面。公开重大行政决策事项目录，是避免政民信息供需不对称，落实全过程人民民主的最初环节。在重大行政决策制定的后续过程中针对目录事项，会采取网络征求意见、听证会等行政主导、专家主导、官方授权、协同协作以及技术辅助等形式，拓展多元化的参与方式和途径，吸收借鉴民智、尊重民意，听取民众对重大行政决策的意见建议，实现公众全过程的参与、全方位的表达、全链条的监督。社会公众能通过公开的目录对重大行政决策事项进行信息查询，不仅能提高公众参与的有效性，也可以提高公众对决策事项的理解支持度、接受度，形成民意，还能从根本上保证决策的可操作性和可执行性，从源头上提升政府决策执行力和公信力，提升行政效率。

（三）保障宪法和法律赋予的公民权利，制约和监督行政权力

行政权力是一把双刃剑，能促进经济社会发展，确保人民安居乐业，但如果对行政权力缺少约束，权力运行就会背离设置的初衷，产生消极影响。对于全局性、长期性、综合性的重大行政决策事项，更要保障公民的各项权利，以确保公民知情权、参与权、表达权以及监督权等作为公开重大行政决策事项目录的定位，使公民了解和监督政府工作。虽然公开重大行政决策事项目录属于过程性的信息公开，会造成决策成本的增加，可能会影响决策效率。但从长远看，不应过度依赖行政权力的自我监督，用公开重大行政决策事项目录确保决策事项为公众所知悉，倒逼政府提高决策的透明度，促使政府以问题意识为导向，促进相关部门提前参与，并遵守一定的程序性机制，推进公正决策，作出高质量决策，实现行政法的终极目的。重大行政决策事项目录公开也能增强各级领导对决策的责任意识和风险意识，协助政府主动、正确看待民意，不侵犯公民权利，落实后续的关注公众诉求、与公众互动反馈等环节，避免决策中信息不公开和不透明以及聚合性不足，凸显科学民主决策效应，规避决策不当的各种风险。

（四）打造法治化营商环境，防止行政权力滥用

行政法的立法目的在于控制政府权力，防止行政机关滥用行政权力，不给公民、法人或其他组织增加不符合法律规定的义务，最大限度减少政府对市场资源的直接配置，而不是为政府进行行政管理提供便利。因此，政府在确定和公开重大行政决策事项目录前，一定会权衡现有的行政措施，采取对市场主体权益影响最小的决策措施，使行政决策所带来的负面影响不超过其产生的正面效益，即不给公民和其他组织增加不符合比例原则的损失，有效约束行政决策权。在后续的重大行政决策事项制定过程中，政府部门除了要遵守一般性程序外，还需着重强调重大行政决策事项制定过程中与市场主体的博弈和利益分配，正视各种市场主体"经验主义"和"理性主义"的矛盾，降低制度性交易成本，实现双方利益的协调与平衡，最大限度激发市场活力和社会创造力。从这个意义上说，公开重大行政决策事项目录也可以防止滥用行政权力，厘清政府、市场和社会三者之间的关系，有利于打造一个公开透明、便民高效的营商环境，护航经济高质量发展。

二 2024年河北省重大行政决策事项目录公开实践

目录管理制度是权力清单制度的另一种具体形态。为系统全面了解河北省各地区重大行政决策事项目录公开情况，河北省社会科学院课题组通过检索各地政府官网的方式对河北省各地重大行政决策事项目录公开情况进行了调研，调研对象包括石家庄、唐山、秦皇岛、邯郸、邢台、保定、张家口、承德、沧州、廊坊、衡水11个设区市以及176个县（市、区），检索截止日期为2024年12月31日。

目前，河北各地一般将重大行政决策事项目录列入政府信息公开的范畴，通过政府官方网站主动对外公开。实践中，最为常见的是表格形式，包括决策事项名称、数量、承办单位、完成时限等。目前，河北各地没有借鉴

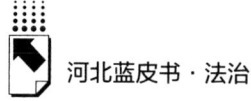

苏州市人民政府的"苏州市重大行政"发布平台经验，进行开发重大行政决策事项目录发布平台的地方尝试与创新。

（一）重大行政决策事项目录公开制度实施情况

2019年9月1日《重大行政决策程序暂行条例》施行之后，河北省于2020年2月1日起施行《河北省重大行政决策程序暂行办法》。近年来，河北省各地方政府陆续进行规范重大行政决策事项目录公开程序的探索与实践。河北省各设区市依据《重大行政决策程序暂行条例》《河北省重大行政决策程序暂行办法》，制定了重大行政决策程序的相关规章、规范性文件等（见表1），展现了地方建立健全重大行政决策事项目录公开制度的程序样态，为提高决策质量提供了制度保障。在制度建设层面，11个设区市都对重大行政决策事项的目录管理进行了细化规定，总体上有较强的顶层驱动特征。这些规定在一定程度上实现了重大行政决策事项目录具体程序环节的精细化设计，基本解决了地方重大行政决策事项目录适用范围不明、职责不清等问题，推进了重大行政决策程序的完善和运行的规范化，有利于推进科学决策、民主决策、依法决策。

表1 2024年河北省11个设区市重大行政决策程序制度文件

序号	制度名称	施行时间	备注
1	保定市重大行政决策程序暂行规定	2020年4月10日	2022年第一次修正；2024年第二次修正
2	邢台市重大行政决策程序暂行办法	2020年5月22日	
3	秦皇岛市重大行政决策程序暂行规定	2020年10月1日	
4	廊坊市重大行政决策程序暂行规定	2020年12月26日	
5	张家口市重大行政决策程序暂行规定	2021年1月1日	
6	承德市重大行政决策程序暂行办法	2021年1月1日	
7	沧州市重大行政决策程序暂行规定	2021年2月1日	
8	衡水市重大行政决策程序暂行规定	2021年3月1日	
9	邯郸市重大行政决策程序规定	2015年12月1日	2022年修订
10	石家庄市重大行政决策程序实施细则	2024年11月27日	
11	唐山市重大行政决策程序规定（征求意见稿）	—	意见反馈截止时间为2025年2月10日

资料来源：河北省11个设区市政府官网。

（二）11个设区市2024年度重大行政决策事项目录公开情况

2024年，河北省11个设区市中，有7个市发布本级政府2024年度重大决策事项目录共34项（见表2），决策事项涉及专项规划、城镇职工基本医疗保险、知识产权保护示范区建设、网络预约出租汽车经营服务管理、生活垃圾分类管理等内容。总体而言，决策事项集中在专项规划、社会事务管理等方面。承办单位包括气象、水利、医疗保障、生态环境、住房和城乡建设、林业、轨道交通、市场监督管理、交通运输、文化广电和旅游、国防动员、发展改革、公安、自然资源和规划、消防救援、商务、城市管理综合行政执法、国资、人力资源和社会保障等部门。

表2 河北省11个设区市2024年度重大行政决策事项目录公开情况

单位：项，个

序号	设区市	发布时间	是否查询到2024年度目录	目录数量	承办单位数量
1	沧州	2024年1月19日	是	3	3
2	秦皇岛	2024年3月31日	是	5	4
3	唐山	2024年4月7日	是	3	3
4	张家口	2024年6月26日	是	4	4
5	邯郸	2024年6月26日	是	6	4
6	石家庄	2024年7月14日	是	9	8
7	保定	2024年7月15日	是	4	3
8	承德	—	否	—	—
9	廊坊	—	否	—	—
10	衡水	—	否	—	—
11	邢台	—	否	—	—

资料来源：河北省11个设区市政府官网。

2024年，全省167个县（市、区）政府中，共有58个发布了重大行政决策事项目录，共计发布重大行政决策事项目录152项。发布2024年度重大行政决策事项目录的县（市、区）占比为34.7%，其中，石家庄市全部县（市、区）均发布了2024年度重大行政决策事项目录（见表3）。

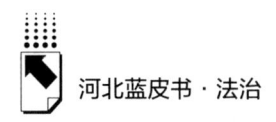

表3　河北省县（市、区）级政府发布2024年度重大行政决策事项目录情况

单位：项，个

地级市	县（市、区）	发布时间	目录数量	承办单位数量
石家庄	元氏县	2024年4月1日	2	2
	新乐市	2024年4月16日	1	1
	桥西区	2024年4月17日	3	3
	深泽县	2024年5月11日	2	2
	晋州市	2024年6月18日	3	3
	新华区	2024年7月22日	5	5
	行唐县	2024年8月12日	3	3
	裕华区	2024年8月16日	3	3
	长安区	2024年8月23日	4	3
	平山县	2024年8月29日	5	5
	赞皇县	2024年9月10日	4	2
	正定县	2024年9月17日	5	5
	高邑县	2024年9月24日	3	3
	鹿泉区	2024年9月29日	4	4
	藁城区	2024年10月17日	3	2
	井陉县	2024年11月1日	3	3
	灵寿县	2024年11月6日	3	2
	无极县	2024年11月14日	3	3
	井陉矿区	2024年11月18日	2	2
	栾城区	2024年11月26日	6	5
承德	丰宁满族自治县	2024年3月7日	3	3
	兴隆县	2024年3月31日	4	4
	双滦区	2024年6月25日	1	1
张家口	怀安县	2024年3月27日	2	2
秦皇岛	北戴河区	2024年2月27日	1	1
	抚宁区	2024年3月31日	4	4
	青龙满族自治县	2024年4月24日	2	2
	卢龙县	2024年8月4日	5	3
唐山	路北区	2024年6月17日	2	1
	丰南区	2024年7月5日	4	4
	丰润区	2024年11月21日	1	1
廊坊	霸州市	2024年5月14日	5	4

续表

地级市	县(市、区)	发布时间	目录数量	承办单位数量
保定	高阳县	2024年2月12日	1	1
	清苑区	2024年4月19日	1	1
	安国市	2024年5月17日	3	2
	博野县	2024年6月1日	1	1
	高碑店市	2024年6月3日	1	1
	易县	2024年9月3日	1	1
	涞水县	2024年10月14日	3	3
	阜平县	2024年11月12日	3	3
	涿州市	2024年11月15日	2	2
	莲池区	2024年12月13日	4	4
沧州	新华区	2024年2月28日	1	1
	任丘市	2024年3月18日	1	1
	南皮县	2024年3月25日	2	2
	献县	2024年4月22日	1	1
	东光县	2024年4月23日	3	3
	沧县	2024年10月28日	3	3
衡水	武强县	2024年3月25日	3	3
邢台	内丘县	2024年1月8日	2	2
	临城县	2024年3月1日	3	2
	平乡县	2024年4月3日	1	1
	沙河市	2024年9月4日	1	1
邯郸	临漳县	2024年7月2日	1	1
	邯山区	2024年7月23日	4	4
	复兴区	2024年7月25日	2	2
	鸡泽县	2024年8月14日	2	2
	峰峰矿区	2024年12月11日	1	1

资料来源：河北省各县（市、区）政府官网。

三 河北各地重大行政决策事项目录公开存在的问题

相较于重大行政决策程序，一些地方和相关部门对重大行政决策事项目录公开的相关规定和要求了解不够。由于合法性审查职能由司法行政部门行使，一些地方和部门把编制重大行政决策事项目录职责交由司法行政部门负责，但司法行政部门不便于发挥组织协调作用。另外，目录管理制度也应遵循动态调整的原则，而各地重大行政决策事项目录很少进行动态调整，目录公布后临时安排的重大行政决策事项也没有纳入目录。可以说，河北各地重大行政决策事项目录公开规定仍处于初创期，依然没有摆脱规则主义的客观限制，统一标准和规范相对不足，未能完全依法运转、充分发挥实效。

（一）公开时间不一，普遍较晚

中共中央办公厅、国务院办公厅印发的《法治政府建设与责任落实督察工作规定》明确要求，除涉及党和国家秘密外，每年4月1日之前应当通过报刊、网站等新闻媒体向社会公开各级地方政府和县级以上政府部门的法治政府建设年度报告，接受人民群众监督。目前，全国各级政府对于重大行政决策事项目录的公开时间没有明确要求。通过比较，在11个设区市中，沧州市的公开时间最早，为2024年1月19日；在县（市、区）中，邢台市内丘县的公开时间最早，为2024年1月8日。综合来看，公开时间普遍集中在4～11月，2024年上半年公开的县（市、区）有28个，有2个县（市、区）在12月公开。

（二）数量差距较大，个别地区没有公开目录

河北各地公开的重大行政决策事项目录数量差距较大，质量差距也较为明显。设区市政府层面，2024年公开目录数量最多的是石家庄市，有9项，而公开目录数量最少的唐山市、沧州市，均只有3项；县（市、区）级政府层面，2024年公开目录数量最多的有6项。截至2024年12月31日，课题组仍没有检索到承德市、廊坊市等4个设区市的2024年重大行政决策事项目录，还有65.3%的县（市、区）没有公开2024年重大行政决策事项目录。

（三）公开事项范围普遍单一，承办单位过于集中

我国自古以来就有目录学科，且目录学非常发达。但重大行政决策事项目录涉及的是公共行政，内容广泛且具体，不是图书目录学所说的普通意义上的具体事物。总体上看，一些地方、个别部门担心将决策事项纳入重大行政决策事项目录后履行程序烦琐，不将或者较少将重大公共建设项目、公共政策措施等纳入重大行政决策事项公开目录，更多地把规划类决策项目纳入重大行政决策事项公开目录，未实现应纳尽纳（见图1）。

图1　2024年河北省各级政府重大行政决策事项公开范围词云

四　推动重大行政决策事项目录公开制度落实的建议

确定并公开重大行政决策事项目录，是启动重大行政决策，有效保障各项重大行政决策事项落实的前提和基础。到2025年，《重大行政决策程序暂

行条例》将实施六年,应在梳理总结学界理论探讨并调查重大行政决策事项目录公开情况与实际运转状态基础上,提出优化重大行政决策事项目录公开制度和确保制度落实的法治化路径,实现重大行政决策程序制度落地、落实,持续拓展重大行政决策事项公开的广度和深度,不断增强政府决策公信力。

(一)确立正当程序理念

我国自古以来"重实体、轻程序",在实践中对程序法不够重视。相关的政府部门在进行重大行政决策时,往往片面追求实现行政管理的目标,忽视行政权在行使过程中的程序要求,程序意识相对缺位。这主要是因为政府工作人员在思想理念层面认为重大行政决策行为不同于其他具体的行政执法行为,将重大行政决策看作政治或行政过程,过分强调程序会影响工作效率,更倾向于直接决策。因此,应以保障行政机关有效开展行政管理作为实施重大行政决策事项目录公开制度的目的,紧抓"关键少数"及普通公务人员,树立有限政府、服务型政府和阳光政府的理念,用法治思维主导决策过程,增强政府履行重大行政决策法定程序意识和主动公开意识,提高政府业务能力和服务水平。政府应在制定对经济社会发展有重大影响、涉及重大公共利益或者社会公众切身利益的重大公共政策过程中确立正当程序理念,形成行使权力应当遵循正当程序的普遍共识,实现重大行政决策的实质法治化和形式法治化。

(二)完善目录管理机制

完善目录管理的总则化规范、程序性规范和实体性规范。首先,明确重大行政决策事项目录应纳入的客体范围。重点衔接本地重大改革事项、重大建设项目、民生项目、政府工作报告中明确的重大事项等,突出地区工作特色。其次,明确厘清重大行政决策内外部关系。准确定位政府与外部主体各自功能,进一步完善政府办组织统筹、各部门及时提出重大行政决策事项目录建议、司法行政部门指导和监督的工作机制,让行政决策高效开展。再次，明确发布重大行政决策事项目录的时限要求。如武汉规定重大行政决策事项提出单位应当于每年 2 月 28 日前将拟纳入重大行政决策事项目录的议题建议报市人民政府办公厅进行审查。最后，加强编制重大行政决策事项目录时的公众参与。每年重大行政决策事项目录除通过政府网站公开外，还可以通过公报、新闻发布会以及报刊、广播、电视、新媒体等便于公众知晓的方式公开，促进决策权力与公民权利之间的平衡互动，发挥公众在重大行政决策中的主体作用，防止在重大行政决策制定或实施阶段各主体利益诉求分化，为决策实施凝聚更多共识。

（三）建立网上运行平台

数字赋能也是新时代规范重大行政决策的重要引擎。以为人民群众提供更加优质、便捷、高效的政府服务，提高重大行政决策质效为目标，借鉴吸收苏州、张家港、常熟、太仓等地开发重大行政决策网上公开运行系统的经验，抢抓人工智能发展机遇，深入挖掘数字治理在重大行政决策中的作用，把数字赋能贯穿于重大行政决策的各方面全过程。设立包含重大行政决策论证评估、征集建议意见、信息查询、互动反馈、监督控制、绩效考核等功能的综合管理平台，实现重大行政决策程序网上运行。在对重大行政决策工作环节进行节点管理、流程控制的基础上，实现市县两级重大行政决策程序网上运行，逐步加强信息化建设，推动重大行政决策程序网上运行最终覆盖市县乡三级。打破信息孤岛与壁垒，不断创新工具、手段、方法，对接整合各部门各系统，提高信息传播效率，促进各平台系统互联互通共享，全链条推进重大行政决策事项目录管理、法定环节规范运行、全程监督管理等适用场景的规范化。

（四）持续配强法治力量

当前，重大行政决策工作面临新形势、新任务和新挑战，法治人才队伍也存在一些理念不适应、能力不匹配等问题。首先，通过公开、公平的选拔机制，根据不同领域重大行政决策需求，吸引更多优秀法治人才充实各行政

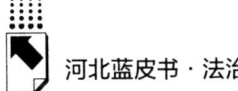

机关法治队伍，让重大行政决策真正衔接"良法"与"善治"。其次，发挥专家学者智库作用，加强法学教育人员、法学研究人员与实务工作者之间的良性互动，围绕重大行政决策开展广泛深入的调研，推出更多具有前瞻性、原创性、建设性的研究成果，为谨慎决策贡献力量。再次，深化各行政机关与各高校的共享合作，共同培养新时代高素质法治人才，拓展产学研用相结合的法治人才培养模式，培养更多德才兼备的高素质法治人才。最后，充分吸收社会法治力量推进依法决策，通过购买法律服务机构的法律服务模式，划片、划单位集中派驻人员提供专业的法律服务，保障重大行政决策事项目录公开制度在治理实践中具象化，推进依法决策。

参考文献

蔡欣欣、陈鹏帆：《营商环境视域下重大行政决策风险评估的规范意涵与完善路径》，《经济论坛》2024年第8期。

B.7
规范涉企现场行政执法检查的实践与思考
——以邢台市"入企扫码"制度为例

赵 非 戴静芳 游英杰[*]

摘　要： 邢台市通过构建覆盖市县乡三级的行政执法监督体系，创新推进涉企现场行政执法"入企扫码"制度，通过网上平台全程监管，督促各执法单位严格落实行政执法"三项制度"，持续提升行政执法检查的规范化、精准化水平，有效破解了重复检查、多头执法等执法扰企难题。该制度以数字化备案为核心，依托"邢台执法"App实现执法信息云备案、电子亮证和检查结果互认，2024年全市跨部门联合检查比例提升至82.8%，行政检查数量较2023年降低16.1%。本报告从制度背景、技术实现、实践成效等角度展开分析，探讨"入企扫码"制度在优化营商环境、提升执法透明度方面的示范意义，并提出智能化升级和全国推广的可行性路径。

关键词： 入企扫码　执法监督　营商环境　联合检查　数字化转型

　　邢台市结合实际，以承担全国省市县乡四级行政执法协调监督工作体系建设试点任务为契机，于2023年投入290余万元建成全市行政执法和行政执法监督一体化平台，实现了全流程线上办案、全过程在线监督、全方位辅助决策三大功能，将全市700余个执法主体、1.4万余名执法人员全部纳入平台管理。在此基础上，邢台市创新开发了"入企扫码"功能模块，在全

---

[*] 赵非，邢台市司法局党组书记、局长，研究方向为法治政府建设、依法行政；戴静芳，邢台市司法局行政执法协调处长，研究方向为法治政府建设、依法行政；游英杰，邢台市司法局行政执法监督处长，研究方向为法治政府建设、依法行政。

国创新实施行政执法"入企扫码"制度，强化对全市各级行政执法人员涉企现场检查的约束监督，打造让市场主体专心经营的法治化营商环境。该制度自2024年4月1日正式上线以来，已归集扫码信息1.6万余条，各级已依托平台办理案件6600余件，各级监督机构借助执法监督平台对执法主体、执法程序、法律适用等开展实时监督，发现并预警执法问题线索200余条，执法监督渠道进一步拓宽，通过监督平台规范涉企检查的作用初步显现，有效助力法治化营商环境建设。

一 邢台"入企扫码"制度的基本功能

入企扫码，是指全市各级行政执法人员在进入企业开展现场执法检查时，使用"邢台执法"App扫描被检查企业营业执照二维码，向执法监督平台"云备案"的功能。依托一体化平台研发"入企扫码"功能，执法人员通过"邢台执法"App扫描企业营业执照上的二维码，即可实现亮证执法、信息互验、结果互认、全程"云备案"，有效减少执法扰企问题。通过推行"入企扫码"制度，主要实现了以下五个方面功能。

（一）聚焦"全面兜底"，彻底摸清涉企行政检查现状

通过推行该制度，可实时掌握开展执法的单位、人员、时间、地点和对象等信息，实现对市场主体接受行政执法检查的"兜底式"统计，并智能发现检查次数多的单位和受检次数多的企业，为针对性解决问题、改进工作提供数据支持。

（二）实现"身份互验"，持续提升执法公示工作水平

该功能同步集成"电子亮证"功能，执法人员扫码后，系统在显示企业基本信息时，同屏显示执法人员的姓名、单位、执法证号以及照片等信息，以供企业和执法人员双方互验，有效杜绝无证执法等乱象。同时，有利于倒逼执法人员规范执法行为。

（三）自动"云端备案"，及时发现违法执法问题线索

执法单位、人员以及时间等内容自动向市级执法监督平台备案，是这一制度的核心功能。此外，执法人员扫码后，可根据需要一键转入行政检查或行政处罚案件办理流程，实现办案信息网上流转、文书网上审批，确保执法全程置于监督之中，变"事后督"成为"全流程督"，便于及时发现并督促解决乱罚款等各类违法执法问题。

（四）着眼"简便快捷"，全面提高"入企扫码"工作效率

"入企扫码"操作简便、响应迅速，整个过程"仅需一步、只用一秒"。执法人员只需使用"邢台执法"App 扫描受检企业营业执照二维码，系统将实时联网查询显示企业和执法人员信息，并在后台自动记录，执法人员无须进行其他操作，也无须另行为企业赋码。

（五）推动"数据共享"，有效降低入企执法检查次数

依托行政执法和行政执法监督一体化平台，收集汇总企业接受行政检查、行政处罚等信息，供执法单位和执法人员实时查询，避免执法人员对同一企业、同一事项进行重复检查取证，进而推进执法结果互认、执法数据共享，有效压减入企检查次数，规范执法检查行为。

二 邢台"入企扫码"制度出台的背景和意义

邢台市"入企扫码"制度是行政执法全过程记录制度的细化和延伸，是行政执法规范化和信息化结合的创新做法，是建设法治化营商环境的有效举措，也是坚持以人民为中心理念的具体体现。

（一）政策驱动

行政执法规范化是依法行政工作的重要方面，是推进全面依法治国的必

然要求，党中央高度重视，多次进行安排部署。2017年初，《推行行政执法公示制度执法全过程记录制度重大执法决定法制审核制度试点工作方案》公布实施，邢台市作为首批试点单位，高质量完成试点任务，打造了邢台样板。试点结束后，司法部总结试点经验，起草并以国务院办公厅名义印发《关于全面推行行政执法公示制度执法全过程记录制度重大执法决定法制审核制度的指导意见》，在全国推广实施。

2021年10月，司法部办公厅印发《关于开展省市县乡四级行政执法协调监督工作体系建设试点工作的通知》，在全国45个单位开展行政执法协调监督工作体系建设试点，河北省邢台市、衡水市阜城县入选试点单位，明确要求积极推进行政执法信息化建设，大力推行行政执法（行政执法App）和行政执法监督平台部署应用，运用大数据、云计算、人工智能、区块链等信息技术推进跨地区、跨部门执法信息互联互通、数据共享，以科技手段实现对执法活动的及时性、过程性、系统性监督。2024年5月，《关于加强行政执法协调监督工作体系建设的意见》强调，要严格规范涉企行政检查，着力解决检查频次过高、随意检查、重复检查等问题。2024年12月，国务院办公厅印发《关于严格规范涉企行政检查的意见》，再次就减少重复检查、杜绝随意执法提出明确要求。邢台市作为全国省市县乡四级行政执法协调监督工作体系建设试点，积极响应国家要求，率先探索制度化解决方案，"入企扫码"制度就是其中之一。

（二）信息化要求

行政执法工作点多面广，受传统办案条件限制，各执法单位之间数据不互通、效率较低、监管缺乏精准性等问题普遍存在，不仅影响了执法的公正性和有效性，也在一定程度上对企业的正常运营产生了干扰。当今社会，信息技术和智能技术蓬勃发展，社会运行模式和治理方式都在经历深刻变革，打破这种"数据孤岛"的需求变得日益迫切。

为推进行政执法和行政执法监督工作信息化建设，国务院和河北省政府相继作出安排部署。《国务院关于加强数字政府建设的指导意见》强调，要以信息化平台固化行政权力事项运行流程，推动行政审批、行政执法、公共资源交易等全流程数字化运行、管理和监督，促进行政权力规范透明运行。《河北省行政执法监督条例》第六条规定，建立全省统一的行政执法信息和行政执法监督网络平台，推进执法公开和执法信息共享，完善网上办案和网上监督，提高行政执法监督的信息化和规范化水平。

"入企扫码"制度正是在这样的背景下应运而生的一种创新型执法模式。这一制度借助数字化手段，将执法检查行为全面纳入全流程的监管体系，意味着执法领域开始朝着更加科学、高效、精准的方向发展。

（三）现实需求

传统执法模式在涉企检查方面存在一些问题和不足，影响了企业的正常生产经营，也制约了营商环境的优化。

1. 检查频次高

部分企业反映迎检负担较重，特别是多个部门在不同时间进行检查，企业不得不抽出大量的人力、物力和时间来应对，这不仅影响企业正常的生产安排，还增加了企业的运营成本。而且，过多的检查可能会干扰企业的正常业务流程。

2. 执法透明度低

在传统的执法模式下，企业实时验证执法人员身份不太方便，可能会让一些不法分子有机可乘，冒充执法人员进行非法活动。如果执法人员在检查过程中存在违规操作或者不合理的处罚，企业由于没有完整的检查记录和追溯渠道，很难向上级部门反映情况或者寻求公正的处理。

3. 数据孤岛

部门间检查结果不互通是传统执法模式的又一弊端。各部门在进行涉企检查时，检查结果往往只在本部门内部留存，形成了多个"数据孤岛"。例如，企业在接受上级部门检查后，由于检查结果无法及时被其他部门知晓，下级部门可能再次对企业进行相同内容的检查，既造成了执法资源的浪费，也增加了企业的负担。

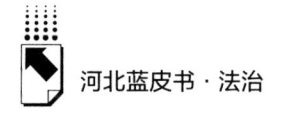

（四）制度价值

营商环境已经成为衡量一个地区经济竞争力的关键因素。良好的营商环境能够吸引更多的企业投资，促进市场主体的蓬勃发展，进而带动整个经济的繁荣。近年来，随着信息技术的不断进步，政府在行政执法领域也积极探索创新手段，以更好地服务企业、优化营商环境。"入企扫码"制度通过技术赋能，为解决传统执法的痛点带来了多方面的积极影响。

1. 企业减负

行政检查次数压降16.1%，这一数据直观地体现了"入企扫码"制度给企业带来的减负效果。企业受检次数的减少意味着企业可以将更多精力投入核心业务的发展。例如，一家科技企业原本每年要花费大量时间应对各种检查，现在由于受检频次降低，企业可以将更多人力投入研发新产品、开拓市场等重要工作。同时，减少制度性成本也是企业减负的重要体现。企业不再需要为频繁的检查安排过多的接待人员、准备大量的重复资料等，从而节省了人力、物力和财力成本，提高了企业的运营效率。

2. 执法规范

通过"入企扫码"制度中的身份互验、云端备案和数据共享等功能，执法人员的行为得到了有效的约束。由于所有执法行为都记录在案并且可追溯，因此执法人员更加注重程序的规范性和结果的公正性，减少了因为执法不规范而引发的企业投诉，提升了政府执法部门的公信力。

3. 监管升级

"入企扫码"制度推动监管模式从"事后纠错"向"全程监督"转变。传统的监管模式下，往往是在执法检查出现问题后才进行纠错，存在一定的滞后性。而"入企扫码"制度通过对执法检查全流程的数字化记录和监督，及时发现执法过程中的问题并进行纠正，避免问题的进一步扩大，有助于提高执法质量，确保执法检查的公正性和有效性。

综上，在法治化营商环境建设中，"入企扫码"制度作为一项创新性、变革性举措，通过技术赋能和机制创新，推动传统的涉企执法监管模式实现深刻的改变。这种改变不仅体现在技术手段的更新上，更体现在从"监管本位"向"服务本位"的理念转变上，更好平衡了"有效监管"与"企业减负"之间的关系。一方面，通过透明化的执法备案、差异化的监管模式等手段，实现对企业的有效监管，确保企业遵守法律法规，防范各种风险；另一方面，通过减少重复检查、多头执法等问题，降低企业迎检负担，让企业将更多精力投入自身的发展。

三 "入企扫码"制度的邢台实践

邢台市创新"入企扫码"制度，是在深入调查研究涉企执法问题的基础上，针对涉企行政执法"多头执法、重复检查、随意检查"等痛点提出的创新性措施，达到"操作无感、效果显著"，具有很强的可复制性和普适价值。

（一）具体做法

1."一体化平台"夯实数据支撑

"一体化平台"是指邢台市行政执法和行政执法监督平台，可以为行政执法人员和执法监督人员提供业务办理支持。入企检查时，执法人员使用"邢台执法"App扫描营业执照上的二维码，完成电子亮证和"云备案"。扫码完成后，可以点击"企业详情"核查企业历次受检和处罚信息，也可以通过"新建检查"一键转入行政检查模块，或者使用"转处罚流程"进入行政处罚办案程序。

2."主动预警"强化监督能力

"主动预警"是指"一体化平台"的自动预警功能。该平台内置了预警规则，对于超期办案、法定程序缺失等行政执法中的常见问题进行自动预警，提醒执法监督人员及时启动监督程序予以核实并纠正，有效提高了执法监督工作的时效性和针对性，强化了对行政执法的全方位、全流程、常态化、长效化监督。针对发现的问题，可以通过制发"行政执法监督意见书"

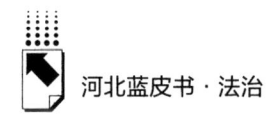

的方式提出整改要求，或报请政府相关部门同意后，制发"行政执法监督决定书"予以纠正。

3."分级应用"压实各级责任

"分级应用"是指全市行政执法和行政执法监督一体化平台由市级统一建设，市县乡三级行政执法单位共同登录、分级使用。全市共设置市级监督主平台1个，归集全市各级各部门"入企扫码"数据，由市司法局负责管理；设置二级监督平台18个，由各县（市、区）司法行政部门应用和管理本区域内行政执法单位的"入企扫码"数据；设置三级监督平台198个，由各乡镇（街道）司法所应用和管理本级"入企扫码"数据。同时，在各级行政执法单位内设置监督平台503个，可应用和管理本单位"入企扫码"数据，市级部门还可查看县级对口部门数据。通过分级应用，市县乡三级行政执法监督机构可以对企业受检情况进行全面统计，精确掌握执法单位、人员、时间、地点以及受检企业等信息，进而对行政执法行为进行有效监督。

（二）亮点成效

通过推行"入企扫码"制度，邢台市公正文明执法水平持续提升，有力维护了人民群众和经营主体的合法权益。2021~2024年，邢台市依法行政工作连续4年居全省各设区市第一位。

1. 创新成果上升为国家制度规范

2024年5月，"河北省邢台市强化入企扫码'硬约束'，优化发展'软环境'"入选国务院优化营商环境典型经验。同年12月，国务院办公厅印发《关于严格规范涉企行政检查的意见》，将"加快推行'扫码入企'"写入文件；经国务院同意，"建立推广入企扫码制度"正式纳入国家发展改革委印发的《全国统一大市场建设指引（试行）》。

2. 改革成效得到省级层面充分肯定

"河北省邢台市强化入企扫码'硬约束'，优化发展'软环境'"作为全省唯一、全国司法行政系统唯一入选国务院优化营商环境典型经验，获国务院办公厅通报表扬，获评全省优化营商环境十大典型案例，邢台市司法局先后 4 次在全国、全省会议上作报告，《人民日报》《河北日报》等主流媒体先后文字报道 38 篇、视频报道 6 期，在全国形成良好反响，山东、湖北等地 8 批 50 余人到现场学习调研。

3. 行政执法效能持续提升

根据全市行政执法数据年报，2024 年邢台市行政检查数量较 2023 年降低 16.1%，跨部门联合检查比例从 45% 大幅提至 82% 以上，数据"一降一升"反映了全市执法监管效能得到提升，多头执法、重复检查等问题得到初步遏制，在减轻企业迎检负担方面取得阶段性成效。

（三）典型案例

河北众友公司的案例是"入企扫码"制度成效的一个生动体现。2023 年，由于缺乏有效的执法协调机制，该公司受到频繁的检查，该公司不得不安排大量的人员进行接待，每次接待都需要耗费一定的时间和精力。例如，公司需要安排专门的会议室，准备各种相关的资料，安排熟悉业务的人员陪同检查等。这些接待工作不仅分散了公司员工的工作精力，还影响了公司正常的生产经营秩序。2024 年，随着"入企扫码"制度的实施，跨部门联合检查机制得到了有效推行。河北众友公司接受的行政执法检查次数大幅度减少，这一变化为公司节省了大量的接待时间。这些节省下来的时间可以用于公司的核心业务发展，比如研发新产品、改进生产工艺、拓展市场等。这不仅提高了公司的运营效率，也有助于公司在市场竞争中取得更好的成绩。

四 邢台"入企扫码"制度的未来展望

邢台"入企扫码"制度的推行，得到社会各界充分肯定。然而，"入企扫码"制度作为一项规范涉企行政执法行为的有效手段，归根结底还是要依托完善的行政执法监督体系。因此，必须持续在完善行政执法协调监督工作体系上发力，持续在提升信息化水平上下功夫，持续在推进执法规范化上

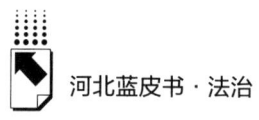

谋思路，让"入企扫码"这一科技手段切实提升工作质效，助力行政执法监督规范化，推进依法行政水平持续提升。

（一）强化制度保障

1. 建立刚性约束机制

将"入企扫码"列为执法人员履职刚性要求，建立台账式、清单化落实机制，未扫码或扫码信息异常的，企业可通过12345政务服务便民热线、12388纪检平台、问政邢台、执法监督平台等渠道进行投诉举报；执法监督局通过核实平台预警信息、开展案卷评查等多种形式，对落实情况开展主动监督，推动1.4万名执法人员刚性落实"入企必扫码"要求，以纪律约束打造"无事不扰、有需必应"的执法服务生态。

2. 完善协同监督机制

深化统筹，推进多部门联合执法模式，落实"进一次门、查多项事"。进一步完善部门协同机制，畅通司法行政、纪委监委、市场监管、网信、财政、政务服务热线等部门间信息沟通渠道，形成监督合力。充分发挥社会监督员、企业联系点等机制作用，拓宽问题线索来源渠道。

3. 提升市场主体知晓率

进一步加大政策宣传力度，通过案例解读、政策图解等形式讲透制度价值，以政企同心激发经营主体参与活力，引导广大企业共同对行政执法行为进行监督，吸引更多企业投资兴业。

（二）升级平台功能

1. 检查计划备案

执法部门提前将涉企检查计划向平台备案，确保每一项检查活动都有明确的法律依据，且不超过规定的检查频次。对于因投诉举报、转办交办等需要开展检查的，需说明理由并提交依据，否则不予备案。

2. 高频检查预警

对于各部门备案的检查计划，如果在一段时间内对同一企业开展的检查达到规定频次，则自动给出预警信息，提醒执法单位转为联合检查或调整检查计划。

3. 跨部门检查自动归并

对于各部门备案的检查计划，具备合并检查条件的，自动归并为跨部门联合检查，并通知各部门调整检查计划，压减入企次数。

4. 执法效果评价

邀请企业对执法人员的执法态度、执法程序、执法效率等方面进行打分评价，更好保障企业合法权益，畅通企业与政府之间的沟通渠道，倒逼执法人员提升执法规范化水平。

5. 预约指导服务

企业可以通过网上申请，邀请有关执法部门到企业开展法治体检、合规指导，消除事故隐患和违法风险，助力企业健康发展。

（三）加强队伍管理

1. 严抓行政执法人员培训考试

突出抓好习近平法治思想学习贯彻，教育执法人员正确把握政治方向，严格遵守政治纪律，不断提高政治判断力、政治领悟力、政治执行力。以基层执法人员为重点，采取专题培训、以会代训、现场教学等方式，扎实开展业务技能培训，夯实基层基础。严格落实现场考试制度规定，加大考场巡查管理力度，全面检验学习培训成效。

2. 严把行政执法人员资格条件

全面落实《河北省行政执法证件和行政执法监督检查证件管理办法》，对拟申领行政执法证件人员进行资格联审，对于执法资格考试成绩不合格，或不在执法岗位工作、工勤身份等不符合条件的人员，不予办理执法证件。落实行政执法人员常态化清理机制要求，对因退休、调离执法岗位等不再符合执法要求的行政执法证件依法予以注销，对考试不合格等执法人员证件依法予以暂扣，全面强化执法人员资格管理。

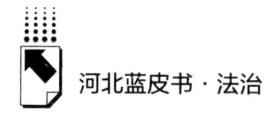

3. 严格行政执法人员日常管理

严格落实行政执法人员资格管理和持证上岗制度，未取得行政执法证件的人员不得独立从事行政执法工作。充分发挥党建引领作用，在符合条件的乡镇（街道）执法队建立党小组，强化政治理论教育和党性教育培训，推进行政执法队伍正规化、专业化、职业化建设。

参考文献

陈发桂：《全面推进行政机关严格规范公正文明执法论析》，《桂海论丛》2024年第1期。

《丹东建立涉企行政执法检查计划管理制度》，《民心》2015年第11期。

B.8
河北省基层综合行政执法队伍建设面临的挑战及对策建议*

刘文慧 刘姗**

摘　要： 基层综合行政执法体制改革是提升基层治理能力的重要手段，是推进国家治理体系和治理能力现代化的重要组成部分。基层综合行政执法队伍的建设情况直接关乎改革成效。近年来，河北省积极推进基层综合行政执法队伍建设，制度保障不断加强，人员配备基本到位，权责边界不断清晰，执法规范化水平不断提升，执法质效不断提高。但是，基层综合行政执法队伍建设仍然面临部分"第一责任人"认识不到位、执法力量仍有不足、执法能力尚有欠缺、执法保障不到位等挑战，需提高政治站位，统筹推进基层综合行政执法队伍建设；充实执法力量，凝聚执法合力；优化队伍结构，提升基层执法人员素质能力；加强执法保障，完善配套机制；发挥信息技术作用，拓展智慧平台功能；拓展"综合"职能，提升基层治理能力。

关键词： 基层综合行政执法　基层治理能力　河北省

《中共中央关于进一步全面深化改革　推进中国式现代化的决定》指出，要"深化行政执法体制改革，完善基层综合执法体制机制"。加强基层综合

---

* 本报告系2024年度河北省社会科学发展研究课题"河北省推进综合行政执法改革的创新实践与优化路径研究"（课题编号：202403041）的阶段性研究成果。
** 刘文慧，河北省社会科学院法学研究所研究实习员，研究方向为法治政府建设、社会治理；刘姗，石家庄市高新区第一小学，研究方向为教育学。

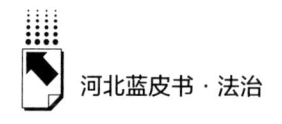

行政执法队伍建设是推进综合行政执法体制改革必不可少的一环，对推动法治政府建设、筑牢国家治理现代化根基具有重要意义。

一 河北省基层综合行政执法队伍建设的现状

近年来，河北省深入推进行政执法权限和力量向基层下沉，在乡镇和街道全面实现了"一支队伍管执法"，基层综合行政执法队伍建设的专业化、规范化、法治化水平不断提升，夯实了基层治理基础，有效提升了基层治理体系和治理能力现代化水平。

（一）制度保障不断加强

2021年3月31日，《河北省乡镇和街道综合行政执法条例》经河北省人大常委会审议通过，并于2021年7月15日起实施，成为全国首部对基层综合行政执法进行规范的地方性法规。该条例对乡镇和街道"一支队伍管执法"进行了法律确认，为基层综合行政执法队伍建设提供了法律支撑。先后印发的《关于进一步规范乡镇和街道行政执法工作的通知》《关于加强乡镇人民政府和街道办事处行政执法规范化建设的指导意见》《河北省提升行政执法质量三年行动方案（2023—2025年）》等一系列制度文件，明确了基层综合行政执法队伍建设的总体要求、具体标准和保障措施，为基层综合行政执法队伍建设提供了有力的制度保障。

（二）人员配备基本到位

按照"编随事走、人随编走"的原则，扎实推进执法力量向基层和一线倾斜，各乡镇和街道均组建了综合行政执法队，每个执法队人员编制原则上不少于10名。例如，张家口市16个县（区）的232个乡镇（街道）全部成立了综合行政执法机构，并通过因地设岗，科学划定执法队伍编制，全市基层综合执法人员达2784人。再如，武安市以"定点、定事、定人、定机构"为指导，大力整合执法资源，优化资源配置，逐渐形成了"1+22"的综合行政执法队伍体系，成立了22个副乡科级编制的乡镇综合行政执法队伍，统筹了综合行政执法和管理服务，大力推进了监管与执法有机衔接。

（三）权责边界不断清晰

赋权指导清单在基层综合行政执法中发挥先导性、基础性作用，河北省委、省政府高度重视赋权指导清单的编制工作。2024年11月，河北省人民政府办公厅印发《河北省乡镇和街道行政处罚事项赋权指导清单（2024年版）》，在综合考量权力行使频次、基层管理特点和承接能力等因素后，将2020年赋权乡镇和街道的112项行政处罚事项压减至47项，确保赋权事项与基层执法能力相适应。随后，各地积极结合实际，从赋权指导清单中选取执法事项下放到乡镇（街道）。定州市在对2024年版赋权指导清单进行评估研讨后，因地制宜下放16项处罚事项至乡镇（街道），确保基层能够"接得住""干得了""管得好"。饶阳县根据执法需求，对基层执法事项清单实行差异化管理，其中下放饶阳镇处罚事项7项，下放其余镇处罚事项14项。清河县亦将乡镇行政处罚事项调整为14项，并且明确规定了县级综合行政执法部门和乡镇综合行政执法队的执法范围，厘清了执法边界，既避免了重复执法、多头执法等问题的发生，又杜绝了可能出现的执法"盲区"。

（四）执法规范化水平不断提升

严格落实行政执法"三项制度"，坚持做到执法行为实体合法、程序合法。如兴隆县制发了《兴隆县乡镇综合行政执法三项制度模板》及乡镇执法文书样本，下发到各乡镇。各乡镇再结合实际，制定了行政执法四类文本、五个清单、流程图、服务指南，建立了投诉举报制度、音像记录设备配备办法、法制审核人员定期培训制度等各项制度机制，各乡镇行政执法"三项制度"全面落实。

加强综合行政执法证件、制式服装和标志管理。河北省人民政府修订《河北省行政执法证件和行政执法监督检查证件管理办法》，指导协调新增执法证件的办理和持证人员培训，强化乡镇（街道）执法人员资格管理。

《河北省综合行政执法制式服装和标志管理实施办法》《河北省乡镇和街道综合行政执法用车标识》《乡镇人民政府和街道办事处行政执法文书参考样式（2021年版）》等文件，进一步规范执法行为。

着力提升综合行政执法专业化水平。省级层面多次组织开展基层综合行政执法专题培训，各地结合实际开展形式丰富的基层综合行政执法培训。如固安县通过组织行政执法"大课堂"系列培训活动，邀请法务中心律师和执法业务骨干对基层执法人员及法制审核人员进行公共法律知识培训和案例分析。2024年以来已累计开展培训活动8次，培训基层执法人员1100余人次，举办执法"大比武"活动2次。

（五）执法质效不断提高

完善行政裁量权基准制度。2024年以来，制定实施9332项行政裁量权基准，确保处罚公平、裁量公正、执法得当。其中，2024年7月省生态环境厅修订的新版《生态环境行政处罚裁量权基准》涵盖10个大类223项违法行为；11月修订的《河北省市场监督管理系统行政裁量权基准（2024年版）》涵盖5个大类803项裁量标准。

转变执法理念，推行包容审慎监管。在执法实践中，坚决杜绝运动式执法、"一刀切"执法、简单粗暴执法、野蛮执法、过度执法、逐利执法等问题，确保基层综合行政执法既有"力度"又有"温度"。指导各乡镇（街道）普遍采取指导、告知、劝阻、整改等柔性措施，不仅提高了人民群众的认知度和满意度，还增强了基层群众的法治意识。

科技赋能基层综合行政执法。全面建成行政执法和行政执法监督一体化平台，各执法单位已基本完成基础数据录入工作。以邢台市为例，邢台市已将市县乡三级执法单位、41个行政执法领域、720个行政执法主体、1.3万余名行政执法人员全部纳入平台管理，覆盖率达100%。

加强执法监督。河北省大力开展行政执法案卷评查和行政执法突出问题专项整治行动，组织乡镇（街道）广泛开展行政执法案卷问题自查自纠，加强现场监督检查，推进严格规范公正文明执法。

二 河北省基层综合行政执法队伍建设面临的挑战

(一) 部分"第一责任人"认识不到位

一些基层党政负责人对综合行政执法体制改革的重要意义认识不清,对改革的目标、改革的思路了解不清,没有把其当作工作的重要组成部分,对机构设置、人员配备和执法保障重视不够。还有的单位负责人认为日常工作已然"不堪重负",加强基层综合行政执法队伍建设的主观能动性不强。

(二) 执法力量仍有不足

一是执法队伍规模不能完全适应繁重的基层执法任务。权责下沉形势下的乡镇综合行政执法队执法工作繁重,且要承担包村联户和乡镇政府下派的临时性工作,导致乡镇综合行政执法队难以把全部精力用于执法工作,产生一定程度的不利影响。特别是近两年因机构改革,一些综合行政执法部门长期补充不了人员,基层执法队伍"小马拉大车"现象普遍存在。二是现有基层综合行政执法队伍中专职人员占比低,多数执法人员身兼数职,而执法事项点多面广,涉及土地、环保、城管、综治维稳等众多领域,还要配合上级执法部门进行联合执法,使得执法人员常处于顾此失彼的状态,执法"错位""缺位"现象时有发生。三是基层执法体制机制运行不够顺畅,执法合力尚未完全形成。县级职能部门对职能划转存在认识偏差,乡镇(街道)综合行政执法队伍与县级职能部门之间权责界限仍需进一步厘清,案件移送、协作机制也有待细化,执法分家、条块分割现象仍然存在。

(三) 执法能力尚有欠缺

当前,基层综合行政执法队伍素质参差不齐,专业人员相对较少,绝大多数执法人员法律素养不高、执法经验不足。部分乡镇(街道)以购买服务方式招聘辅助执法人员,但这些人员缺乏执法资格,执法观念错位,服意识淡薄，存在执法不规范和人员流动性大的风险。面对部分专业性强的执法事项，多数基层执法人员自身不具备足够的专业知识，也缺乏相应的技术装备和技术手段，基层赋权未达到预期效果。在年龄构成上，各地基层综合行政执法人员年龄普遍偏大；在学历构成上，多数基层综合行政执法人员学历偏低，具有法学专业教育背景的人员更是凤毛麟角。虽然进行过相关培训，但是相关人员法律法规知识积累不够，全流程执法工作经历较少，面临如何实现执法人员由"专"到"全"的转型问题，业务整体能力有待提高，很可能达不到预期的执法效果，一定程度上阻碍基层综合行政执法体制改革。

（四）执法保障不到位

基层综合行政执法工作涉及面广、任务繁重、责任重大，然而，在执法实践中，部分县（市、区）落实相关基层倾斜政策不到位，执法经费紧张，执法硬件短缺，激励、容错、职业保障、绩效考评等配套机制不健全等因素依旧制约基层执法效能的提升，"不愿执法、不会执法"等突出问题依旧存在。

三 加强河北省基层综合行政执法队伍建设的对策建议

（一）提高政治站位，统筹推进基层综合行政执法队伍建设

基层综合行政执法体制改革是提升基层治理能力的重要手段，而基层综合行政执法队伍的建设状况直接关乎改革成效，在推进基层治理体系和治理能力现代化中扮演重要角色。要坚持高位统筹，把党的领导贯穿综合行政执法体制改革的全过程，充分发挥党委在改革中的引领作用，推动改革破困局、谋变局、开新局。各级党政主要领导应充分认识到基层综合行政执法队伍建设的重要意义，大力协调解决当前存在的执法力量薄弱、协作机制不

畅、经费不足等问题，进一步推动人员往基层走、精力往基层使、政策往基层倾斜、各类资源向基层集聚，切实满足基层综合行政执法需求。

（二）充实执法力量，凝聚执法合力

一是适度增加基层综合行政执法人员编制。强化跨部门协同决策机制，由编制管理部门牵头，联合财政、司法、人社等部门召开执法力量配置联席会，定期开展"事权—财力—人力"匹配度评估。在评估时，综合考虑执法范围、执法对象数量、执法事项复杂度、财政负担能力等因素，合理确定补充到各乡镇（街道）综合行政执法队伍的编制数量。

二是细化协调联动机制。构建省级行政执法数据中枢，整合市场监管、生态环境、自然资源等部门的监管数据，打破信息壁垒，实现执法信息实时共享和快速传递。对于行政处罚案件可按情节轻重和罚没数额大小，采取分级案审的方法进行案件审核，进一步提高执法效率。加强线下联动，建立综合行政执法运行联席会议制度，协商解决行政执法过程中遇到的普遍性问题和热点、焦点、难点问题，协商解决监管中相关管理和法律适用问题，协调推进重大联动执法工作等，明确联席会议各单位的具体职责，编办负责调整完善权责清单，司法局配合做好执法人员培训，财政局负责经费保障等工作，其他委托部门协同破解改革后监管不到位、证据材料不全不规范问题。针对重点领域重点问题的专业执法事项，探索"专业执法+综合执法+联动执法"的行政执法模式，进一步凝聚基层综合行政执法的强大合力，提升执法质效。

（三）优化队伍结构，提升基层执法人员素质能力

一是把思想政治建设放在首位。以习近平新时代中国特色社会主义思想为指导，不断加强政治建设和党性教育，使广大基层综合行政执法人员坚定理想信念，牢固树立执法为民宗旨。加强理论学习，以党的创新理论武装头脑、指导工作、正风肃纪。突出抓好基层综合行政执法队伍的纪律建设，增强纪律教育实效性，抓实日常监督。深入落实"721"工作法，70%的问题

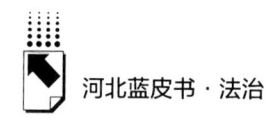

用服务手段解决、20%的问题用管理手段解决、10%的问题用执法手段解决，聚焦作风转变，改进工作方法，变被动管理为主动服务，变末端执法为源头治理，全面展现新时代基层综合行政执法职业形象。

二是优化综合行政执法队伍人员结构。提高专职人员占比，通过科学核定编制、合理调配资源，逐步减少兼职及辅助人员，确保执法力量专业化、职业化转型。优化年龄结构，通过招录和交流调整等途径，大幅增加中青年人员，既发挥资深执法人员的经验优势，又激发年轻队伍的创新活力。设立招录新人的"准入门槛"，注重专业人才的引进选拔，优先招录具备法律执业资格的人员。完善资格准入动态管理机制，实行执法证件年审制度，建立覆盖法律知识、执法实务、应急处突等模块的年度培训体系，对考核不合格者实施离岗培训或岗位调整。建立跨区域、跨层级人才交流平台，促进先进执法经验的流动共享，持续提升队伍整体专业素养和执法规范化水平。

三是提高执法培训质效。强化实践交流，增强执法能力。注重实践练兵，常态化开展各基层执法队伍之间的执法交流。落实跟班学习制度，有计划安排各乡镇（街道）执法人员轮流到县级相关部门跟班学习，全面提升业务水平。定期发布法律知识、典型案例、详细解释以及组织执法知识竞赛，进一步增强综合行政执法人员能力。聘请驻队律师担任法制审核人员，为执法人员把关案件办理、审核，定期培训法律法规。规范办案流程，避免"随意执法"现象发生。开展全封闭、综合性、全科型培训，采取"模拟执法""实战演练"等培训方式加快队伍融合和业务能力提升。组织开展综合行政执法示范活动，让执法人员学有榜样、做有标杆。科学制定培训方案，深入落实学历提升计划，通过集中办班、分级轮训、网络教学、岗位练兵等多种方式，建立基层执法人员培训的长效机制，不断提高基层执法人员的执法素质和能力，打造政治思想素质高、业务能力强的基层综合行政执法队伍。

（四）加强执法保障，完善配套机制

一是积极协调政法、财政、编制等相关部门，将执法装备购置、运行维护及人员培训等执法经费纳入财政预算管理，根据执法范围、人口数量、执法需求等实际，因地制宜配置各乡镇（街道）执法服装、执法车辆和执法记录仪等设备。建立经费使用评估制度，对装备使用率、执法数据采集量等关键指标开展监管，确保财政投入精准转化为执法效能。

二是健全基层综合行政执法正向激励机制，建立定量考核与定性评价相衔接的绩效考评机制，并将考评结果与职级晋升、岗位调整、评优评先、表彰奖励等统筹考量。强化示范引领，鼓励支持先试先行，及时发现、总结、提炼、推广好经验好做法，加强对改革的宣传和舆论引导，谋划大思路、贡献大智慧。建立完善"容错"机制，鼓励基层执法人员敢于担当、积极作为，营造"愿执法、能执法、善执法"的良好环境。

（五）发挥信息技术作用，拓展智慧平台功能

当前各类智慧平台已经为基层执法工作提供了巨大助益，但仍存在明显的发展不完善、不均衡，特别是平台设计往往从单一部门的执法需求出发，在具体操作上往往是将既有执法内容简单地上传至网络平台，在信息交流上往往需要依靠部门之间的额外沟通，没有充分发挥智慧平台满足多元主体需求、实现执法流程再造和打破信息壁垒的作用。从目前的改革情况来看，乡镇（街道）已经从单纯的行政执法职能逐渐向综合社会治理转变，在这种职能定位下，智慧平台建设也应坚持整体性、系统性思路，将平台打造为一个群众与政府便利互动、获取各种政务信息与服务的窗口。在设计理念上，智慧平台设计应摒弃部门本位思路，将公共服务的可及性与回应性放在首要位置，充分考虑群众的使用体验；在信息交流与使用上，应发挥省、市两级的协调作用，打破部门之间的数据壁垒，实现信息共享互通，提升信息的使用效率。智慧平台还应当成为公众反映诉求的重要渠道，行政活动的利害关系人有权通过平台进行投诉举报，并对执法主体的活动进行满意度评价，以实现对基层执法的法治监督与效果评估。

（六）拓展"综合"职能，提升基层治理能力

一是将基层综合行政执法与普法宣传相结合。在执法过程中，全面落实

"谁执法、谁普法"原则,通过规范化的执法流程展现法律权威,将法律条文转化为具体场景中的行为准则。通过推行"说理式执法"模式,广泛开展释法明理,针对行政相对人的具体违法行为进行针对性讲解,阐明违法事实的认定标准、处罚依据的适用条款以及权利救济的法定途径,使当事人既明晰违法后果,又理解法律原理。同时,建立动态普法机制,对高发违法类型开展溯源分析,通过行政指导、风险预警等方式将普法前移至违法行为萌芽阶段。创新普法载体建设,依托执法服务窗口、移动执法终端打造全媒体普法矩阵,通过短视频、互动问答等形式将法律知识转化为群众语言。通过构建"事前预警普法、事中精准释法、事后跟踪讲法"的全链条普法体系,强化群众对法律条文的认知理解和价值认同,增强全民法治观念。

二是将基层综合行政执法与优化营商环境相结合。通过建立规范化、标准化的执法程序,明确涉企检查的权限边界、操作流程及裁量基准,运用"清单式管理"压缩自由裁量空间,从源头上杜绝选择性执法、随意性执法。整合市场监管、生态环保等高频涉企检查事项,通过信息互通、结果互认实现"进一次门、查多项事",切实减轻企业负担。深化信用监管应用,依据企业信用等级实施差异化执法,对守信主体减少检查频次,对高风险领域精准靶向监管,形成守信激励、失信严管的良性循环,着力打造法治化营商环境。

三是将基层综合行政执法与基层治理相结合。健全"执法网格+治理网格"双网融合机制,依托村(社区)两委建立执法联络点,赋予网格员信息采集、普法宣传及轻微问题先行调解职能,形成"前端发现—中端处置—末端反馈"的治理链条。创新"群众吹哨、执法报到"响应模式,在数字治理平台上设立执法监督模块,支持扫码举报、视频取证等即时互动,将群众诉求转化为执法线索。充分发挥村(社区)两委、网格员以及人民群众的监督作用,畅通民意表达和反映问题渠道,实现执法无缝隙、全覆盖。

参考文献

艾心阳：《数字技术赋能综合行政执法改革中的部门协作路径研究》，《中阿科技论坛》（中英文）2025年第2期。

熊文钊、蒋剑：《深化行政执法体制机制改革的理论逻辑与实践策略》，《中共中央党校（国家行政学院）学报》2024年第6期。

陈念平：《破解"一针穿千线"新矛盾——基层综合行政执法改革研究回顾与展望》，《党政研究》2024年第6期。

陈林、李明霞：《乡镇（街道）综合行政执法改革检视与完善——以C省L市为例》，《四川警察学院学报》2024年第3期。

胡建伟：《乡镇和街道综合行政执法队伍建设的现实问题及完善路径分析》，《中国法治》2024年第3期。

B.9 河北省乡镇（街道）机构编制法治化路径研究

尹建兵　李浩轩　王敬铉*

摘　要： 编制资源作为重要的政治资源、执政资源，服务于我国治理体系和治理能力现代化进程。党的二十届三中全会提出，要制定乡镇（街道）履行职责事项清单，健全乡镇（街道）职责和权力、资源相匹配制度，加强乡镇（街道）服务管理力量。本报告以国家治理体系和治理能力现代化为背景，立足河北省基层治理实践，聚焦当前河北省乡镇（街道）机构编制管理工作存在的权责体系失衡与治理效能衰减、编制刚性约束与动态需求脱节、京津冀区域协同治理下存在制度适配困境、长效治理效能评估机制缺位等问题，提出构建权责适配的治理共同体、创新编制资源配置的动态调节机制、推动京津冀治理单元标准一体化建设、构建治理效能转化的制度闭环、加强数字赋能与制度创新的深度融合等对策建议，旨在构建乡镇（街道）治理体系和治理能力现代化的"河北路径"。

关键词： 乡镇（街道）　机构编制　法治化

---

* 尹建兵，河北省社会科学院法学研究所助理研究员，研究方向为法治政府建设、基层治理；李浩轩，张家口市万全区高庙堡乡乡长，研究方向为基层治理；王敬铉，河北省辛集市人民法院五级法官助理，研究方向为法治建设。

一 河北省乡镇（街道）机构编制管理工作现状分析

（一）制度调适的河北路径：从物理整合到系统重构

1. 机构整合的化学融合机制

河北省突破传统机构改革的物理叠加模式，转向功能导向的化学反应式重组。石家庄市首创"大中心制"改革，将分散的26个乡镇内设机构整合为党建统领中心、综合治理中心、民生保障中心三大枢纽平台。这种改革模式不是简单地将机构合并，而是通过整合功能、优化流程，实现了机构之间的深度融合。在权责清单动态管理方面，保定市构建属地事项准入和退出双机制，建立行政执法类、公共服务类、市场监管类三大清单体系。属地事项准入和退出双机制明确了乡镇（街道）的职责范围，规范了事项的进入和退出程序。三大清单体系则进一步细化了乡镇（街道）的权责内容，提高了权责清单的可操作性。这种做法形成了事权、编制和能力三者的良性循环，使乡镇（街道）能够更好地履行职责，提高了基层治理的效能。

2. 数字化驱动的组织重构

雄安新区探索"数字孪生治理"模式，建立实体机构与数字镜像的深度耦合机制。在容东片区试点中，数字网格员与实体网格员按1:3配置，通过AI算法实现98%常规事务的智能处置。数字网格员利用信息技术手段对基层事务进行实时监测和处理，实体网格员则负责现场核实和处理复杂问题，有效地提高了基层治理的效率和精准度。更为创新的是，雄安新区的机构设置采用"模块化插件"设计，可根据突发事件动态重组编制资源。廊坊市开发的"智能编制监测系统"具有范式突破意义。该系统通过植入组织效能评估、服务需求预测、编制缺口预警三大算法模块，实现135个乡镇（街道）机构运行状态的实时感知。

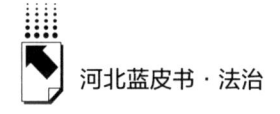

（二）效能转化的创新机制：弹性治理的河北解法

1. 编制资源配置的弹性化突破

唐山市"项目制专班"机制打破传统编制身份壁垒，在曹妃甸港产城融合示范区建设中，跨部门组建56个专项攻坚组，实行揭榜挂帅和编制池相结合制度。来自发展改革、环保、港务等系统的217名干部保留原编制身份，但考核权、指挥权完全移交项目指挥部，形成身份固化和功能流动的创新范式。这种机制使重点项目审批周期缩短60%，提高了项目建设的效率，促进了区域经济的发展。张家口市冬奥遗产转化独具特色，后冬奥时代设立的临时性"冬奥可持续发展办公室"，创新采用"双轨制"用人机制。这种用人机制既保证了办公室的稳定运行，又充分利用了社会资源，提高了工作效率。2024年，该机构转入常设时，创造性实施"编制效能置换"，压缩传统科室编制30%用于冰雪经济专业岗位。"编制效能置换"的实施，优化了编制资源的配置，使编制资源更好地服务于冰雪经济发展。

2. 基层治理能力建设的范式革新

邯郸市"三下沉"模式重构治理资源配置逻辑，通过编制资源向综合执法、便民服务、矛盾调解三大领域倾斜，形成"编制杠杆撬动治理效能"的乘数效应。沧州市"编制效能评估矩阵"具有方法论创新价值，其构建的政治效能、行政效能、社会效能三维评价体系，设置18项量化指标和12项质性指标。该评价体系全面、客观地评估了乡镇（街道）的编制效能，为编制资源的优化配置提供了科学依据。

（三）地市实践的创新光谱：差异化发展的治理图谱

1. 共性特征与制度共识

河北省形成党委统筹和多元共治的制度共识。衡水市创新"改革观察员"制度，聘请人大代表、政协委员参与编制调整论证。"改革观察员"制度充分发挥了人大代表、政协委员的监督和建议作用，提高了编制调整的科学性和民主性。编制资源配置普遍为"倒金字塔"结构，保定市乡镇（街道）编制占比达62%，远超全国平均水平。这种编制资源配置结构使更多的编制资源向基层倾斜，增强了基层治理的力量。数字化治理能力建设成为标配，河北各地市均加强了对编制资源的信息化管理。其中，秦皇岛市北戴河新区首创"季节编制"动态调整机制，旅游旺季通过"编制共享平台"跨区域调配服务人员286人次，破解季节性服务需求难题。"季节编制"动态调整机制充分考虑了旅游行业的季节性特点，灵活调整编制资源，提高了编制资源的使用效率。

2. 区域特色与创新轴心

一是环京津协同发展带突出机构预置创新。保定市设立14个专项对接办公室，其中"北京非首都功能承接办"创新"编制弹性储备库"制度，预留200名机动编制服务产业转移项目。"编制弹性储备库"制度为北京非首都功能疏解提供了编制资源保障，促进了区域协同发展。廊坊市在临空经济区试点"编制银行"，实现跨层级、跨领域编制流转。"编制银行"制度打破了编制资源的壁垒，使编制资源能够在不同层级、不同领域之间合理流动，提高了编制资源的使用效率。

二是沿海经济带强化港城融合机构创新。唐山市曹妃甸区设立全国首个临港经济综合服务局，整合海关、海事、边检等7个部门职能，创新"一码通办"服务机制。"一码通办"服务机制简化了办事流程，提高了服务效率，促进了港城融合发展。沧州渤海新区组建"项目全生命周期服务中心"，将87%的审批服务编制资源前置到招商一线。"项目全生命周期服务中心"的组建，为项目提供了全方位、全过程的服务，提高了项目建设的效率和质量。

三是太行山片区探索生态治理机构特色化配置。邢台市信都区单设山洪防治事业中心，创新"生态编制"核算方法，按森林覆盖率、地质灾害点数量等因素动态调整编制规模。"生态编制"核算方法充分考虑了生态环境因素，使编制资源的配置更加科学合理。承德市在塞罕坝机械林场试点"生态管护员"制度，将126名事业编制转为专业技术岗位。"生态管护员"制度提高了生态管护人员的专业素质，加大了生态保护力度。

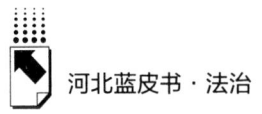

二 河北省乡镇（街道）机构编制管理工作深层问题解析

河北省作为京津冀协同发展战略的核心腹地，既承担疏解非首都功能的制度性任务，又面临传统产业转型升级等区域性挑战。这种治理负荷的叠加效应，使得乡镇（街道）机构编制结构性矛盾成为阻碍治理效能提升的关键瓶颈。

（一）权责体系失衡与治理效能衰减

1. 权责关系非对称性问题

一是在当前的基层治理中，"属地责任泛化"与"法定职权虚置"的现象较为突出。基层政府承担大量的属地管理责任，从经济发展、社会稳定到民生保障等各个领域，事无巨细。然而，与之相对应的法定职权相对有限，许多事务的决策权仍集中在上级部门。这种纵向层级间权责配置的不合理，呈现"漏斗效应"，大量的工作任务通过层层下压，最终汇聚到基层，导致基层"小马拉大车"的矛盾日益加剧。例如，在环保执法方面，基层政府承担辖区内环境监管的责任，但缺乏相应的执法权和处罚权。当发现环境违法行为时，基层工作人员只能上报上级部门并等待处理，这不仅延误了执法时机，也降低了治理效率。

二是在属地化管理模式下，资源下沉与权力下放不同步的问题也较为严重。虽然上级部门在政策上强调资源向基层倾斜，但在实际操作中，权力下放相对滞后。这使得基层政府在执行政策时缺乏必要的权力支撑，导致"最后一公里"梗阻常态化。在一些民生项目的推进过程中，基层政府虽然获得了一定的资金和物资支持，但由于没有相应的审批权和监管权，项目实施过程中困难重重，难以达到预期效果。

2. 机构设置同质化与职能碎片化

一是河北省部分乡镇（街道）机构设置过度依赖"模板化"改革逻辑，

与区域差异化治理需求脱节，功能模块间协同性不足。不同地区在经济发展水平、人口结构、产业特色等方面存在较大差异，但机构设置往往"一刀切"，缺乏针对性和灵活性。这导致机构的功能模块间协同性不足，无法有效满足当地居民的实际需求。一些经济发达的乡镇（街道）工业企业众多，安全生产和环境保护任务繁重，但机构设置与经济欠发达地区相同，没有专门的安全生产监管和环保机构，使得相关工作难以有效开展。通过调研对比分析，河北省山区乡镇与平原乡镇在综合执法事项数量上的差异达2~3倍，但机构编制配置差异非常小。这表明机构设置未能根据不同区域的特点进行合理调整，无法满足不同区域差异化的治理需求，削弱了基层治理的针对性和有效性。

二是部门职责交叉与职能空转并存，在基层治理中引发了诸多问题。综合执法、应急管理等跨领域事务由于涉及多个部门，职责划分不够清晰，存在责任推诿的风险。在面对突发事件时，不同部门之间往往相互扯皮，无法迅速形成有效的应对机制，导致事件处理不及时，影响了政府的公信力。

（二）编制刚性约束与动态需求脱节

一是总量控制与事务增长的矛盾激化。随着城镇化进程的加快和基层事务的不断增加，编制总量控制与基层事务指数级增长的矛盾日益凸显。尤其是在人口流动频繁、城镇化进程加速的背景下，编制动态调整机制的滞后性更加凸显。一些人口流入较大的乡镇（街道），工作任务急剧增加，但编制数量没有相应增加，导致工作人员长期处于超负荷工作状态。在教育领域，随着城镇化进程的加快，大量农村学生涌入城镇学校，城镇学校教师编制未能及时调整，造成教师短缺，影响了教育教学质量。乡镇级政务服务平台日均超时办结事项中，大部分事项超时办结与人员编制不足直接相关。编制总量控制的刚性约束与基层事务的动态增长之间存在严重不匹配，导致基层工作效率低下，影响公共服务的质量和水平。

二是基层公共服务供给能力与群众多元化需求不匹配，专业技术型编制缺口显著。随着群众对公共服务需求的日益多元化，基层政府在医疗卫生、文化体育、科技服务等领域的专业技术人才需求不断增加。然而，由于编制结构不合理，专业技术型编制数量不足，基层公共服务供给能力与群众需求之间存在较大差距。一些乡镇卫生院缺乏专业的医疗技术人员，无法开展一些基本的医疗服务项目，群众不得不前往上级医院就医，增加了群众的就医成本。

（三）区域协同治理下的制度适配困境

1. 跨域治理单元存在资源错配问题

一是京津冀协同发展中的标准冲突问题。在京津冀协同发展的大框架下，毗邻区域机构编制配置标准不统一，导致跨行政区划的公共服务协同成本高企。调研发现，在京津冀交界区域，廊坊市北三县与北京市通州区在综合行政执法编制上存在近两倍的配置差异，导致潮白河沿岸治理成本增加。公共服务协同方面，保定市涿州市与北京市房山区医疗机构编制标准存在差异，使得跨省就医备案量占日均门诊量的近1/5。这种标准不统一的情况，影响了区域间的协同治理效果，增加了公共服务的成本和难度。在交通基础设施建设方面，由于规划标准和资金投入机制不同，一些跨区域交通项目的建设进度缓慢，影响了区域一体化发展进程。

二是新型治理单元存在制度真空。在城乡融合进程中，开发区、特色小镇等新型治理单元编制供给缺乏专项政策支持。这些新型治理单元在经济发展、社会管理等方面具有独特的需求，但现有的编制管理政策未能充分考虑到这些特点，导致编制资源配置不合理。一些开发区在招商引资和项目建设过程中，由于缺乏专业的招商和项目管理人才编制，影响了开发区的发展速度和质量。

2. 编制使用效率存在梯度差异

一是经济发达地区"编随事走"改革不彻底，存在编制资源沉淀的问题。河北省不同地区之间经济发展水平存在较大差距，这也导致了编制使用效率存在梯度差异。此外，经济发达地区虽然进行了"编随事走"改革，但改革不够彻底，仍然存在编制资源浪费的现象。

二是欠发达地区存在编制空转与人才流失并存的现象。在欠发达地区，由于经济发展滞后，就业机会有限，编制空转与人才流失并存的问题较为严重。一些基层单位虽然有编制，但难以吸引合适的人才，导致编制闲置，而一些优秀的人才又因为缺乏发展机会而选择离开，进一步加剧了基层治理能力的不足。这种区域间治理能级差距的扩大，不利于全省整体的协调发展。

（四）长效治理效能评估机制缺位

1.改革效果评估范式的质性缺失

一是量化指标存在局限性。现有对乡镇（街道）机构编制改革效果的评估体系，偏重考核机构精简率、人员分流率等量化指标，对治理效能提升、群众获得感等质性维度关注不足。这种评估范式过于注重形式上的改革成果，忽视了改革对实际治理效果的影响。虽然通过机构精简和人员分流，可以在短期内降低行政成本，但如果不能有效提升治理效能，改革的意义将大打折扣。一些地方的改革评估只关注了机构数量的减少和人员的分流情况，而对于改革后基层政府的服务质量是否提高、群众的满意度是否提升等问题缺乏深入的调查和分析。

二是动态监测的机制有待建立健全。第三方评估机制尚未嵌入改革全过程，动态监测与预警功能薄弱。由于缺乏独立的第三方评估，改革效果的评估往往由政府内部自行开展，这容易导致评估结果的主观性和片面性。目前河北省在这方面的工作还相对滞后，缺乏动态监测机制，无法及时发现和解决改革过程中出现的问题，影响了改革的持续推进和基层治理的稳定性。

2.制度调适反馈回路断裂

政策迭代缺乏实证数据支撑，也是当前面临的一个重要问题。在乡镇（街道）机构编制改革过程中，由于缺乏对改革效果的深入评估和实证研究，政策的调整和优化往往缺乏科学依据。这使得一些改革措施在实施过程中出现了问题，但无法及时得到纠正，影响了改革的推进。试点经验推广存在"机械移植"倾向，未能充分考虑不同地区的实际情况。一些地方在推广试点经验时，没有对本地的经济社会发展水平、文化传统等因素进行深入分析，简单地照搬照抄试点地区的做法，导致改革措施无法在本地有效实施。这不仅浪费了资源，也打击了基层干部群众对改革的积极性。要实现基层治理现代化，必须建立"评估、反馈、优化"的螺旋上升机制，不断总结经验教训，推动改革持续深入。

三 河北省乡镇（街道）机构编制结构性优化的实现路径

（一）构建权责适配的治理共同体

1. 实现动态权责清单的法治化重构

一是建立"三张清单"协同机制。基层治理现代化的核心在于治理关系的系统性重构。在河北省，"小马拉大车"的治理困境较为突出，表现为基层乡镇（街道）承担的治理任务繁重，但相应的权力和资源相对匮乏。因此，构建一个兼具制度刚性与实践弹性的权责适配体系迫在眉睫。后期应以《乡镇（街道）履行职责事项清单》为基础，配套制定《属地责任豁免清单》和《部门协同责任清单》。《乡镇（街道）履行职责事项清单》明确乡镇（街道）的基本职责范围，为基层治理提供清晰的权责边界。《属地责任豁免清单》则能有效避免基层在一些非自身能力范围内的事务上被过度追责，保障基层干部能将精力集中在核心职责上。《部门协同责任清单》有助于打破部门壁垒，促进不同部门在基层治理中的协同合作。通过法治手段实现"三张清单"的协同，能从制度层面破解"漏斗效应"，实现权责的合理分配与有效执行。

二是推行"权责资源包"下沉模式。在行政审批、综合执法等领域实施权限、编制、资金和技术"四位一体"的集成式赋权，是解决基层治理中权责不匹配问题的关键举措，这种集成式赋权模式可确保基层在获得事权的同时，得到相应的资源支持。积极构建事权承接能力评估和资源精准匹配的闭环系统，根据乡镇（街道）的实际承接能力，精准地分配资源，避免资源浪费或不足。例如，对于承接能力较强的乡镇（街道），可以适当增加权限和资源投入，以更好地发挥治理效能；对于承接能力较弱的地区，则可以先进行能力建设，再逐步赋予相应的事权和资源。

2. 推动实现机构职能的差异化再造

一是推动实施"分类治理"赋权改革。河北省不同地区的乡镇在城镇化率、人口密度等方面存在显著差异，可根据相关指标建立"城郊融合类/现代农业类/生态涵养类"乡镇机构设置标准模板，实现机构职能与地区特点的精准匹配。城郊融合类乡镇由于靠近城市，与城市的经济、社会联系紧密，其机构设置应更注重与城市的协同发展和功能对接；现代农业类乡镇则应突出农业服务、农村发展等职能；生态涵养类乡镇需要加强生态保护、生态旅游等方面的职能。通过这种分类治理的赋权改革，能够提高基层治理的针对性和有效性。

二是构建"模块化"职能体系。按照"基础模块+特色模块"架构重组基层机构，是一种创新的机构设置方式。基础模块保留了基本治理单元，确保了基层治理的基本功能有效实现。特色模块则根据不同乡镇（街道）的产业特点和发展需求，设置产业服务、文旅融合等自选功能模块。这种模块化的职能体系具有灵活性和适应性，能够根据地区发展的变化及时调整和优化机构职能，提高基层治理的效能。将乡镇（街道）内设机构拆分为80%标准化基础单元与20%区域特色单元。基础模块可整合为党建统领、经济发展等六大标准化办公室，确保乡镇（街道）的基本职能得到有效履行。特色模块需建立"一镇一策"动态申报机制，根据不同乡镇（街道）的实际情况和发展需求进行设置。

（二）创新编制资源配置的动态调节机制

1. 打造编制动态调控的"智慧中枢"

一是实施编制总量动态平衡。建立"县域编制周转池"，推行"基础编制"和"机动编制"相结合的弹性管理制度，有效解决编制资源的静态分配与动态需求之间的矛盾。"县域编制周转池"可以在县域范围内对编制资源进行统筹调配,根据不同乡镇(街道)的实际需求,灵活调整编制数量。"基础编制"保障基层治理的基本人员需求,"机动编制"则可以根据阶段性的工作任务和发展需求进行动态调整。例如,在重大项目建设期间,可以从周转池中调配编制到相关乡镇(街道),项目结束后再将编制收回。

二是对专业技术岗实行"双轨制"创新。在教育、医疗等领域推行"县管乡聘"改革,由县级统筹60%基础编制,乡镇根据服务人口动态调配40%聘用额度。这种"双轨制"管理模式既能保证基层专业技术岗位的基本编制需求,又能根据实际服务人口的变化灵活调整编制。京津冀需建立统一的能力评价标准,可参考天津"海河英才"计划构建三地互认的职称评审体系,促进京津冀地区专业技术人才的流动和共享。

2. 推动清单管理制度深化改革

一是建立"清单外事项准入"机制。制定《委托事项负面清单》和《购买服务指导目录》,完善"费随事转"配套政策,规范清单外事项的管理。以《委托事项负面清单》明确哪些事项不能委托给乡镇(街道),避免不合理的事项转嫁;以《购买服务指导目录》为乡镇(街道)购买服务提供指导,确保购买服务的合法性和规范性。通过"费随事转"配套政策保障乡镇(街道)在承接额外事项时能够获得相应的资金支持,以提高基层治理的积极性和主动性。

二是构建"清单执行能力指数"。建议从人员资质、设备配置、资金保障等维度建立事权承接能力评估体系,准确评估乡镇(街道)对清单事项的执行能力。人员资质是确保事权有效执行的关键因素,具备相应专业知识和技能的人员能够更好地完成工作任务。设备配置和资金保障则为事权执行提供了物质基础。通过对事权承接能力的评估,可以根据实际情况对乡镇(街道)进行有针对性的能力建设和资源支持,优化清单事项的执行效果。

(三)推动京津冀治理单元标准一体化建设

一是建立"环京协同治理示范区"。统一毗邻区域机构设置标准,探索"飞地经济"区域的联合执法编制共享机制,助推打破行政区域壁垒,实现京津冀区域的协同治理。"飞地经济"区域的联合执法编制共享机制能够整合区域内的执法资源，提高执法效能，解决跨区域执法难题。例如，在环境执法、市场监管等领域，通过联合执法编制共享，可以实现对"飞地经济"区域的有效监管；也可在京津冀交界地带建立"编制飞地经济试验区"，推行"双基地"人才共育模式。

二是创新"编制效能流转"制度。可在雄安新区试点"编制银行"模式，推动编制资源在京津冀城市群的战略储备与弹性配置。"编制银行"模式可以将闲置的编制资源进行集中管理和调配，实现编制资源的优化配置。在京津冀城市群中，不同地区的发展需求和编制使用情况存在差异，通过"编制银行"可以将编制资源从需求较低的地区流转到需求较高的地区，提高编制资源的使用效率。同时，这种模式也能为区域战略发展提供编制资源的储备和保障。

三是建议制定《新型治理单元机构设置指引》。针对河北省开发区、特色小镇等主体建立"一单元一方案"的个性化编制配置机制，能够满足新型治理单元的特殊需求。开发区和特色小镇在功能定位、产业结构等方面与传统乡镇（街道）存在差异，因此需要根据实际情况制定个性化的编制配置方案。"一单元一方案"的个性化编制配置机制可以确保编制资源与新型治理单元的发展需求相匹配，促进新型治理单元健康发展。

（四）构建治理效能转化的制度闭环

1. 构建多维评估体系

一是创新"五维效能评估模型"体系。可从制度调适度、群众获得感、治理响应力、成本效益比、可持续发展五个维度建立评估指标体系，全面、客观地评估乡镇（街道）机构编制管理效能。以制度调适度反映机构编制管理制度与实际治理需求的匹配程度；以群众获得感体现基层治理的效果是否得到了群众的认可；以治理响应力衡量乡镇（街道）对社会问题的反应速度和处理能力；以成本效益比评估治理成本与治理效果之间的关系；以可持续发展关注基层治理的长期发展能力。通过对这五个维度的评估，可发现

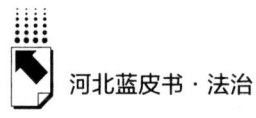

机构编制管理中存在的问题，为制度优化提供依据。

二是建立健全"双轨监测"机制。构建省级数字化监测平台与第三方社会评估相结合的复合评估体系，提高评估的准确性和公正性。省级数字化监测平台可实时收集和分析乡镇（街道）机构编制管理的数据，为评估提供客观依据。第三方社会评估则从不同的视角对基层治理效能进行评价，弥补政府内部评估的不足。这种"双轨监测"机制能够形成全方位、多层次的评估体系，确保治理效能评估的科学性和有效性。

2.制度调适的螺旋演进机制

一是建立"政策实验室"制度。在石家庄、唐山等地设立改革观测点，通过实践探索和不断优化，提高政策的科学性和适应性。改革观测点可以作为政策创新的试验田，对新的机构编制管理政策进行试点。在试点过程中，对政策的效果进行评估，发现问题并及时进行调整和优化。通过这种迭代式的政策创新链条，可以不断完善乡镇（街道）机构编制管理制度，提高治理效能。

二是构建"治理知识管理系统"。运用大数据技术建立改革案例库，开发政策仿真推演模型为制度调适提供知识支持和决策依据。通过收集和整理各地的机构编制管理改革案例，为河北省的改革提供借鉴和参考；针对不同的政策方案进行模拟和预测，评估政策方案可能产生的效果和影响。通过"治理知识管理系统"，提高制度调适的科学性和前瞻性。

（五）加强数字赋能与制度创新的深度融合

1.建设"智慧编制"管理平台

一是开发编制资源动态监测系统。整合12345政务服务便民热线、网格化平台等数据源，实现编制配置与治理需求的智能匹配，提高编制资源的管理效率和配置精准度。12345政务服务便民热线和网格化平台可收集大量的社会治理信息，反映基层治理的实际需求。通过整合这些数据源，编制资源动态监测系统可实时掌握治理需求变化，自动调整编制配置，实现编制资源动态优化。需建立与"冀时办"App联动的群众评价通道，实现"指尖上的效能监督",让群众及时反馈意见和建议。

二是构建"数字孪生治理体"。积极运用数字孪生技术模拟机构改革效果,建立"政策沙盘"推演机制,为机构编制管理政策的制定和实施提供可视化的决策支持。

2. 创新"政务流程再造"路径

一是实施"区块链+权责追溯"工程。利用区块链分布式记账技术建立跨层级权责追溯系统,提高权责管理的透明度和可信度。区块链技术的不可篡改和可追溯性特点,使得权责信息得到准确记录和保存。通过跨层级权责追溯系统,可清晰了解每个层级、每个部门在治理过程中的权责履行情况,一旦出现问题,能够及时追溯责任,提高治理的规范性和有效性。

二是推行"AI辅助决策"机制。加大财政投入,积极开发基于机器学习的编制配置优化算法模型,利用人工智能技术提高编制配置的科学性和合理性。通过对大量编制管理数据进行分析和学习,发现数据中的规律和演变趋势,为编制配置提供优化建议。推行 AI 辅助决策机制,减少人为因素的干扰,提高决策的准确性和效率,实现编制资源的最优配置。

司法篇

B.10
华北根据地、解放区行刑社会化的历史传承与当代价值*
——以回村服役制度为考察对象

石改军　孙艺佳**

摘　要： 回村服役制度是华北根据地、解放区在行刑社会化初步探索中的一项创新性司法实践，其在罪犯矫正与改造方面的经验，对当代的行刑社会化有一定借鉴意义。回村服役制度具有一定的实践优势，包括注重劳动与教育相结合、犯人改造坚持主客观并重、充分发挥群众的监督作用、融合传统文化人性理念四个方面。回村服役制度的实践智慧为当前的社区矫正制度提供了重要参考，加强社区矫正全流程的思想教育、发挥多元主体参与社区矫正的相对优势、寻求个体与社会关系修复基础上的回归等宝贵经验，凝聚着

---

* 课题项目：最高人民法院2024年度司法调研重大课题"新民主主义革命时期革命根据地司法制度的传承与发展研究"（ZGFYZDFT202303-03）阶段性成果。

** 石改军，石家庄市中级人民法院审管办副主任，研究方向为民商事；孙艺佳，石家庄市中级人民法院研究室法官助理，研究方向为刑法学、刑事政策学。

行刑社会化在改革与发展过程中传承的智慧结晶，是回村服役制度在司法语境下的时代新义。

关键词： 回村服役　行刑社会化　社区矫正

中国共产党人对行刑社会化的初步实践在抗日战争时期便已开始，华北根据地、解放区的司法机关在狱政管理的探索中，形成了因地制宜、依靠群众、教育感化的刑事执行制度，其中最具历史意义和时代价值的是创设性地规定了回村服役制度。① 该制度作为传统法治文化的重要体现，蕴含了古代宽仁刑罚政策与行刑人道的制度原理，是在维护司法权威、有效惩罚罪犯的同时，对传统监禁刑的创新处置，是传统文化与法治规范有机结合的产物，其对现代的刑罚执行具有一定的借鉴意义。

社区矫正制度作为现代刑罚的重要执行方式，不仅能够因应社会改造、人本主义等理念，并且帮助犯罪人员与社区之间形成良性互动关系，是行刑社会化在理论与技术层面的最佳落脚点。该制度在价值理念与制度设计方面与回村服役制度存在契合之处，本报告通过探寻二者之间的文化衔接，汲取回村服役制度的有益经验，为社区矫正在理念、制度、技术等层面的发展提供借鉴。因此，本报告采用"史源学"方法对行刑史料进行溯源考察，以一种"历史—关系—过程主义"的视角审视回村服役制度，以制度当时的"社会情境"为参考指引，旨在为当代的社区矫正制度提供历史经验参考。

一　史料剪影：回村服役制度的基本概述

回村服役制度在晋察冀边区也被称为回村执行制度，即对于符合一定条件的罪犯采取监外服役的一种徒刑执行制度，将判处较短刑期的罪犯交由当

---

① 参见薛永毅《延安时期刑事执行中的"回村执行"制度》，《人民法院报》2021年7月23日。

地基层政权管理,在群众监督下执行的方式。回村服役制度最早见于1938年9月9日陕甘宁边区发布的《陕甘宁边区高等法院第五号通令》,其中规定"凡是群众,刑期在一年以下者,各机关部队如需要苦役,可分送至各机关部队做劳动工作。否则遣送各区乡,由区乡政府执行,限令帮助抗日军人家属,或工作人员家属做劳动工作"。① 虽然当时尚未正式提出回村服役制度,但该规定已经初见雏形,对于较短刑期人员以分遣至机关部队或区乡劳动的方式代替监内执行。随后,华北根据地各边区相继公布实施关于罪犯回乡服役的法令。1943年,晋察冀边区在《晋察冀边区行政委员会关于处理监押犯之决定》中,正式提出建立回村服役制度;② 1944年,晋冀鲁豫边区高等法院发布《自新人回村服役暂行办法》,标志着回村服役制度在华北根据地逐步发展完善;③ 直至新中国成立后该制度才完全废除。

（一）适用对象

回村服役制度的适用对象需要同时符合积极条件与消极条件。

积极条件包括三个方面,即回村服役制度的适用对象应为案情较轻、群众不反对、有保人的罪犯。其一,罪犯案情较轻、刑期较短。晋察冀边区规定,"判处徒刑之人犯,除案情轻微且系纯由贫困所迫而初次行窃之窃盗犯得于判决后,即时回村执行,以劳役代替徒刑外,其余一律在监执行"④。晋冀鲁豫边区政府规定,回村服役制度的适用对象为被判处七年以下有期徒刑且家在根据地的犯罪者。⑤ 其二,群众不反对,表现较好,以及确有悔改表现的,可以适用回村服役制度。晋察冀边区规定,"在执行期间,表现良好,以及无重复其犯罪行为之虞者,无论执行日期之长短,均准由村公所或

---

① 蒲坚编著《中国法制史大辞典》,北京大学出版社,2015。
② 《晋察冀边区行政委员会关于处理监押犯之决定》,载中华人民共和国司法部编《中国监狱史料汇编》（下册）,群众出版社,1988。
③ 中国劳改学会编《中国劳改学大辞典》,社会科学文献出版社,1993。
④ 《晋察冀边区行政委员会关于处理监押犯之决定》,载中华人民共和国司法部编《中国监狱史料汇编》（下册）,群众出版社,1988。
⑤ 中国劳改学会编《中国劳改学大辞典》,社会科学文献出版社,1993。

其亲属保回耕作"。① 太行区规定，"自新人……改悔有据，群众不大反对者，可以回村服役"。② 群众对罪犯的仇视痛恨程度较小，且在回村服役时要真正经过群众同意，才能以回村服役代替监内执行。其三，回村服役的罪犯需要有保人出具保状。晋冀鲁豫边区政府规定，自新人回村服役时需要有确实可靠的保人。

同时，回村服役制度的适用对象也需要满足一定的消极条件。汉奸、盗匪、惯犯，以及重大刑事犯罪人员不得适用回村服役制度。晋察冀边区规定，"甘心事敌之汉奸不得适用"；③ 晋冀鲁豫边区规定，"有下列情形之一者，仍应羁押教育：案件重大之三黄、奸犯、特务犯。估计放假归家会引起越狱地群众不满者。有逃狱之可能者"。④

（二）执行流程

边区政府对于自新人回村服役制度从实体、程序及特殊情形等三个层面进行流程的规范。

其一，在实体层面，规定了回村服役的内容、期限等。例如，晋察冀边区规定，回村服役的事项包括，"甲、属于公家建筑修滩，开渠等事项。乙、为抗属及贫苦而缺乏劳动力之人民代耕（除应服者外）"。⑤ 回村执行徒刑的罪犯，每月劳役不得过十日。偷懒怠工劳动效率低者，服劳役期限要延长，但最多不超过三日。回村服役的罪犯，其服劳役日期与不服劳役的日期均以一日折抵一日，与在监执行相同。

其二，在程序层面，规定了回村服役的执行顺序、请假流程等。晋冀鲁

---

① 《晋察冀边区行政委员会关于处理监押犯之决定》，载中华人民共和国司法部编《中国监狱史料汇编》（下册），群众出版社，1988。
② 《太行区司法工作概况（节录）（一九四六年）》，载中华人民共和国司法部编《中国监狱史料汇编》（下册），群众出版社，1988。
③ 《晋察冀边区行政委员会关于改进司法制度的决定（节录）》，载中华人民共和国司法部编《中国监狱史料汇编》（下册），群众出版社，1988。
④ 《晋冀鲁豫高等法院指示（节选）》，1943年3月15日，石家庄市赞皇县中马峪遗址。
⑤ 《晋察冀边区行政委员会关于处理监押犯之决定》，载中华人民共和国司法部编《中国监狱史料汇编》（下册），群众出版社，1988。

豫边区规定，自新人在回村服役时，首先，自新人讨保具结，呈交保证书，经承审处审查无误后，填写回村执行书……连同服刑人犯一起交村公所执行。其次，村公所查核后登记在册，按规定管理，令其服公役。[1] 最后，自新人从徒刑期满之日起，停止服公役，同时恢复公民权。但被判处褫夺公权者只停服公役。回村服役的罪犯离开所在村时需要请假审批。晋察冀边区行政委员会规定，回村服役的罪犯"如因探亲或经营其他事业而离其本村时须向村治安员请假"，"旅行前须将其去向事由旅行期时报经村（坊）公所及派出所许可，回来后亦需报告"。[2]

（三）执行后果

在回村服役时，自新人的权利及义务受到一定的限制。一方面，自新人在其服劳役时无公民权，仍在自家食宿，需要服从服役所在村公所的劳役分派，在战时绝对服从指挥部的命令。若自新人认为村公所分派的劳役超出《自新人回村服役暂行办法》等规定的范围时，可请其纠正或上呈承审处。自新人在村服劳役期间，由承审处定期派员检查回村服役情况，根据自新人在服役时的表现，对表现好的，可予以减刑、假释、提前开释等奖励；对表现坏的，予以批评、惩罚、撤销回村执行等惩罚；对重新犯罪者，以所犯之罪，合并前科之刑在监执行。[3] 另一方面，村公所可以按前述办法规定给自新人分派劳役，如遇自新人拒绝，可以命令强制执行，并监督考察教育；如有自新人在服役期间逃亡或犯罪，可以随时逮捕；村公所不得打骂或虐待自新人。

回村服役的自新人在期满后需要接受鉴定考察。以晋察冀边区为例，表现不好的可以延长劳役时间，或报请法院收归监狱执行，"保回耕作之人犯，期满时区公所应予以鉴定，其安心劳动无何种不良行为者准一日折抵徒

---

[1] 中国劳改学会编《中国劳改学大辞典》，社会科学文献出版社，1993。
[2] 北京政法学院编《中华人民共和国审判法参考资料汇编》（第一辑），北京政法学院出版社，1956。
[3] 蒲坚编著《中国法制史大辞典》，北京大学出版社，2015。

刑一日，必要时并得呈请县司法处延长其假期，但不安心劳动或另有何种不良行为者不得折抵亦不延长其假期"。① 同时，对于表现较好的犯人，"该村（坊）群众认为有显著成绩者，得向法院报请撤销监外执行恢复其自由"。② 对于劳动积极且思想进步的犯人，"得酌情减少或免除其义务劳动"。③ 回村服役制度在实践中取得了良好的效果。根据1946年太行区监所建设情况来看，在全区19个县共2572名回村服役的自新人中，有80%以上的自新人得到了改造，"甚至有比在看守所内转变的还好"。④

二　经验演绎：回村服役制度的实践特色

华北根据地为适应战争形势，落实民主管理和教育的方针，改造旧的监狱管理方法，实行新的狱政管理制度。各边区政府针对非政治性的土匪、窃盗、诈欺等犯罪人员所采取的劳役教育措施，在执行环境、执行方式、执行效果的监督等方面，带有浓厚的政治色彩与实践特色。

（一）注重劳动与教育相结合

劳动与教育相结合的理念贯穿自新人回村服役的全过程，尤其是将思想教育与劳动教育有机结合在一起，已经显露出行刑教育化的迹象。"我们所提出的生产，管理，教育三大工作，不是孤立的，平列的，而是有机的结合。"⑤ 革命根据地时期的狱政管理注重对犯罪者的感化教育，实现犯罪矫

---

① 《晋察冀边区行政委员会关于处理监押犯之决定》，载中华人民共和国司法部编《中国监狱史料汇编》（下册），群众出版社，1988。
② 北京政法学院编《中华人民共和国审判法参考资料汇编》（第一辑），北京政法学院出版社，1956。
③ 《太行区司法工作概况（节录）》，载中华人民共和国司法部编《中国监狱史料汇编》（下册），群众出版社，1988。
④ 《太行区司法工作概况（节录）》，载中华人民共和国司法部编《中国监狱史料汇编》（下册），群众出版社，1988。
⑤ 《太行区司法工作概况（节录）》，载中华人民共和国司法部编《中国监狱史料汇编》（下册），群众出版社，1988。

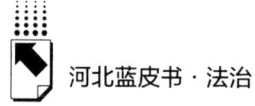

正，所创设的作业制度、教诲制度与教育制度，恰好和前述的感化原则相对应，成为边区监狱机构行刑实践的主体内容。

一方面，罪犯在回村服役前必须先在押所或监所接受思想教育。"教育争取已经违犯法律的犯罪行为人"不仅是回村服役前的规范流程，更是边区行刑的目的之一。[1] "对于一个犯罪者不仅是惩罚的问题，主要是从思想上教育他改造他的问题。"[2] 犯罪者经过思想教育，在思想上觉悟，消除错误想法后，才能在后续的劳役中真正得到改造。以晋察冀边区为例，回村服役的自新人，"必须先在看守所初步打通其思想，消除其对政府，对村干部的对抗情绪，认识其错误"，[3] 才可以回村服役。如果不在思想上对罪犯进行改造，回村后其很容易再次实施犯罪行为，也会让群众产生不满。另一方面，罪犯在区、村参加劳动生产时对其进行教育。劳动教育让罪犯在生产中树立劳动习惯，消除寄生思想。太行区政府提出，劳动生产对于回村服役人员的教育作用，在于锻炼其劳动观念，让其认识到劳动生产是光荣的，不劳动而享受是耻辱的，树立正确的生活方式。从执行结果来看，生产工作在改造教育自新人中发挥了巨大的作用。例如回村服役人员在参加所在村的劳动生产及政府教育后，"有的罪犯……积极要求参军抗日"[4]，还有罪犯"下定决心为革命奋斗到底"[5]，可见思想教育对罪犯起到了良好的改造效果。

劳动与教育相结合的理念在改造回村服役罪犯方面取得了积极成效。从太行区的回村服役情况看，在劳动与教育相结合的方针政策下，许多罪犯经过教育得到改造，成为奉公守法、勤劳生产的人。有的成了劳动英雄、模范干部、互助模范、参战模范等优秀人物。例如，平顺贪污犯石松山，在开荒

---

[1] 陈金全主编《中国法制史》，中国人民大学出版社，2008。
[2] 《太行区司法工作概况（节录）》，载中华人民共和国司法部编《中国监狱史料汇编》（下册），群众出版社，1988。
[3] 《太行区司法工作概况（节录）》，载中华人民共和国司法部编《中国监狱史料汇编》（下册），群众出版社，1988。
[4] 井陉县人民法院编《河北省井陉县人民法院院志》，第4页。
[5] 《高等法院监狱犯人生活》，载中华人民共和国司法部编《中国监狱史料汇编》（下册），群众出版社，1988。

中手上磨起了很多水泡,司法科长借机对其进行教育,让他认识到"我贪污的粮食,都是群众用水泡血汗痛苦换来的,群众生产粮食如此不易,而我却轻轻易易就贪污了,真是难过的很"。① 他的犯罪思想在生产教育中被改变了。

劳动与教育的结合不仅让罪犯具有更加稳固的抑制犯罪意识,也让刑罚的社会化执行更有效果。在回村服役制度中,劳动与教育相结合的理念帮助了大量罪犯实现改过自新。与原有的惩戒主义与报复主义行刑理念不同,华北根据地在刑罚执行中,坚持以无产阶级思想对罪犯腐朽没落思想进行克服与改造,以感化教育让罪犯从内心得到彻底改造。犯人回村参加生产劳动,不仅让其思想意识得到改造,也在一定程度上养成劳动习惯、树立劳动观念。回村前的思想教育,让罪犯重获守法的心理倾向,从根源上消除犯罪思想;回村后的生产劳动,又让罪犯掌握生产本领,觉悟自己的罪行。"说明只有经过感化教育,思想改造,才能认识了真理,看到自己的前途和出路,由坏人变成了好人。"②

(二)犯人改造坚持主客观并重

在客观层面,犯人需要在群众得到发动、政权得到改造的环境中执行劳役。1946年太行区司法机关总结的《太行区司法工作概况》指出,罪犯的犯罪思想,一定程度上是受旧社会影响而形成的。"我们认为一个自新人,一方面他是危害国家、社会、人民利益的犯罪者,但另一方面他又是不良社会制度下的牺牲者。"③ 监所在建设初期,仍以威吓、报复主义为指导,出

---

① 《太行区司法工作概况(节录)》,载中华人民共和国司法部编《中国监狱史料汇编》(下册),群众出版社,1988。
② 《司法部工作报告(节录)》,载中华人民共和国司法部编《中国监狱史料汇编》(下册),群众出版社,1988。
③ 《太行区司法工作概况(节录)》,载中华人民共和国司法部编《中国监狱史料汇编》(下册),群众出版社,1988。

现了强令犯人穿两色衣、剃阴阳头等做法，加重了犯人与法律、监所的对抗情绪。① 因此监所改变了单纯的监内羁押方式，将部分符合条件的罪犯分遣至各区乡服劳役，良好的行刑环境更有助于犯人的改造。回村服役必须在群众已经发动、村政权已经改造的地区开展，犯人才能有效接受群众的监督教育；如果在服役地区上不加以区别考虑、普遍运用，则自新人回村之后，不但对他毫无教育意义，并且反而容易在改造中出现不良偏向。可见，既然犯罪主要是由社会原因引起的，那么改变社会环境对于罪犯的改造就起到了主导作用。

在主观层面，对回村服役的犯人开展个别谈话与定期会议相结合的教育方式。一方面，太行区创设了重塑犯人思想的三个"自觉"与两个"针对"。通过与犯人的个别谈话，唤醒其三个"自觉"，即历史自觉，让其反思、忏悔为何贫穷、为何犯罪；现实自觉，唤醒其对政府的感情、良心的觉悟；前途自觉，认识到有新生希望。同时针对犯人做好两个"针对"，即针对思想症结，通过说服教育给予解决；针对积极性，认可发扬。另一方面，对自新人采取定期会议的方式，考察奖惩，相互影响，鼓励前进情绪；同时对回村服役自新人的糊涂思想、本身的困难或对之歧视等问题，予以适当解决，帮助其制订生产计划。②

（三）充分发挥群众的监督作用

坚持群众路线，充分发挥群众在回村服役制度中的监督作用。我国作为人民民主专政的社会主义国家，人民是国家的主人，监狱的行刑活动应以人民意志为指导，体现广泛的人民性。在当时的历史背景与战争环境下，群众对罪犯的社会监督是必要且可行的。在华北根据地，贯彻群众路线，相信和依靠群众是在总结革命斗争和狱政管理经验中得到的认识。回村服役制度作

---

① 杨永华、方克勤：《陕甘宁边区的狱政管理建设为改革旧中国的狱政管理奠定了基础》，载中华人民共和国司法部编《中国监狱史料汇编》（下册），群众出版社，1988。
② 参见《太行区司法工作概况（节录）》，载中华人民共和国司法部编《中国监狱史料汇编》（下册），群众出版社，1988。

为狱政管理的一项有力举措，在充分发挥群众对于服役者监督作用的同时，也争取到民众的支持。

在回村服役制度中，群众的监督是罪犯改造不可或缺的环节。"老解放区群众经过发动，政治觉悟提高，使自新人回村服役，可通过群众来进行监督教育。"[①] 边区政府将罪犯放入社会环境，"借社会群众力量促进犯人向上之心"，[②] 借助群众的力量对其进行监督，帮助罪犯改恶从善。群众的监督保证了罪犯在劳役改造中的刑罚执行效果，发挥了人民主体的优势地位。很多自新人在群众的教育下得到了思想与行动的改造，例如黎城自新人李兰田就在回村服役时经过群众教育，在群众实际生活与实际斗争的影响下，改过自新成为参战英雄。

（四）融合传统文化人性理念

中国传统文化中关于后天教化可以改善人性的理念，为回村服役制度中犯人的改造提供了良好的历史文化基础。我国传统文化中对于人性本善的思想可追溯至先秦诸家，孔子在《论语》中以"性相近也，习相远也"强调了人性的先天情感和后天教化之间相辅相成的关系，人天生具有的情感只有通过后天的教化、学习才能完善。宋代将人性与教化之间的关系融入了哲学体系，"气者自万物散殊时各有所得之气，习者自胎胞中以至于婴孩时皆是习也"。每个人都会受环境影响产生不好的"气质之性"，因而需要"强学以胜其气习"，通过学习教化改变"气"和"习"带来的负面影响。[③] 人性可在教化下由恶向善改变的理念，从古代传统文化中便可见一斑，这也为革命根据地时期监所的行刑方式提供了文化理论根基。

回村服役制度融合了传统文化中的人性理念，借助教育与劳动方式重塑

[①]《晋察冀边区行政委员会关于处理监押犯之决定》，载中华人民共和国司法部编《中国监狱史料汇编》（下册），群众出版社，1988。

[②]《晋察冀边区行政委员会关于处理监押犯之决定》，载中华人民共和国司法部编《中国监狱史料汇编》（下册），群众出版社，1988。

[③] 任蜜林：《孔子"性相近"说的历史诠释与思想新论》，《社会科学》2023年第4期。

罪犯的人性，实现对犯罪思想及行为的矫正。从人类学视角来看，不同于西方所提出的天生犯罪人理论，我国对于人性的理解更倾向于"善"，认为恶是在后天的环境中形成的。马克思主义哲学提出，物质世界处于永恒的运动之中，罪犯的思想、行为等在社会生活中也处于变化发展的过程之中，通过监所的思想教育与回村后的劳役教育后，绝大多数罪犯都有改造的可能性，其主观心理也会随着外在客观条件的变化而改变。既然犯罪行为很大程度是在客观环境中习得的，那么通过对不良环境及文化的隔离，代之以良善、民主教育，助长正气，克服邪气，"针对积极性，给以发扬……当积极因素占了上风，便可克服消极因素"，[①] 以此达到罪犯改造的目的。

三 赓续传承：回村服役制度的当代借鉴

虽然回村服役制度在当时存在一些弊端与问题，包括执行效果难以检验、执行环境不稳定、缺乏健全周密的制度与组织等，甚至部分回村服役的自新人在释放后又重新实施犯罪行为。但不可否认的是，面对抗日战争时期艰苦的法治环境，中国共产党因地制宜地推出的回村服役制度，是行刑社会化在司法领域的实践运用，满足了边区狱政管理的需求，其所蕴含的行刑社会化理念与智慧，在当下司法环境中仍具有借鉴意义。

（一）理念先行，加强社区矫正全流程的思想教育

劳动与教育相结合的理念，开创了行刑教育化的罪犯改造道路，对当代的行刑实践具有一定的参考意义。从革命根据地时期的回村服役制度来看，思想教育对于犯人的思想改造起到了至关重要的作用。边区司法机关认为，刑罚之目的，重在预防，而监狱之精神，端赖感化。因而思想教育无疑是罪犯改造与犯罪预防的重要环节之一。

---

① 《太行区司法工作概况（节录）》，载中华人民共和国司法部编《中国监狱史料汇编》（下册），群众出版社，1988。

针对犯罪人员的思想教育应当置于行刑的首要位置。对于已经实施违法犯罪的人员来讲,针对犯罪行为的思想教育与主体反思,是让其从内心深处认识到犯罪行为的罪恶所在,在自我阻止、自我完善、自我进步的过程中,实现自身的改造,并适度控制犯罪观念,培养朴素的预防犯罪观,从而实现犯罪预防所追求的长远目标。① 通过认罪悔罪教育,让犯人发自内心进行忏悔,从道德、法律等层面认识到自己行为的错误,也能对受害者的痛苦进行换位思考,实现认罪认罚,主动接受刑罚与犯罪矫正,降低犯人回归社会后再犯罪的可能性,从而实现刑法的改造功能与教育目的。

在刑罚执行全流程贯彻思想教育理念。司法机关应当建立全流程的思想教育体系,从罪犯的监狱执行到社区矫正的社会执行,将道德教育与政治教育共同纳入,实现罪犯意识形态的转变,重塑罪犯的内在价值观。将被动的思想接受转变为主动的价值接纳,以恢复性的犯罪预防替代惩罚性的犯罪治理,促使罪犯实现思想的积极转变,这也契合司法机关帮助罪犯改过自新,使其成为守法公民的目标与任务。

(二)共治共享,发挥多元主体参与社区矫正的相对优势

回村服役制度中人民群众监督教育犯人参与劳动生产,以及"枫桥经验"中以基层群众为主体定分止争,无不体现了社会群体在犯人的改造教育与预防犯罪过程中的重要地位。尽管时代背景不同,但其中所蕴含的社会治理思维一脉相通,对于当下多元主体参与行刑社会化、犯罪预防等方面应有所启发。

多元主体参与是预防与治理犯罪的有效路径。回村服役制度对于犯人的成功改造,离不开监所的领导管理、区乡政权的定期检查以及村内群众的监督教育。基于回村服役制度的成功经验,在当代的行刑社会化过程中,应充分利用社会各方主体力量,从政策层面引导多元主体参与罪犯的矫正工作,

---

① 马荣春、周建达:《"枫桥经验":预防犯罪观的重要启示》,《南昌大学学报》(人文社会科学版)2019年第1期。

提高社会参与度并加以制约，从而更好地营造与优化犯罪治理的多元协同路径。在社会治理与犯罪预防的整合中，多元主体力量越发成为主导甚至核心要素，这也意味着犯罪的防治应朝着社会主体协同共治的方向延伸与强化。

积极整合与规范社会力量参与犯罪的防治工作。例如，在社区矫正工作中，广泛征求社会各界的意见，接受针对参与社区治理的相关主体提出的政策建议，吸纳多方想法，以激发社区公众参与的积极性。同时，制定相关的法律法规，规范社会多元主体参与社区矫正，明确职责与定位、参与流程与内容、权利及义务保障等，确保有章可循。再如，充分发挥"枫桥经验"在行刑社会化方面的作用，利用政策红利吸引多方主体参与预防犯罪、创建和谐社区，鼓励不同层次、不同部分、不同行业的行为主体参与防治犯罪的行动，实现犯罪的群防群治。

（三）情法平衡，寻求个体与社会关系修复基础上的回归

在回村服役制度中，边区政府根据自新人的不同罪行及思想情况，采取个别谈话、针对性教育的方式"因材施教"，这对当下的犯罪预防工作有一定的启示。

探索分级分类管理，实现罪犯改造的针对性与科学化。当前《监狱法》《社区矫正法》均提出对罪犯实行分级分类管理，因此可以在此基础上进一步探索分类惩罚、分类教育的罪犯改造模式。针对罪犯认罪认罚的不同情形，司法机关应建立等级评估机制。[①] 对于罪行严重、态度不端正、悔罪表现不佳的罪犯，加大对其认罪认罚的教育力度，在刑罚执行中适当降低等级评分，并在此后的社会化行刑中加强管理；对于入狱后表现较好、认罪悔罪较为积极，服刑意识强且愿意接受监督管理的罪犯，在认罪认罚等级评估中可以给予较高的等级评分，在监狱执行或社区矫正等方面给予适当的从宽幅度。

[①] 上海市浦东新区人民检察院课题组：《适用认罪认罚从宽制度罪犯矫正实效研究——以 S 市监狱、看守所及社区矫正罪犯为切入》，《犯罪研究》2023 年第 6 期。

四 结语

以史为鉴，汲取经验。华北根据地的回村服役制度在对罪犯的改造教育方面起到了很大的作用，其创设性地以服劳役方式替代监所羁押，是中国共产党人对于行刑社会化的初步探索，也是在党领导下的法治建设创举。回村服役制度为当代的行刑社会化提供了重要参考，当前我国在建设法治国家的同时，应该继承革命法制优良传统，从历史中吸取经验教训、汲取有益营养。

B.11
刑民界分视角下诈骗罪的司法认定

——以河北省若干诈骗案件为例

张秀芳[*]

摘　要： 诈骗罪的认定是司法实践难点，尤其是与经济活动相关的诈骗案件，罪与非罪常充满争议。针对与经济活动相关的诈骗案件存在的行为人基本不认罪、客观性证据需要不断补充完善、罪与非罪判断难等特点，以普通民事欺诈与刑事诈骗的区别为视角，通过案例分析的方法，提出认定诈骗罪的"以非法占有为目的"，要在纷繁复杂的事实证据中，厘清事实主线，用好退补、及时补证，并要关注司法实践的发展，及时转变办案理念。最后，对与诈骗案件审查相关的"疑罪从无"稍作论述。

关键词： 诈骗案件　罪与非罪　民事欺诈

随着社会发展，诈骗犯罪不再仅是传统的诸如花言巧语将财物骗走、自此消失不见的简单模式，更多的诈骗行为常与经济活动相关联，事实认定、证据采信及法律适用都有一定难度。即使最后判决有罪的案件，证据有时也难以完全达到自然犯罪那种确实、充分的程度；判决无罪的案件，也有许多指控证据。并且对于诈骗罪的司法解释，除了关于电信网络诈骗犯罪专项领域的规定外，只有2011年3月最高法、最高检《关于办理诈骗刑事案件具体应用法律若干问题的解释》（以下简称《2011年两高司法解释》）。十余

---

[*] 张秀芳，河北省人民检察院法律政策研究室三级高级检察官，研究方向为刑法学、刑事诉讼法学。

年来，办理诈骗犯罪案件的司法实践已发生巨大变化，如何把握诈骗案件入罪标准，对一个行为究竟是普通民事欺诈还是诈骗犯罪作出准确评判，在面临不是无期（徒刑）就是无罪的选择时能够正确决断，是办案中面临的难题。本报告结合具体案例，对与经济活动相关联的普通诈骗案件罪与非罪初作分析。

一　相关诈骗案件的特点

（一）犯罪嫌疑人、被告人基本不认罪

相较于一些自然犯罪，诈骗犯罪，尤其是与复杂经济活动相关的诈骗犯罪证据本身存在一定的先天不足，而拒不认罪是这类诈骗案件行为人的共同特点。一般而言，当存在有罪证据时，杀人犯通常会承认自己杀了人，而诈骗案件行为人即使面对相对"充分"的证据，也只会百般辩解，强调自己"比窦娥还冤"。因此，在整个证据体系中，少了"犯罪嫌疑人、被告人供述"这一认定犯罪最直接的证据，行为人的辩解只能用来侧面印证案件事实，因此，全案证据体系对其他证据，尤其是客观性证据要求更加严格。

（二）客观性证据似乎永远难以满足案件审查的要求，需要不断补充、完善

一是客观证据本身难以全面获取。在与经济活动相关的诈骗犯罪中，双方资金往来密集，加之当前支付方式多样，有直接现金交易的，有柜员机现金转账的，还有通过银行账户、支付宝、微信支付及各大 App 转账付款等。除此之外，嫌疑人与案外人存在各种资金往来，各方合法非法资金交织混杂；而且，随着诉讼活动的进行，行为人的供述也常常不断变化，各种经济活动线索不断出现，反反复复、真假难辨，导致双方资金往来情况难以全面获取。二是相关司法会计鉴定常常不能满足要求。审查案件时，办案人员经常面对的是千头万绪而没有司法鉴定的海量账目，或者虽有司法会计鉴定，

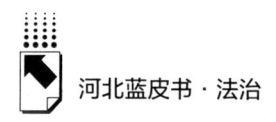

但鉴定结果不能满足审查案件所需。此外，根据《公安部刑事案件管辖分工规定》，诈骗案件由公安机关刑侦部门负责。而与经济活动关联的诈骗案件，诈骗行为常贯穿于经济活动，需要更专业的侦查手段、侦查技能，似由经侦部门负责更能满足指控犯罪所需。

（三）罪与非罪判断难

关于诈骗罪，《刑法》第 266 条规定得比较简单，"诈骗公私财物，数额较大的"，构成诈骗罪。依照学术界及司法实践的共识，诈骗罪是以非法占有为目的，虚构事实、隐瞒真相，骗取数额较大公私财物的行为。根据《2011 年两高司法解释》，"数额较大"的标准是 3000 元至 10000 元以上，各省份根据本地区经济社会发展情况的不同，确定具体数额标准。从上述规定和定义看，诈骗罪的认定似乎很清晰明了。

然而，司法实践中，诈骗案件罪与非罪审查判断却是难点，诈骗案件也因此成为无罪风险较高的案件类型。同一诈骗案，同样的证据下，基于对证据体系和法律规定的不同理解和认识，罪与非罪有时存在很大分歧，侦查、起诉、审理各个环节之间，同一部门内不同的办案人之间经常有不同的认识，甚至同一办案人在审查案件过程中，对案件性质的判断都反反复复。

案例 1：赵某未经房主授权，将租赁的房子以代理人身份与钱某签订购房协议书，将房屋卖给钱某，赵某收款后一直拖延着不办过户手续（实际也无法办过户），将钱款用于还债或挪作他用。案发后，赵某最初承认诈骗行为（属于少数行为人认罪的诈骗案件），后来翻供，之后还提交了证明他与房主、钱某均存在其他经济交往的证据线索。此案一审以及发回重审，一审法院均认定赵某的行为构成诈骗罪。赵某再次上诉，二审开庭后研讨案件时，争议很大。有的法官认为构成诈骗罪，维持原判；有的法官认为认定犯诈骗罪证据不足，无罪；还有的法官认为应该补证后再作出判断。① 如此也

---

① 文中案例当事人均为化名，部分情节有删减。此外，部分案例可能涉诈骗罪与合同诈骗罪之争，本报告不进行过多讨论。

说明，诈骗案件罪与非罪的认定是司法实践难题。

实践中诈骗案件千变万化，很难通过简单分类归纳出判断捷径，必须根据不同案件的具体情节进行分析。譬如，同样是行为人归还了对方少量钱款，有的案件是种种客观原因致大部分义务履行不能，有的则是作为"障眼法"的诈骗手段。又如，针对同一案件，有时还需要将案件事实一分为二，以某时间节点为界，前后数额分别定性，节点以前的属民事欺诈，节点以后的属诈骗犯罪，如区某某诈骗案[1]。根据该案二审判决，区某某在经营企业时一直有借款用于企业经营的行为，但自2014年底、2015年初开始，企业资金链极度紧张，区某某明知企业陷入困境，其债务及家族企业负债远超资产价值，已无归还借款能力，依然虚构事实、隐瞒真相，骗取他人巨额资金，在债务人追讨下隐瞒行踪，最终巨额债务无法归还。因此，上述时间节点之后的"借款"行为，可认定为诈骗罪。再如，根据相关司法解释和司法实践，有抽逃资金、隐匿财产、肆意挥霍骗取款项行为的，可以认定具有非法占有目的；但不能反证，没有上述行为的，不能作为"无非法占有目的"的辩解理由。如前述判决中的区某某没有抽逃资金、隐匿财产、肆意挥霍的行为，但其他证据证实其具有非法占有目的。

二 诈骗罪与民事欺诈的界分

司法实践中，经常有观点以被告人行为属于民事欺诈为由，来排除其犯诈骗罪。关于诈骗犯罪罪与非罪的争议，也经常是围绕民事欺诈和刑事诈骗来进行。厘清二者的关系，有助于准确认定、惩处诈骗犯罪。

《民法典》第148条[2]规定了民事欺诈行为。诈骗罪与民事欺诈不是非此即彼的对立关系，而是特殊与一般的包容关系。所有的诈骗罪都属于民事欺诈。所谓诈骗罪与民事欺诈的界限，实际上只能是诈骗罪与不构成诈骗

---

[1] 参见中国裁判文书网（2017）粤刑终1481号区某某诈骗案二审刑事判决书。
[2] 《民法典》第148条：一方以欺诈手段，使对方在违背真实意思的情况下实施的民事法律行为，受欺诈方有权请求人民法院或仲裁机构予以撤销。

的民事欺诈（以下简称"普通民事欺诈"）的界限。① 此外，民法与刑法立法目的和机能是不同的。民法的机能在于，"产生损害的负担需要谁来负责"；刑法的机能则在于，"对于犯罪行为科以相应的刑罚"。② 我国规制刑事犯罪的是《刑法》，认定一项行为是否构成犯罪，只能依据总则中关于犯罪社会危害性等规定及分则条文中关于该项犯罪的具体规定，而不论其在民事法律关系或者其他法律关系中如何评价。很显然，不能以被告人的行为属于民事欺诈为由，排除其犯诈骗罪。

那么，普通民事欺诈与诈骗罪的界限在哪里呢？在相关诈骗案件审查中，二者表象上存在相似之处。一是都存在"欺诈"行为，即为了获取他人的钱款、财物，行为人"虚构事实""隐瞒真相"，给对方描述一个美好的愿景，让人"心甘情愿"地将钱财交给他。二是相关财物都无法归还。普通民事欺诈与诈骗罪本质区别在于，行为人的主观目的不同，由此体现出主观恶性的差异。普通民事欺诈虽然以欺诈手段取得了他人钱财，但目的并非将这些钱财占为己有，而是暂时归为己用，行为人是准备在渡过生产经营或其他难关后将钱财返还的，只是种种客观原因，造成了钱财不能归还，主观上恶性较小；而诈骗犯罪行为人"虚构事实、隐瞒真相"、占有他人钱款的"初心"，就是非法将这些钱款据为己有，其主观上就不想归还这些钱财。因而，是否"以非法占有为目的"，成为区分普通民事欺诈与诈骗罪的关键。

三 相关诈骗案件"以非法占有为目的"的审查判断

"以非法占有为目的"也是《刑法》第五章侵犯财产罪中诸多犯罪所要求的主观构成要件，但相较于抢劫、抢夺、盗窃、敲诈勒索等犯罪"以非法占有为目的"认定的简单、几乎无需论证，诈骗犯罪的认定则要复杂得

---

① 张明楷：《刑法学》（第六版），法律出版社，2021。
② 付立庆：《诈骗罪中被害人同意的法律效果》，《法学》2023年第3期。

多。如前所述，在行为人否认诈骗，缺乏"被告人、嫌疑人供述"这一认定其主观故意最直接的证据情况下，要证明行为人主观上具有非法占有目的，只能通过行为人客观行为及案中其他事实来认定，综合行为人案发前后的经济状况、对涉案款项的处置情况、有无主动归还行为等，由客观推及主观。而"以非法占有为目的"与"没有非法占有的目的"，在文字表述上黑白清晰、泾渭分明，实践中两者之间却存在大量的灰色地带。对这些灰色地带的厘清、甄别和判断，考验着司法者的办案能力、经验和水平。

（一）厘清案件事实主线，以明晰是否"以非法占有为目的"

为"高质效办好每一个案件"，实现"努力让人民群众在每一个司法案件中感受到公平正义"的目标要求，最高检党组提出了"三个善于"，即善于从纷繁复杂的法律事实中准确把握实质性法律关系，善于从具体法律条文中深刻领悟法治精神，善于在法理情有机统一中实现公平正义。[①] 其中，从纷繁复杂的法律事实中发现核心事实、主线事实，从而准确把握案件实质性法律关系，是办理案件的基础。

在审查与经济活动相关的诈骗案件时，常常面对大量经济往来线索、海量证据，办案人员要善于总结归纳案件的事实主线，更加审慎地对待每一项证据，有时一项不起眼的证据，也能最终影响案件定性。反复比较卷中证据，对每项证据的真实性、是全部真实或是部分真实作出判断。与此同时，归纳、罗列案中有证据证实的所有事实，有时一个复杂的诈骗案件中有大大小小十几项相关事实情节。在此基础上，综合研判，排除各种无关或虚假的证据和事实情节，分析关联事实对涉案事实的影响，厘清案件事实主线，以主线事实判断行为人是否具有非法占有目的。

案例2：被害人孙某听说被告人李某做铁粉生意，从铁粉矿厂购买铁粉，给钢厂供货赚取差价。孙某经人介绍找到李某，要求合伙经营。双方签

[①] 参见《应勇：学思践悟习近平法治思想 以"三个善于"做实高质效办好每一个案件》，"最高人民检察院"微信公众号，2024年5月15日，https：//mp.weixin.qq.com/s/KMHBOAV1YG8oRcuAoyXHfQ。

订协议，约定共同出资，李某负责经营，利润按比例分成。协议签订后，孙某投入几百万元，而李某并未实际出资，其名义上投入的几百万元只在账上空转了一下。合作过程中，被告人李某告知孙某，因钢厂不能及时结账，资金流转困难，让孙某两次追加投资。孙某的记账簿显示，双方合作一年多的时间内，共做了26单生意，但直至生意结束，孙某不仅没赚到钱，投入的资金也只收回了几十万元，被告人李某对此辩解是生意赔钱了。在孙某不断追讨下，李某又分多次给了孙某100余万元，之后与孙某断了联系。孙某投资1000万元，最后有800余万元款项无法追回，遂报案。①

该案欲认定李某具有非法占有的目的，存在下列疑问：并非李某找到被害人孙某求"合作"，是孙某主动找上门的；李某一直在做铁粉生意，双方"合伙"期间，李某做过铁粉生意；李某辩称不能还钱是生意亏本了，且在不做生意后，归还过部分钱款。若这些问题不能合理解释，则存在出罪可能。

上述问题，有的对案件无影响，如关于被害人先找的被告人，虽然不是一般理解的由骗子找上门，但此问题只是判断行为性质的外围参考，不直接影响行为定性。要认定李某诈骗，首先要排除因做生意亏钱造成钱款损失。经审查在案证据，李某对于赔钱的原因在多次供述中多次变化，供述可信性存疑；钢厂工作人员、双方生意中间人证实钢厂未扣过货款，由此造成生意亏本以及让被害人两次追加投资的理由便不存在；李某所提铁粉掺假等带来亏本也不属实，所以，生意亏本的辩解理由可排除。在审查过程中发现，李某在与孙某合作前，还同其他几人合作同种铁粉生意，相关证言显示，生意都是亏损状态，投资人难以收回本金；而且，李某当时还欠多人共计千万元以上巨额债款。如此情况下李某还同意与孙某合伙，显然动机不良。在此基础上，将被害人孙某的记账单与被告人李某多个银行卡庞杂资金明细、相关人银行卡资金往来情况一并审查、对比，分阶段梳理，查清了双方合作一年多时间资金流转情况，以及26笔"生意"的真相。第一，李某在收到孙某

---

① 参见河北省法院（2019）冀刑终359号刑事裁定书。

第一笔几百万元款项后，只用其中一小部分买了铁粉，其他大笔钱款通过连环转账转入自己账户用于还债，或转入其他合伙人账户。第二，孙某两次追加的投资并未用于铁粉生意，而是还债或转给他人。第三，李某故意营造生意繁忙假象。"合作"一年多时间，双方资金往来 26 笔，看似完成 26 笔生意，实际上，除了少数几笔中的部分资金用来买铁粉，其他都是李某通过连环转账、资金空转等方式，营造出的假象。通过上述审查、分析，归纳该案事实主线：李某在欠债千万、自身无能力继续做大宗铁粉生意、与他人"生意"难以为继情况下，见被害人孙某主动上门，遂将上述事实隐瞒，骗得孙某合作并投入资金；之后，又伪造生意繁忙景象，虚构理由让孙某两次追加投资。李某将孙某的钱款据为己有，用作他途，致孙某遭受巨额损失。所谓"合伙"铁粉生意，只不过是骗取钱财的幌子；其做了少量生意、在生意结束后归还了部分钱款，只是遮掩其骗钱行为的手段。李某具有非法占有的目的，其行为构成诈骗罪。

案例3：被告人周某为甲公司（家族公司）法定代表人。因经营不善，公司欠下巨额债务。外地乙公司为拓展采矿经营市场，经人介绍认识了周某。周某在甲公司只有某矿山二手劳务合同①情况下，伪造甲公司与某矿业总公司的承包合同，以此诱使乙公司与甲公司签下以该矿山为标的的合作经营合同。按合同规定，甲公司提供采区的承包经营权，乙公司每年通过甲公司向某矿业总公司缴纳承包费 3000 万元，负责矿山开采、销售，所得收益两家公司按比例分成。合同签订后，乙公司全额支付第一年"承包款"，周某在收到款项后，除将几十万元汇入双方合作账户外，其余均用于归还个人欠款及消费，或转到关联公司。乙公司在生产中发现采矿点矿产品位②极差，扣除生产成本后是亏损的，"承包费"无所出，利润更无从谈起。乙公司去某矿业总公司咨询，发现该公司从未与甲公司签订过合同。发现被骗后，乙公司即向周某和甲公司索要"承包款"，周某以双方是正常合作为由

---

① 某矿业总公司与丙公司以该矿山为标的签订了承包合同，丙公司又与甲公司签订了劳务合同。按照合同约定，甲公司只能提供劳务，无权处置矿产。

② 品位是指矿石中有用成分或有用矿物的含量，是衡量矿石质量好坏的最主要指标。

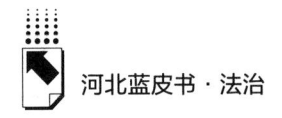

拒绝。之后乙公司提起民事诉讼，后向公安机关报案。①

此案要认定诈骗罪，下列问题需合理解释。第一，在案证据中缺少虚构的承包合同，当时周某只让乙公司的人看了合同，不让拍照、复印。此涉及周某是否虚构事实。第二，乙公司主动找甲公司合作，且作为拥有采矿技术的公司，考察过矿点。第三，"合作"期间有采矿行为，且案发很长时间后才报案。第四，周某提出了十多项辩解意见，包括甲公司在涉案矿点投资了大量设备；甲公司有近1亿元债权；当地矿山按照上级要求都停产一年，影响了乙公司的经营；乙公司先提起民事诉讼，说明他们不认为是诈骗；甲公司准备与乙公司合作开发另外一处矿山；等等。

针对上述问题，总结分析全案证据并补证，归纳出以下事实及意见：第一，不成立的辩解。甲公司投入大量资金不成立，涉案矿点少量设备是上一个被骗公司购买；甲公司拥有1亿元债权不存在，只有巨额债务和一些基本无法实现的债权。第二，对案件定性无影响的辩解。首先，乙公司虽为专业公司，派人考察过矿山，但该人工作失职，听周某介绍矿山情况后就向公司汇报，并未进行实质勘测。乙公司的工作过失不影响案件定性。其次，当地矿山均停产一年属实，但乙公司难盈利是因矿石品位低，与停产无关。再次，甲乙公司拟合作开发另一矿山之事，双方"合作"期间提过，但尚未实质协商，且此举并非为弥补乙公司损失，属于另外的法律关系；所涉矿山仍属第三方所有，合作亦难达成。该辩解涉及的诸多事实、证据不清处，无须过多纠结。最后，乙公司并非未意识到被骗，提起民事诉讼只是欲尽快挽损；且被害方能否第一时间认识到被骗，不影响案件定性。第三，直接影响案件定性的事实。首先，虽然缺少伪造的承包合同，但审查双方签订的合作协议条文，字里行间均可看出协议是以伪造合同为基础制定的；卷中存在周某为骗他人投资所伪造承包合同的复印件，也可作为间接印证。其次，在与乙公司"合作"一年以前，周某曾请专业人士考察过涉案矿点，该证人证

---

① 参见河北省法院（2023）冀刑终62号刑事裁定书（案件有两名被告人，文中为论述方便，改为一名）。

实已告诉周某矿山矿石品位低、难盈利。最后，周某有伪造合同骗取他人投资款的"前科"。在与乙公司"合作"之前，周某以涉案矿山为标的，两次伪造承包合同，与他人（公司）"合作"开发该矿山，将他人投资款、借款据为己有，造成他人巨额损失。

由此，在排除周某辩解、忽略无关事实之后，梳理该案事实主线：周某公司经营不善、欠下巨额债务，在明知涉案矿点难以盈利，已利用该矿点两次骗取他人钱款情况下，故技重施，继续虚构承包协议，隐瞒矿山实情，骗得乙公司信任，将乙公司钱款据为己有，造成其巨额损失。上述事实，清晰印证了"欺骗行为—对方产生认识错误—基于认识错误处分财产—行为人取得财产—被害人遭受财产损失"的诈骗链条，周某主观上非法占有目的明显。"将已被全部开采并无矿藏的矿山（采矿权）出卖给他人，或者将低质矿山冒充高质矿山出卖给他人的，成立诈骗罪。"① 同样的，将极低质矿山冒充高质矿山与他人"合作开采"占有他人钱款的，亦成立诈骗罪。

需要强调的是，行为人对案件性质的认识及还款意愿，也是认定诈骗罪成立的关键因素。周某及其公司已债台高筑，无力还款。退一步讲，即使有能力偿还，周某却一直强调双方是正常合作，属正常的经济行为，不认可诈骗；而且该案各种经济关系错综复杂，乙公司提起民事诉讼也难以胜诉从而挽损，周某的行为亦成立诈骗罪。

（二）关注司法实践发展，正确判定"以非法占有为目的"

诈骗罪是最能反映社会变化的犯罪，是"与时俱进"的犯罪类型。② 随着经济社会的发展，司法实践中对诈骗罪的认定也逐渐发生变化，出罪情形日趋增多，入罪标准更加严格。几年前认定有罪的案件，现在很可能无罪。因此，在审查案件时，也要注意转变司法理念，踏准司法实践的节拍，对案件定性作出正确判断。

---

① 张明楷：《刑法学》（第六版），法律出版社，2021。
② 孟红艳：《金融诈骗罪的处罚限定——以保险诈骗罪为重点》，《比较法研究》2024 年第 1 期。

其一，实践中存在这类案件，企业管理人员因相关政策变化、银行收贷，或盲目扩张、经营不善等，致企业经营面临极大困境，于是编造借口大举借贷，最后恶性循环，企业倒闭，债权人蒙受重大财产损失。此类案件现今存在出罪可能性。有时是全案出罪，有时是部分出罪，如前文的区某某诈骗案。

案例4：吴某诈骗无罪案。吴某是某家族公司法定代表人，案发时公司经营状况已极差，欠银行及个人各类款项1500万元，几处房产也多设置了双重抵押，公司租房的房租都不能交上。吴某编造公司扩大经营的理由，向郑某"借款"300万元，当天就把借款还给了其他债务人。借款到期后，吴某在郑某追讨下，将其在某公司4%的股权（基本无价值）转让给郑某，其他欠款无法还清。该案发生在多年前，原两审裁判均认定有罪。以当初的司法实践看，吴某在企业经营陷入困境之下，虚构事实、隐瞒真相来"借款"，其对可能还不上款应该是明知的，至少是一种放任的态度；且从卷中证据看，公司经营无好转迹象，还款可能性极低。吴某行为严格来讲确实是一种诈骗行为。但吴某借款后，公司仍延续一段时间（经营更是每况愈下）；借款到期后，也有一定的还债行为（部分股权）。而且，要证明一个企业有无还款能力，需有专业的审计，包括公司的整个资产状况、债权债务、知识产权价值等，而该案在侦查时并未进行专业审计（实际上，对一个濒临倒闭的公司进行审计也是难题）。因此，案件再审认为证实吴某"以非法占有为目的"的证据不足，改判其无罪。该案认定无罪有事实证据问题，也有随着司法实践发展，诈骗罪的认定与判断发生变化的原因。

其二，国家为了支持经济发展，常常有各种直接有力的补贴政策、扶持资金、财政补助，如促进农业可持续发展的创业补贴项目等。对涉及这些补贴的一些"骗取"资金的行为，如果行为人符合获取补贴的部分条件，获取补贴后又实现或部分实现了补贴目标，则一般不以犯罪来评价。

案例5：王某农业专项财政补助诈骗无罪案。被告人王某经营农业公司，在得知蔬菜大棚项目可以获得国家专项补助后，为了符合补贴条件之一"公司最近两年连续盈利、自筹资金不低于财政补助资金"，王某让本公司财务人员制作虚假的财务报表，达到了申报要求，通过了项目审计和考察。

之后，王某未用在项目中中标的建设公司建蔬菜大棚，而是另找他人借用中标公司名义进行大棚施工（给中标公司手续费），完成了全部几十座蔬菜大棚建设，通过了农业部门的验收。在项目获批后及建设过程中，王某公司分几次获得了该项目补贴款几百万元。

此案有几种分歧意见。第一，王某以非法占有为目的，虚构补贴所要求的关键性财务条件，骗取国家财政补助款，已构成诈骗罪，犯罪数额为其骗取的财政补贴全部数额。第二，王某行为构成诈骗罪，犯罪数额应扣除其建大棚所花费数额，但关于建大棚花费的事实尚不清。第三，王某在申报中虽有欺骗行为，但不宜以诈骗罪追究其刑事责任。一是王某在申报中虽有欺诈行为，但其公司符合申报补贴的其他条件，包括属当地龙头企业，所在地适宜种植蔬菜，具备种植技术和条件，公司具备独立法人资格，公司经营管理规范，不欠税、不欠工资等。二是王某公司完成了蔬菜大棚项目及相关配套设施建设并经过验收，与诈骗后完全据为己有不同。笔者同意第三种意见。王某虽然在申报专项补贴中虚构部分事实，但其建成了项目要求的蔬菜大棚，符合国家专项资金发放的目的，实现了专项资金的功能要求。因此，不宜认定其具有非法占有目的并以诈骗罪追究其刑事责任。

其三，事后可以通过民事途径进行救济的，不宜轻易认定为诈骗罪。

《刑事审判参考》第1342号指导案例黄某诈骗改判无罪案，专门就如何区分诈骗罪和民事欺诈提出了以下裁判要旨："一般来说，构成诈骗罪的行为，应当是不能通过民事途径进行救济的行为。欺骗行为尚不严重，不影响被骗人通过民事途径进行救济的，不宜轻易认定为诈骗犯罪。将能够通过民事途径救济的骗取财物的行为排除在诈骗犯罪之外，也符合刑法的谦抑性原则。"[1] 从社会危害性来分析，诈骗犯罪是侵犯财产的犯罪，若被害方最终可以通过民事诉讼等弥补损失，被危害的社会关系得到修复，其行为的社会危害性降低，依照刑法谦抑性原则及补充性原则，没必要再运用刑罚这一

---

[1] 中华人民共和国最高人民法院刑事审判第一、二、三、四、五庭主办《刑事审判参考》（总第122期），法律出版社，2020。

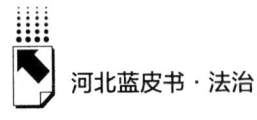

最后的社会调整手段。

不将形式上符合《刑法》第266条构成要件的行为认定为犯罪,也反映了随着经济社会的发展,诈骗罪认定司法实践的变化。但要符合上述诈骗罪出罪情形,实现从有罪到无罪,依笔者理解,该欺骗行为实质上应"尚不严重",即必须同时具备下列条件:一是欺骗行为未引发其他更严重、无法用钱财来弥补的严重后果,如造成被害人或其近亲属自杀、死亡或者精神失常等。二是欺骗行为不复杂,法律关系简单,从民事法律关系上比较容易判断双方权利、义务关系。三是必须从实体上得到救济。任何因被欺诈遭受损失的,在程序上都可以提起民事诉讼,但提起民事诉讼未必能弥补损失。四是被骗人的损失能够得到完全的弥补。

(三)重视讯问,用好退补,及时补证,为认定"以非法占有为目的"增加指控依据

如前所述,诈骗犯罪的证据一般"取之不尽,调之不竭",在侦查阶段很难穷尽所需。承办检察官在审查批捕,尤其是审查起诉提讯时,要重视各种线索细节的讯问和挖掘,寻根盘底,即使未能获取有用情节,也争取堵住行为人之后随意编造理由辩解的可能,防止原本能定罪的案件脱罪。这就要求在审查起诉提讯前必须全面阅卷,完全了解掌握卷中的证据和细节,预测可能的辩解方向,如此才能在提讯中有的放矢。在阅卷和讯问后,要充分利用好退回补充侦查程序,列明详细的补证提纲和补证方向,及时补充完善证据。即使在二审审查时,也存在补证空间。笔者曾经办理的某诈骗案通过补证,调取了涉及被告人的多项法院裁判和其他证据,从中发现了其在此之前有类似手法的诈骗行为,相对人的钱款亦遭受了损失,为该案最终定罪增加了指控砝码。

四 诈骗案件审查中的"疑罪从无"

在一次关于疑难案件办理的研讨会上,与会者谈到了诈骗罪认定的争议

和审查时的疑虑与纠结。一名资深专家认为,审查案件疑罪从无,没什么可纠结的。疑罪从无原则是对无罪推定原则的贯彻,是指在刑事诉讼中,办案机关在既确定不了被追诉人实施了犯罪,也排除不了被追诉人实施了犯罪的情况下,应当认定被追诉人无罪的情形。① 但在诈骗案件审查中,并非见"疑"就能"从无"。清华大学张建伟教授认为,疑罪分为客观意义上的疑罪和主观意义上的疑罪。前者是指证据不足导致事实不清之所谓疑罪,以及因法律本身原因产生的疑罪,客观意义上的疑罪也就是通常理解的疑罪;后者是指办案者判断问题产生的疑罪。② 办案人在审查疑难、复杂的诈骗案件中,是时时可能存疑的,有事实、证据的疑,也有法律适用的疑,有时是兼而有之,二疑交织。如果案件本身并非客观上的疑罪,而由于办案人本身的知识、经验等欠缺认为是疑罪,继而"疑罪从无"致案件最终无罪,就会造成出罪错误,放纵犯罪人。因此,办案人员所纠结的,就是自己认为的"疑"罪,其他人是不是也觉得疑;办理疑难案件的过程,也是办案人从自己对案件的"疑",经过反复审查证据、查阅相关的学术论文了解最新观点,学习两高指导案例和典型案例,借鉴裁判文书网上的案例,之后分析对比、与他人讨论等,得出案件在客观上是否存疑的过程。这并非一个简单的"疑罪从无"所能涵盖。

---

① 胡云腾:《疑罪从无原则的立法嬗变与司法适用研究》,《湖湘法学评论》2021年第9期。
② 《刑检一线:公检法共同学习疑罪从无与出罪之错》,"牡丹江检察"微信公众号,2021年3月7日,https://mp.weixin.qq.com/s/qeUwHE2oc3HTKN_ngnU_kg。

B.12
黑社会性质组织犯罪涉案财产处遇疑难及纾解

——以甲某黑社会性质组织案为例

刘亚昌 李腾*

摘 要： 涉黑财产数额巨大、种类庞杂、权属关系复杂，导致在财产甄别、认定以及处置环节产生诸多疑难，一直以来成为办理涉黑案件的焦点、难点、堵点问题。司法实践中，检察机关坚持依法审慎、打击黑恶势力犯罪与保护合法权益并重、"疑黑从白"、注意保障被害人的合法权益、保留必要的生活费用等原则，准确区分"黑财"与合法财产，高效规范处置涉黑财产，为更好实现"打财断血"提质增效，进一步推动常态化扫黑除恶走深走实。

关键词： 黑社会性质组织犯罪 涉黑财产 特别没收 检察监督

涉黑财产数额巨大、种类庞杂、权属关系复杂，导致在财产甄别、认定以及处置环节产生诸多疑难，一直以来成为办理涉黑案件的焦点、难点、堵点问题。厘清涉黑违法财产成为题中应有之义。通过非法手段攫取经济利益，是黑恶势力赖以生存和发展的基础，财力决定黑恶势力犯罪组织的规模和实力，财源犹如"血源"，源源不断地输送、供给，是黑恶势力由小成大、由弱变强、不断坐大成势的重要原因，如不彻底铲除，很容易出现"打而后生"的问题。因此，涉案财产的依法有效处置成为对涉黑组织犯罪

---

* 刘亚昌，唐山市芦台经济开发区人民检察院检察长、全国检察理论研究人才，研究方向为刑事诉讼法、刑法；李腾，河南工业大学法学院硕士研究生，研究方向为数字法学、国际法学。

"打财断血"的关键。但是司法实践中，一旦处置不当，不仅无法有效摧毁黑社会性质组织犯罪的经济基础，可能导致其"死灰复燃"，而且容易不当侵犯他人的合法权益，进而引发新的社会矛盾，因此必须依法审慎处理。

一 涉黑财产处置的难点

本报告拟以近期办理的一起典型案例，梳理涉黑财产处置的难点，结合司法实践情况归纳涉黑财产甄别处置原则，总结涉黑财产处置经验，为更好实现"打财断血"提质增效，进一步推动常态化扫黑除恶走深走实。

案例情况：2003年，甲某组织采取非法手段攫取了某某村委会主任职位，取得了对某某村事务的绝对话语权。后通过把控基层政权，甲某黑社会性质组织以诈骗国家资金、串通投标、虚开发票、强拿硬要及低价租占等方式获取了巨额经济利益。案发后侦查机关扣押该案涉案资金225万余元，查封房产、院落70余处，扣押车辆22辆。后甲某因组织、领导黑社会性质组织等罪判处有期徒刑22年，剥夺政治权利5年，并处没收个人全部财产。[①]该案典型性较强，能够较为完整地呈现司法实践中涉黑财产处置的难点，具体如下。

一是涉案财产数额巨大。案例中黑社会性质组织存续时间长，长期在"所辖"范围内大肆圈占集体土地，兴建狗场、门市，并通过串通投标、强抢工程、利用组织影响力垄断货运等方式，攫取了巨大经济利益。涉案财产中，既有通过有组织地实施诈骗、虚开发票、串通投标、洗钱等违法犯罪获得的资金，如仅通过串通投标获得支付的工程款一项就高达5000万元；也有利用非法所得进行的投资、购买的物品等，如公司股权，投资性保险，商铺、住宅等不动产，车辆等；更有通过非法手段获取的国有土地、集体土地使用权等。涉案财产数额巨大，种类庞杂。

二是"黑财"与合法财产难区分。案例中甲某长期利用"分配工程"

---

① 参见河北省昌黎县人民法院（2021）冀0322刑初304号刑事附带民事判决书。

等方式豢养组织成员进而实施领导、控制，并借助组织恶名为成员谋取利益，在工程建设中强行进行账款折抵、向成员提供供货机会并谋取额外工程利润，在强取货物运输权后，又安排成员入股等。部分组织成员多次变更婚姻关系，数次离婚、结婚导致个人财产与夫妻共同财产发生多次混同。还有的财产登记在案外第三人名下，财产归属存在民事纠纷。以上种种情况使得"黑财"与合法财产交织，涉案财产权属关系复杂，准确区分难度较大。

三是财产流转情况难厘清。为逃避打击或者监管，犯罪组织会有意识地避免在金融、电信等机构或者互联网中留下本人的信息、交易等数据。最常见的是使用组织外人员的身份信息，办理银行卡、手机号、微信账号、支付宝账号等需要实名认证的各种交易或通信工具，[1] 以供犯罪组织使用。案例中，犯罪嫌疑人甲某及其妻子、儿子名下共开立银行账户56个，指使组织成员通过特定关系人办理银行卡92张，供该犯罪组织长期使用，帮助犯罪组织转移、隐匿涉案财产。经审计，2010~2020年，甲某使用的相关银行账户流水资金共计1.25亿元。数量众多的银行账户之间频繁交易，产生大量流水，对办案机关厘清财产流转情况，查明资金的来源、归属、最终去向等造成了极大困难。

四是部分财产争议较大，处置困难。案例中甲某利用组织影响力及把控的基层政权肆意侵占某村土地，在未取得集体土地使用权的情况下肆意搭建违法建筑，涉及院落10余处，车库及储藏室20多间，以上财产均无产权证明，无法正常拍卖，处置困难。另外，涉案财产中涉及大量"吉祥""特殊"号段电话号码，其中8888连号4个，多位3连号、9999连号、6666连号、2222连号等多个，另有多个"特殊"号段车牌等。对此，法院认为电话号码归运营商所有，被告人仅有使用权不能依法进行拍卖，检察机关与审判机关在如何处置问题上存在争议。

---

[1] 董东晓：《涉黑案件涉案财产处置难点与思考》，《中国检察官》2022年第20期。

二 黑社会性质组织犯罪财产认定的理论分析

在框定涉黑财产的基础上，按照逻辑进路，接下来是探讨黑社会性质组织犯罪财产的认定和处置，涉及财产处遇的定性、财产认定和处分的特别程序。本报告的观点是，《刑法》第六十四条是包括涉黑财产在内的涉案财产处遇的实体法规定，而《反有组织犯罪法》第四十四、四十五、四十六、四十七条等相关规定确立了包括涉黑财产在内的涉案财产处遇的程序法依规。虽然《刑法》第六十四条明确了追缴、没收、责令退赔、返还等处遇方式，但结合司法实践来看，涉及面最广、适用频度最高的还是追缴和没收。以下重点对黑财的追缴、没收进行重点分析。

（一）黑社会性质组织犯罪财产追缴、没收之属性界定

对于黑社会性质组织犯罪财产的追缴、没收究竟归于何种法律属性、产生何种法律效力，现行法律无论是《刑法》还是《反有组织犯罪法》均未予明确。理论界也是众说纷纭，有观点认为，其属于没收财产刑，行为人必须同时满足"不法"和"有责"时才能适用；[1] 有观点则认为其属于"独立法律效果"，既不受罪责原则限制，也不以社会危险性为必要。[2] 本报告分析认为，第一种观点显然是对《刑法》第五十九条刑事一般没收与第六十四条刑事特别没收的误读。《刑法》第五十九条是对作为刑罚种类的没收财产所作的一般规定。作为刑罚的适用前提，必须同时具备"不法"和"有责"两个要件。如果将有组织犯罪涉案财产没收界定为刑罚措施，将无法解释犯罪嫌疑人、被告人逃匿、死亡案件违法所得没收的情形，更无法解释涉黑案件犯罪嫌疑人、被告人的家属等财产被依法没收的情形。第二种观点虽然对刑事特别没收与一般没收进行了界分，但是犯了"白马非马"的

---

[1] 王文轩：《论刑法中的追缴》，《人民检察》2002年第5期。
[2] 冯文杰：《论洗钱犯罪所得财物中"所得"的实质解释——以〈刑法修正案（十一）〉为视角的分析》，《政法论坛》2021年第4期。

逻辑错误，为了突出所谓的"独立效果"片面限缩了保安处分的内涵，亦是一种误读。本报告认为，对黑社会性质组织犯罪涉案财产的没收应属保安处分。即为了防止犯罪的危险、保持社会治安，对一切被认为有害的特定人或物所采取的刑事司法或行政处分，以及为了保护或者矫正行为人，而采取的改善、教育、保护措施。

（二）涉黑财产追缴、没收之诉

《反有组织犯罪法》第四十四条规定了黑社会性质组织涉案财产没收之诉的基本范式，明确了通过诉讼证明程序来裁判应否没收涉案财产。关于涉案财产没收之诉的性质，存在对人之诉、对物之诉以及混合之诉等不同认识。考察对人之诉、对物之诉的根本区别，本报告认为，应明确涉黑财产没收之诉的对物之诉基本特质。关于没收之诉的待证对象，存在不同认识，有的学者将没收之诉的证明对象扩大，拓展至财产以外，包括了"财产与人"的特定关系；有的将与财产有关的其他行为也纳入待证对象范畴，片面增加了诉累。分析认为，涉黑财产没收之诉的待证对象应为"违法所得的一切财物及其孳息、收益，违禁品和供犯罪所用的本人财物"。申言之，"所得财物及其孳息、收益"属违法，所用物品属"违禁"，"本人财务"为供犯罪所用。

（三）证明标准

《反有组织犯罪法》第四十五条第三款"有证据证明其在犯罪期间获得的财产高度可能属于黑社会性质组织犯罪的违法所得及其孳息、收益，被告人不能说明财产合法来源的，应当依法予以追缴、没收"的规定，确立了有组织犯罪涉案财产没收之诉"高度可能"的证明标准。对于该证明标准，与2017年《关于适用犯罪嫌疑人、被告人逃逸、死亡案件违法所得没收程序若干问题的规定》中对物之诉"高度可能"的证明标准表述一致。但如何理解该"高度可能"的诉讼标准，理论界、实务界均存在不同认识。一种观点认为，刑事没收程序是刑事特别程序的组成部分，应当受刑事诉讼基本原则的约束，对于刑事没收程序的证明标准应当统一适用"排除合理怀疑"标准。因此"高度可能"等于"排除合理怀疑"。[①] 另外一种观点认为，"高度可能"标准仍是"优势证据"标准。[②] 还有一种观点认为，"高度可能"的证明标准是介于"优势证据"标准与"排除合理怀疑"标准之间的标准。[③] 分析认为，在无特别规定的情况下，待证事实需达到《刑事诉讼法》所规定的排除合理怀疑的程度，一般无异议。按照"若无必要，勿增实体"的原则，《反有组织犯罪法》所明确的"高度可能"标准应低于"排除合理怀疑"标准。"优势证据"标准是民事诉讼所采的一般证明标准，从我国刑事诉讼实际情况和犯罪嫌疑人权利保障原则出发，不宜采此标准。对比分析，高度盖然性标准应与"高度可能"标准的内涵、外延基本一致。

（四）举证责任

按照刑事诉讼一般原则，均是由检察机关承担举证责任，并由此承担举证不能的责任。《反有组织犯罪法》第四十五条第三款明确了检察机关对于被告人在犯罪期间获得的财产高度可能属于黑社会性质组织犯罪的违法所得及其孳息、收益的举证责任，又规定了被告人对相关财产来源合法性进行说明的责任。对此，应做如下解读，一方面检察机关仍应主要承担没收之诉的举证责任；另一方面基于"打财断血"的社会价值考量以及扫黑除恶司法实践经验，同时借鉴国外的先进立法例，将部分证明义务有条件地转移给犯罪嫌疑人、被告人。对此，应进一步明确，并非被告人不能说明财产来源合法，就必然认为属于涉黑财产应予没收；即使检察机关提出涉黑财产主张，如果没有达到一定的"可信度"也不能对涉黑财产予以没收。

（五）涉黑财产没收诉讼程序建构

加强审判环节对涉黑财产处置的程序性、规范性建设。一是在诉前庭前

[①] 陈卫东：《构建中国特色刑事特别程序》，《中国法学》2011年第6期。
[②] 融昊：《法教义学视野下应没收腐败财产认定问题的探析》，《中共南宁市委党校学报》2018年第4期。
[③] 吴光升、南漪：《违法所得没收程序证明问题研究》，《中国刑事法杂志》2018年第2期。

会议程序中嵌入涉黑财产处置程序。二是在法庭辩论结束后，专门就涉黑财产的来源、性质、用途、权属及价值以及如何处理进行示证、质证，专门就相关事宜开展调查、辩论。对此，可以有相关利益第三方参加。对于涉黑财产过于复杂、争议过大，可能过分拖延刑事部分审理的，在刑事部分审结后由同一审判组织继续审理涉黑财产部分。三是合议庭对涉黑财产处置专门进行评议，并在裁判文书上明确涉黑财产处置方式。

三 涉黑财产的处遇原则

相关法律及司法解释为"黑财"与合法财产区分提供了法律依据。据此，检察机关应积极引导公安机关对涉黑财产取得时间、性质、来源甚至组织成员婚姻家庭收入情况、民事诉讼情况进行充分取证，并在此基础上依法准确甄别。司法实践中应坚持以下原则。

一是坚持依法审慎原则。涉黑财产处遇的法渊源包括《刑法》、《刑事诉讼法》、《反有组织犯罪法》以及《关于办理黑恶势力犯罪案件若干问题的指导意见》、《关于办理黑恶势力刑事案件中财产处置若干问题的意见》等。其中《刑法》第五十九条规定了"一般没收"，即剥夺犯罪行为人的合法财产所有权，将其合法所有的财物收归国有，而不问该财产与犯罪是否具有关联性。一般没收是为刑罚种类。第六十四条规定了"特别没收"，即仅将与犯罪有密切关系的特定物收归国有。[1] 本报告所讨论的范畴仅限于特别没收。按照《刑法》第六十四条的规定，实体法意义上的涉案财物包括违法所得、违禁品和供犯罪所用的本人财物。《反有组织犯罪法》第四十五条在全面继受的基础上，又进一步进行了扩张，除违法所得外，违法所得的孳息、收益等列入应当没收的范围。根本理由在于"任何人不得从自己的错误行为中获益"。[2] 在此需要释明的是，违法所得的"违法"既包括符合本

---

[1] 张明楷：《论刑法中的没收》，《法学家》2012年第3期。
[2] 尹振国、方明：《我国刑事特别没收手段的反思与重构——兼论〈刑法〉第64条的完善》，《法律适用》2019年第5期。

罪犯罪构成要件的违法行为所得，也包括其他违法行为所得之物，不以犯罪所得为限。① 通过立法的形式对违法犯罪间接所得是否纳入没收范围的争论进行平息，符合"妥当性""必要性""均衡性"的宪法原则。案例中，查明权属的21套房屋、14间商铺、22辆车辆、37份财产性保单、甲某实际控制的7家公司股权等，均为黑社会性质组织违法所得或投资所得，权属明确、具有可执行性，检察机关依法认定为黑社会性质组织财产和违法所得的，由法院直接依法没收。

二是坚持打击黑恶势力犯罪与保护合法权益并重的原则。在甄别"涉黑财产"时，应当认真审查涉案财产的来源和取得方式。涉黑财产来源或取得方式具有明显的违法性，即"涉黑财产"要与违法、犯罪行为之间具有内在因果关系。否则，不能认定为"涉黑财产"。因此，对于组织成员依托组织行为获得的财产，依据法律规定可果断认定为涉黑财产。以该案为例，甲某系黑社会性质组织的组织者、领导者，其妻子乙某、儿子丙某均系组织成员，经查乙某、丙某均无其他可获得合法收入的正当工作，故该三人名下或实际拥有的房产、车辆等可直接认定为通过该黑社会性质组织违法犯罪所得，直接予以没收。而对于有证据证实确属与黑社会性质组织无关的案外财产，检察机关查明后应当及时建议公安机关予以发还。如该案中公安机关扣押的组织成员丁某前妻戊某名下的房产，经核实查明丁某与戊某系两度离婚，扣押的房产是第一次离婚时依据离婚协议分割给戊某的财产，但此时丁某尚未参加黑社会性质组织，根据相关法律规定确属戊某婚前合法财产。按照法律规定应径行返还当事人。

三是坚持"疑黑从白"原则。即如果在案证据不能充分证明涉案财产的来源或取得方式违法、违规，则应当作出有利于犯罪嫌疑人、被告人的解释，以防侵害财产所有人的合法权益。这实际上属于财产处置上的"疑罪从无"。② 基于此，对于权属混同的被告人财产，检察机关在引导公安机关

---

① 陈家林：《反有组织犯罪法特别没收规定的理解与把握》，《人民检察》2023年第4期。
② 李奋飞：《处置"涉黑财产"的法律之思》，《法制日报》2011年7月6日。

全面收集证据，认真甄别涉案财产来源、性质、权属的基础上，能够明确析分出违法犯罪所得以及以违法犯罪所得购买的财产的，建议依法处置。对于确实无法明确析分的，依据存疑时有利于被告人原则，认定为个人财产。如组织成员己某名下财产既有违法犯罪所得又有合法收入，因依据在案证据确实不能对其进行区分或者分割的，依法认定为其合法财产。该案涉案财产性保单共37份，除甲某及其妻子名下21份确属依托组织违法犯罪所获外，其他组织成员名下的16份保单，因无法确定支付对价时财产的性质及来源，按照"疑黑从白"原则依法认定为个人财产。

四是注意保障被害人的合法权益原则。对于组织成员依托组织行为获得的财产，依据法律规定果断认定为黑社会性质组织财产，建议法庭予以收缴。同时对于需要追缴犯罪所得、判处罚金的组织成员，继续保持其财产查封、扣押状态。考虑到案例中多为共同犯罪，被告人可能被判决承担追缴、罚金及没收财产等多种刑事法律后果，甚至可能负有民事赔偿责任，且案例中扣押的多为房产，无法精准进行财产分割，为保障后续执行，检察机关未对未认定为组织财产和犯罪所得的其他财产草率予以发还、解封。而是根据《关于办理黑恶势力犯罪案件若干问题的指导意见》第十九条的规定，"坚持等值追缴原则"，即在不超出犯罪总额的前提下，继续保持相关人员财产的查封、扣押状态，并建议法院待被告人履行完民事赔偿责任并缴纳财产刑后再依法解除查封、扣押。

五是保留必要的生活费用原则。基于人道精神和人文关怀，《反有组织犯罪法》第四十一条第二款明确规定了"查封、扣押、冻结涉案财物，应当为犯罪嫌疑人、被告人及其扶养的家属保留必需的生活费用和物品"。但是需要注意的是，该条只是对物强制措施的适用规定，而对财物进行处分时是否也应遵守，因为法律未有规定存在疑问。从立法精神出发，应该一以贯之地遵循人文关怀，即不仅要在对物的强制措施适用上为"家属保留必需的生活费用和物品"，在涉案财物的处分上也应当为"家属保留必需的生活费用和物品"。相关司法解释对此予以肯定，《关于刑事裁判涉财产部分执行的若干规定》虽然对此没有明确规定，但是按照该规定第十六条的指引性规定，参照适用《最高人民法院关于人民法院民事执行中查封、扣押、冻结财产的规定》第三条第（一）（二）（三）（五）项规定，应保留被执行人"所扶养家属所必需的生活费用和物品"。

四　检察环节黑财的认定和处遇

"理论总是灰色的，而生命之树常青"。① 法律的生命在于实践。近年来，在扫黑除恶专项斗争和常态化开展扫黑除恶斗争中，检察机关与其他政法单位攻坚克难，办理了一大批涉黑恶案件，特别是在"打财断血"过程中充分发挥了积极作用。以下结合其中较为典型的涉黑案件，就检察环节黑财的认定和处置进行分析。

根据《关于办理黑恶势力刑事案件中财产处置若干问题的意见》，在办理涉黑恶案件时，检察机关需承担提出涉案财物认定及处置意见的职责。检察机关除对权属明确、可直接认定为黑社会性质组织财产和违法所得的资金、车辆、控制企业财产依法建议收缴外，应对特殊涉案财产认真审查分析研判，应当根据法理结合司法实践提出可行性处置意见。

一是房屋产权在第三人名下，权属存在争议的财产，建议法院暂不处置。案例中共查封房屋70多处，部分房产存在纠纷且已进入民事诉讼阶段，因此中止审理。为了避免案件陷入僵局、影响全案财产处置，检察机关对该类房产单独提出意见，建议法庭暂不处置，同时保留纠纷解决后涉黑财产的追缴权。

二是能够认定为黑社会性质组织的不动产，但没有产权或属侵占集体土地违法建设的，移交行政部门处置。案例中共涉及该类不动产31处，主要为甲某利用职权在其圈占或低价租赁的集体土地上违规建设的房屋、设施。该类财产无建设许可、无产权证明，如建议法院没收上述财产将无法进行正常的拍卖执行，如解除扣押发还给组织成员又无法彻底摧毁黑恶势力犯罪的

---

① 〔德〕歌德：《浮士德》，绿原译，人民出版社，2015。

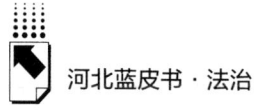

经济基础，不能真正实现对黑社会性质组织的"打财断血"。为了解决这一问题，检察机关先行将该情况通报相关行政主管部门并进行了研讨，后相关部门积极回复表示同意接收该批财产并依法进行处置，同时检察机关与法院协商，由法院以判决形式予以确认，为行政部门后续处置提供法律依据。判决生效后辖区政府组织涉案土地所属的城管部门、农业农村局及村居委会共同召开土地处置协调会，要求对地上非法建筑依法拆除，对涉案土地依法没收。

三是对于具有财产价值的特殊标的依法收缴。案例中涉黑财产包含大量吉祥号段电话号码，表面看不具有现金价值，但现实生活中优质号码具有市场交易价值。经估算仅以上号码就价值近百万，如果能依法处置将更加有力地挽回被害人的经济损失。针对法院在提前介入时曾认为使用权无法执行的问题，检察机关查阅法拍网、司法判例，发现法院系统存在将该类手机号使用权予以拍卖的案例，并将以上案例提供给法院作为处置依据，建议法院予以收缴，后法院采纳检察机关建议对12个优质电话号码予以没收。

五 涉黑财产处置经验梳理

（一）高度重视涉黑财产处置工作

充分认识涉黑财产处置工作对常态化开展扫黑除恶斗争的重大意义，坚决摒弃"重主刑轻附加刑，重自由刑轻财产刑"的错误观念。依法运用主刑、自由刑打击犯罪的同时，也应当高度重视财产刑的规范高效适用对于该类犯罪的遏制与预防作用，将涉黑财产处置工作做实做细，有效监督违法犯罪所得的查封、扣押、冻结、追缴、没收以及财产刑执行落实情况，彻底摧毁黑社会性质组织的经济基础，防止其死灰复燃。

（二）在提前介入时同步推进"打财断血"引导侦查工作

检察机关在办理涉黑恶案件中，提前介入应兼顾刑事案件办理与"打财断血",积极引导侦查、搜集关键证据,对涉案财产处置做到早介入、早甄别、早分类,为后续形成完善的财产处置意见打好基础。案例中,检察机关在提前介入侦查活动时,就与公安机关商定按照财产的来源、权属、性质、用途和价值来收集、固定证据,并将财产处置卷宗单独成卷、分类装订并绘制财产流转情况表,大大提升了涉案财产处置质效。

（三）强化一体化融合履职在涉黑财产处置中的作用

在案件办理过程中,充分发挥一体化机制的优势,四大检察一体履职、融合履职、能动履职,组成联合办案组,对涉及多重法律关系的案件事实和财产情况进行分析研讨。民事检察部门对案件中涉及刑事责任和民事责任交织的民间借贷、工程合同、离婚等问题提出建议,帮助刑事检察部门更准确、全面认定所涉及的案件事实,提高了办案质效。行政检察部门针对案件中土地违法建设问题积极与行政部门沟通,提出具有操作性的处置建议,既破解了法院处置难的问题,也为行政部门依法处置财产提供了依据,维护国家和社会利益。同时,公益诉讼检察及刑事执行检察部门始终紧盯财产执行过程,确保涉案财产全部处置到位。

B.13
生成式人工智能辅助类案类判现状检视与路径构建

——以河北省法院智能生成类案裁判文书为视角

申卫东 郑彩云[*]

摘　要： 运用生成式人工智能辅助类案类判，可助力实现法律适用和裁判尺度统一。目前生成式人工智能辅助类案类判在河北省法院得到初步应用，但不能完全满足实际需求，主要体现在技术水平低下、类案推送信息不全、数据库建设低质、缺乏审核监督机制和操作流程等方面，致使智能辅助类案类判的功能并未完全发挥。为提升河北省法院生成式人工智能辅助类案类判应用实效，本报告提出构建专业化知识图谱、优化算法技术、健全类案推送信息、建立高质数据库，建立类案智能裁判审核监督机制和全流程操作指引等路径，推动"智慧审判+适法统一"的现代化改革。

关键词： 生成式人工智能　类案类判　民事　文书生成

一　生成式人工智能辅助类案类判实践检视

（一）河北省法院智能生成类案裁判文书系统应用情况

1. 初级研发试用

2016年7月4日，河北省高院自主研发"智审1.0"审判辅助系统

---

[*] 申卫东，河北省肥乡区人民法院院长，研究方向为民法学、民事诉讼法学；郑彩云，河北省肥乡区人民法院四级法官助理，研究方向为民法学、民事诉讼法学。

(以下简称"智审系统")在全省 178 个基层法院上线运行,该系统初步实现裁判文书的智能生成。

资源数据化:利用 OCR 识别等技术,实现了电子卷宗自动生成、智能分类。将音视频转化为可读写的数据,并将这些数据与电子卷宗等信息资源整合为统一的案件结构化数据。

类案推送:智审系统收纳全国 1600 多万份裁判文书,通过案件画像和机器学习技术,可以获取全国法院已判的相关指导性或参考性案例、高院辖区法院类似案件以及直接相关的法律法规和各类型法律文献等信息。智审系统能够根据法官点选的关键词,自动统计、实时展示同类案件裁判情况,法官可以通过系统校验裁判尺度,获得审判全局观。

半自动化生成:智审系统对电子卷宗自动识别并智能分析,将卷宗中当事人情况、审判庭成员、原被告诉辩内容等客观部分进行自动生成,事实查明部分和裁判理由部分由法官填写。

效果反馈:

邢台市中院:该系统的使用使案头工作减轻 50%,使法官有更多精力聚焦合理裁判。

石家庄市桥西区法院:文书写作工作量减少 33.3%,审理查明和本院认为部分需法官撰写。

丰宁县法院:一键生成文书提高了写作效率,但是文书转换慢,没有纠错选项。

张家口市开发区法院:有效提升法官办案效率 30%,法官可利用电子卷宗生成文书。

河北省高院:裁判文书 80% 的内容能够一键生成,提升文书写作效率,但需审核和确认。

2. 进阶研发阶段

当前河北省高院使用华夏智能文书制作生成系统,该系统进一步促进了类案类判,主要体现如下。

电子卷宗同步:支持庭审笔录自动同步,点击电子卷宗同步可实现卷宗

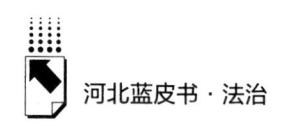

材料同步并智能提取后显示已提取成功，形成完整的原数据。

类案推送工具： 根据案由、案件要素精准推送类案实例，类案实例由法意汇编，基于中国裁判文书网公开数据及河北省最新生效判决数据智能推送，进入类案详情页，可查看关联文书内容及要点。

文书模板推荐： 系统设置文书模板推荐区域，根据案件类型、适用程序及案由等分为常见模板、个人文书模板等，点击文书生成，系统结合电子卷宗分析结果和模板样式自动生成文书初稿，初稿分为不同颜色，绿色为客观部分，黑色为模板固定表述，红色为未生成内容，需法官补充。

智能段落辅助生成工具： 用于辅助主观段落生成。在本院查明部分，提供参考表述和实例工具，证据分析、事实分析和争议焦点等工具支持自动提取证据、事实、争议焦点内容，法官可直接将工具内参考表述插入文书，并作简单修改；在裁判理由部分，提供案由表述、争议焦点、裁判理由实例，分析法律关系、诉讼请求及裁判意见，提供法律法规原文，全方位辅助法官将参考表述、实例论证等内容应用于主观段落；在裁判结果段，提供裁判结果生成、法律依据生成工具，支持关联诉请，综合分析不同维度快速生成裁判结果。

（二）河北省H市法院智能生成类案裁判文书系统应用情况

河北省各地区法院智能生成类案裁判文书系统应用情况类似，H市为三线城市，H市法院应用的智慧法院系统中具备裁判文书辅助生成功能，但智能化水平较低，需人机协作完成裁判文书写作，属于半自动化生成。在制作文书板块，系统收藏不同的模板，比如选择一审劳动争议判决书制作模板，点击即生成一份判决书，人机协作部分即智能生成部分、人工辅助部分、人工输入部分详见表1。

表1　H市智慧法院系统智能辅助生成民事判决文书人机协作情况

文书要素	组成部分	样式	制作主体
标题	法院名称	中华人民共和国……人民法院	智能生成
	文书种类	民事判决书	智能模板+人工勾选
	案号	（20**）冀0407民初***号	智能生成

续表

文书要素	组成部分	样式	制作主体
正文	当事人基本情况及诉讼地位	原告：…… 被告：……	智能生成
	案件由来和审理经过	原告×××与被告×××……纠纷一案，本院于20＊＊年＊月＊日立案后，依法适用简易程序/普通程序/小额诉讼程序，于20＊＊年＊月＊日公开/不公开开庭进行了审理。原告×××、被告×××到庭参加诉讼。被告×××经传票传唤无正当理由未到庭参加诉讼/经公告送达开庭传票未到庭参加诉讼/未经法庭许可中途退庭。本案现已审理终结	智能生成+人工辅助
	诉讼主张	原告诉称，…… 被告辩称，……	智能生成+人工辅助
	证据展示	当事人围绕诉讼请求依法提交了证据，本院组织当事人进行了证据交换和质证。对当事人无异议的证据，本院予以确认并在卷佐证	智能生成+人工辅助
	证据认定	对有争议的证据和事实，本院认定如下：1.……；2.……	人工输入
	认定事实题词	根据当事人陈述和经审查确认的证据，本院认定事实如下：	智能生成
	查明事实	……	人工输入
	判决理由	本院认为，……	人工输入
	法律依据	依照《中华人民共和国……法》第×条……规定	智能生成+人工输入
	判决主文	一、…… 二、……	人工输入
	迟延履行责任	如果未按本判决指定的期限履行给付金钱义务，应当依照《中华人民共和国民事诉讼法》第二百六十条规定，加倍支付迟延履行期间的债务利息	智能生成
	诉讼费用	案件受理费＊元，由……负担	智能生成

续表

文书要素	组成部分	样式	制作主体
正文	上诉权利	如不服本判决，可以在判决书送达之日起十五日内，向本院递交上诉状，上诉于……人民法院	智能生成
落款	独任审判员	审判员×××	智能生成
	合议庭组成人员	审判长××× 审判员/人民陪审员××× 审判员/人民陪审员×××	智能生成
	日期	二○××年×月×日	智能生成
	院印	……人民法院	智能生成
	核对戳	本件与原本核对无异	智能生成
	审判辅助人员	法官助理××× 书记员×××	智能生成
	附录法律条文	附：相关法律条文 《中华人民共和国……法》 第×条……	智能生成
	印刷标准	纸张标准、页边距等	智能生成

分析H市法院智能辅助生成的民事判决书，可以发现该智能系统应用中存在以下问题。

1. 智能生成的民事判决书完成度较低

智慧法院系统智能辅助生成的民事判决书，仅在标题部分、落款部分能够达到完全的智能生成，但这两部分即使不用该系统，审判人员在以往的民事判决书中直接修改也能够达到省时省力的效果。而在民事判决书的正文部分，案件由来和审理经过、诉讼主张、证据展示三个部分仅能智能生成相应的格式，审判人员需要依据个案情况进行辅助修改。在证据认定、查明事实、判决理由、法律依据、判决主文五个方面，该系统则无法智能生成，需要完全依靠审判人员人工输入，因此智能生成的民事判决书完成度较低。

2. 实际效用与系统目标存在落差

智能生成系统的目标在于辅助类案生成类判文书，促进法律适用的统一。但该系统智能生成的民事判决书完成度较低，并未链接大数据，无法从海量案例大数据中识别和抓取类案信息，不能满足审判人员对智能生成民事判决书的期望，因此审判人员采用该系统自动生成、补充修改方式制作裁判文书的比例很低，基本采用人工制作初稿，再将已制作好的初稿上传系统，进行纠错、签发、盖印，完成裁判文书。

二 生成式人工智能辅助类案类判困境探究

（一）技术性因素

1. 图谱构建专业化、自动化水平低

人工智能辅助生成裁判文书，需要以构建法律知识图谱作为前提条件。法律知识图谱是结构化的法律语义知识库，要经历法律数据的提取、录入—数据加工、融合—数据有效输出、展示等过程。知识图谱应以实体法规范的结构以及诉讼审理结构为基础形成。以民事法律为例，应以请求权基础、要件事实、证明责任、抗辩为核心要素进行层层解构[①]，目前这一过程中人工智能产品应用存在局限，仍需要高度依赖人工"贴标签"，需要司法专业人员、法律专家长期、稳定的知识及智慧投入，对法律知识进行更系统、更精细的分类。但目前开发人工智能产品很少有司法专业人员、法律专家的长期参与，能够直接参与图谱构建的往往是开发人工智能产品的技术人员，但其法律专业水平不高，在这种情况下，图谱构建专业化、自动化水平低。

2. 算法低效

目前，法律人工智能并未形成一套高效、成熟的算法，正如有的学者所言，算法在我国法律人工智能界仍处于"云山雾罩"的状态。[②] 这里说的算法低效主要是围绕人工智能在辅助生成裁判文书方面，算法直接参与司法裁判的智能应用成果还未在全国法院全面适用。河北省法院系统所使用的智能系统也

---

① 高翔：《人工智能民事司法应用的法律知识图谱构建——以要件事实型民事裁判论为基础》，《法制与社会发展》2018年第6期。
② 左卫民：《关于法律人工智能在中国运用前景的若干思考》，《清华法学》2018年第2期。

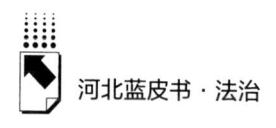

主要是应用于类型化和模式化较强的案件，因算法低效，所以智能系统在类案智能检索及推送、分析处理复杂案件、智能预测裁判结果等方面，出现分析不精准甚至分析不能的情况，整体使用效果无法满足审判人员的实际需求。

（二）应用性因素

1. 类案推送信息不全

类案推送的信息尚不能满足法官应用需求。首先，推送的类案基础信息不全，应包括类案数据来源、生效时间、审级、检索结果，以及待决案件的要件事实、争点要素、法律适用异同点的比较及参照适用情况等，推送界面应详细显示上述内容供法官阅览。其次，推送的类案效力不明，案例一般按照地域、法院层级、裁判年份、案由、审判程序、文书类型标准进行分类，虽能推送大量相关案例，但无法区分案例层级，是否为指导性案例、是否属于"应当参照"的案例也无法得知，无法明确案例的权威性。类案推送信息不全导致筛选时间增加和甄别难度提高，也增加工作人员的负担。

2. 数据库建设低质

案例数据库平台有以人民法院案例库、中国裁判文书网为代表的官方数据库及以无讼、威科先行等为代表的商业数据库两类。案例数据库平台均存在案例不全、时效性不强、数据结构化水平较低的问题。由于考虑隐私保护、潜在隐患、敏感信息等因素，已入库的裁判文书虽然数量庞大，但并不全面，因此可供参考的有效样本数量不足。在出现法律更新时，案例数据库未设计不宜参照的案例退出机制或自动标注裁判依据发生变化，不能及时满足法官的最新需求。并且多数案例数据库平台在数据结构化上水平较低，以中国裁判文书网为例，其数据结构是按照关键词检索而非智能语义检索的模式构建，导致新型案例、疑难案例检索难度大，类案匹配存在困难。

（三）制度性因素

1. 缺乏具体应用操作流程

智能辅助类案裁判文书的生成前提是制作统一的文本样式，规范待决案件各项数据的收集过程，明确生成式人工智能识别的结构化数据，区分繁简案实现裁判文书的智能生成，从立案、分案、庭前准备、审判至裁判文书的最终生成均需要明确的操作流程。智能文书生成后，在事实认定和法律适用上可能完全正确，也可能事实认定不准确、法律适用存在分歧。当法官面对人工智能辅助生成的类案裁判文书有瑕疵时，例如事实认定不准确、法律适用分歧，便无法按照正确文书的常规流程签发。因此，法院需根据智能系统的特点及工作实际制定详细的智能裁判文书生成操作流程，解决实际操作中各环节衔接的问题。

2. 智能生成裁判文书缺乏审核监督机制

人工智能生成裁判文书存在内在限度，如无法运用情理表达和价值的判断理解和解释复杂的法律案例，可能出现误解或偏差，导致生成的裁判文书内容不准确，甚至可能引发法律争议。如果训练数据存在偏见或不足，那么生成的裁判文书也可能存在偏见，进一步影响司法的公正性和一致性。当前，智能裁判系统生成文书后，缺乏明确可操作和可量化的审核流程，导致审核质量参差不齐，这意味着文书在未经任何人工、高级算法校验或监管的情况下，就被直接作为司法裁判的依据，这种流程上的缺失，极大地增加了文书出错的风险，对司法公正构成巨大挑战。

三 生成式人工智能辅助类案类判的路径构建

（一）技术进路

1. 构建专业化图谱[①]，实现精细划分

智能化类案知识图谱的构建核心在于主体、行为和法益三大关键要素的集成，三大关键要素又细分了多个子要素，从而构建了一个详尽且全面的类案标准结构框架。在类案裁判的过程中，首先需根据待决案件的具体

---

① 高翔：《人工智能民事司法应用的法律知识图谱构建——以要件事实型民事裁判论为基础》，《法制与社会发展》2018年第6期。

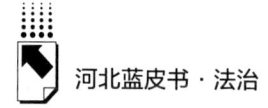

事实与法律争议，精确地识别并提取三大关键要素，随后将这些提取出的要素与类案知识图谱中的关键要素进行对比分析，依据权利主体的特性、能力范畴，行为的属性、目的、手段及效果，法益的具体形态、类别与功能等多个维度进行相似度的综合评估，从而实现对类案的精准判定。在智能裁判领域，事实语言的准确转换直接关系每一个案件裁决的公正性，需借助语义抽取和人工标注的双重力量优化事实语言的转换。法律知识图谱的构建涉及诸多法律抽象概念的运用，这依赖司法裁判者的丰富经验，且需从这些经验中提炼专门的法律概念和特征要素，这需要法学专家的深度参与，与计算机、人工智能领域专业人员加强协作，共同推动智能技术与司法活动的紧密融合。

2. 优化算法技术

经深度融合理论与技术，构建新型计算器件与系统，实现更高性能。在开源算法基础上，提高算法对异常值的处理能力，如元启发式算法，它结合了随机算法和局部搜索，不直接依赖问题的具体结构，可在各种条件下稳定运行，具有更强的普适性；另外，增强算法的可解释性，使法官更好地理解算法的行为和决策过程。总之，应致力于研发更贴合中国应用场景的新算法，[①] 以满足日益增长的多样化需求。

（二）数据应用进路

1. 健全类案推送信息

生成式人工智能在进行类案推送时，应当制作类案检索推送报告，使法官能快速找到所需类案信息。首先，类案检索推送的报告内容应包含六部分内容：检索的基础信息，如检索主体、时间、检索方法；待决案件基本情况，包括要件事实、争点要素、法律适用等；检索结果的基本情况，如检索结果与待决案件在要件事实、争点要素、法律适用上的异同点；检索结果效力等级排序；检索结果与待决案件的相似度，检索

[①] 王禄生：《司法大数据与人工智能开发的技术障碍》，《中国法律评论》2018年第2期。

结果的裁判要点等；类案检索报告结论，包括相似的裁判要点及初步裁判意见。

2. 建立高质量的大数据库

定期对数据库进行深度整理与清洗，去除冗余和错误，确保数据准确有效。持续提高裁判文书的格式化与规范化水平，确保文书的准确性和规范性，提升司法文书的整体质量，进而增强公众对司法公正性的信任；入库的裁判文书质量是建设高质量案例数据库平台的关键，一方面裁判文书应当充分说理、认定事实清楚、逻辑清晰、条理分明，确保文书准确性、逻辑性、规范化，提升入库裁判文书的整体质量；另一方面案例的标注需详尽准确，包括来源、审级、质量、审判流程、效力状况等，对于法律修订前的裁判文书，更应审慎处理，合理决定是否将其纳入数据库，以维护数据库的严谨性和权威性。

（三）制度进路

1. 加强规范指引

为推动生成式人工智能辅助类案类判规范化，法院应加强规范指引，制定具体的操作流程，明确案件从立案到裁判文书生成的详细步骤，以提升办案质效。本报告以争点式审判思维贯穿智能生成类案裁判文书的全过程。在推进案件繁简分流机制改革下，通过数据三阶录入，激活"沉睡"的数据，提升半结构化数据向结构化数据转化的效率，奠定生成式人工智能所需的结构化数据基础。具体操作如下：

（1）立案阶段

当事人可以通过线上或线下方式填写《争点式审判要素表》，内容包括案由、诉讼请求、事实要件等。当事人以线上方式立案的，相关数据可直接导入系统；当事人以线下方式立案的，立案庭需要在系统各板块录入相关数据。此阶段为第一阶段数据录入。

（2）分案阶段

利用大数据分析、德尔菲法等方法为要素标签设定权重，进行赋值，利用模糊数学方法得出要素标签权重及赋值矩阵并建构较准确识别案件繁简的

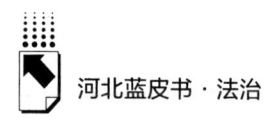

判断模型。各法院可将本辖区内一定量的已审结案件代入繁简智能判断模型，根据案件实际繁简程度及繁简分值分布，倒推预测案件繁简临界值，并根据案件类型与数量、法官办案能力等情况的变化动态调整临界值，低于临界值为简案，高于临界值为繁案。

（3）庭前准备阶段

庭前准备阶段主要处理程序争点，如申请回避、申请追加当事人等，审阅当事人提交的答辩状，组织庭前质证，固定无争议事实和证据。对以上数据分类归纳后进行第二阶段的数据录入。

（4）审理阶段

法官以事实争点—证据争点—法律争点为主线开展"渐进式庭审"，确定案件事实争点、证据争点、法律争点，此时进行第三阶段数据录入，录入事实争点、证据争点、法律争点。

（5）文书生成阶段

生成式人工智能对待决案件已形成的各项数据及争点进行识别提取后开始类案检索。对于批量简案，因事实清楚、证据充分、权利义务关系明确，可批量快速制作裁判文书，生成裁判文书后进行系统纠错、一键审查可实现类案类判。对于简单案件，因事实争点、证据争点、法律争点已经录入系统，生成式人工智能能够对已结构化的争点进行准确检索，并补充审查事实认定、证据采纳、法律适用等方面是否正确。对于繁案，生成式人工智能存在情理认定不能，以及无法运用审判及生活经验、自由心证、证明责任理论实现事实认定的局限，此时需要法官对已生成的裁判文书进行"精雕细琢"，仔细审查，并综合运用法官的审判及生活经验、情理价值及自由心证，完成繁案的裁判文书。生成式人工智能辅助类案类判具体路径见图1。

2. 建立智能生成裁判文书的审核监督机制

由于智能生成系统存在内在局限性，建立人工审核监督机制尤其必要。2023年12月，最高法院印发《关于完善案件阅核工作机制 全面准确落实司法责任制的指导意见》，该意见规定了院庭长需依法对案件的审理裁判进行审核把关，并承担相应的责任。本报告以案件的繁简分流为基础，以案件阅核

生成式人工智能辅助类案类判现状检视与路径构建

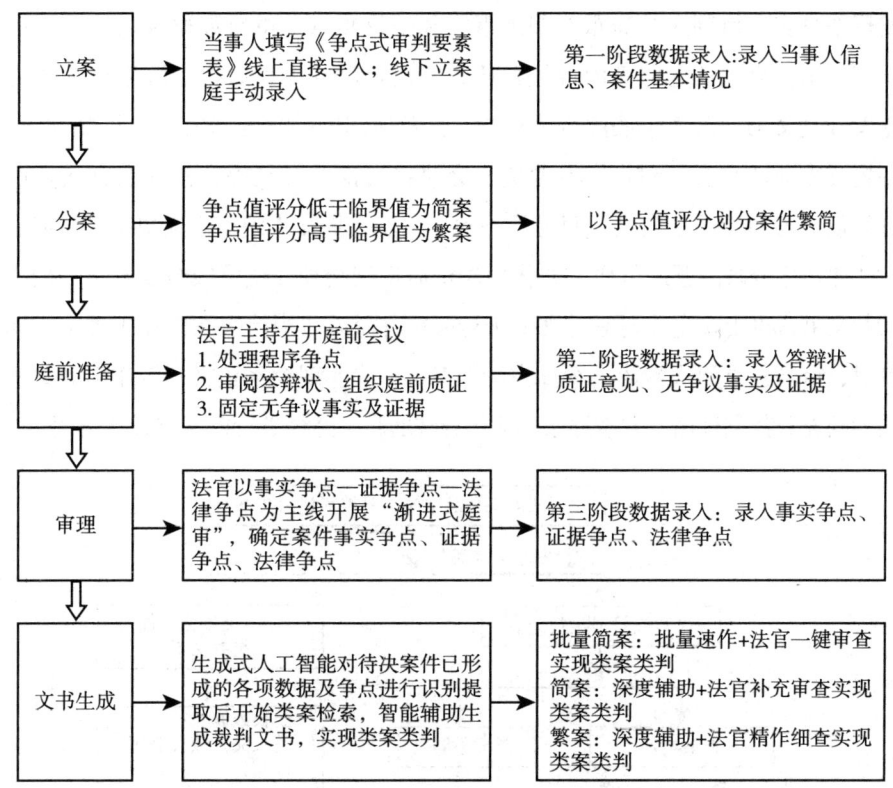

图1　生成式人工智能辅助类案类判路径

工作机制为抓手，细化生成式人工智能辅助生成类案类判文书瑕疵类别，明确合议庭、独任法官、专业法官会议等监管职责，构建了相对全面的审核监管机制。

针对生成式人工智能辅助生成类案类判文书，通过系统纠错加人工辅助复查文书的生成质量。若待决案件为高度类型化案件，生成式人工智能辅助制作的裁判文书无瑕疵，合议庭或独任法官意见一致，庭长或庭长授权副庭长阅核即可签发，还可通过审级监督、案件评查方式开展监督；针对普通简案或繁案裁判文书，需严格审核，分类把握。当待决案件属于类案应当类判时，生成式人工智能辅助制作的待决案件裁判文书，需区分事实瑕疵和法律适用分歧两种情形阅核监管：若属于事实瑕疵，则考虑是事实细节遗漏还是

173

发现新事实，审判人员需重新归纳事实和争议焦点，将新数据录入系统二次生成文书。事实认定瑕疵内容经独任法官或合议庭评议后提交院庭长阅核再签发裁判文书。若属于法律适用分歧，由发现问题的独任法官或合议庭评议，并提交专业法官会议讨论，专业法官会议将讨论的意见提交独任法官或合议庭复议，若与专业法官会议意见不一致，由院长提交本院审委会决定，审委会对法律适用分歧问题进行研究并作出决定后反馈给独任法官或合议庭出具最终裁判文书，再由院庭长对案件文书进行阅核并签发。当待决案件属于类案不同判时，审判人员如认为待决案件为特殊案件，为实现个案正义，应作出类案不同判的充分裁判理由，并按照法律适用分歧的解决路径进行审核监管（见图2）。

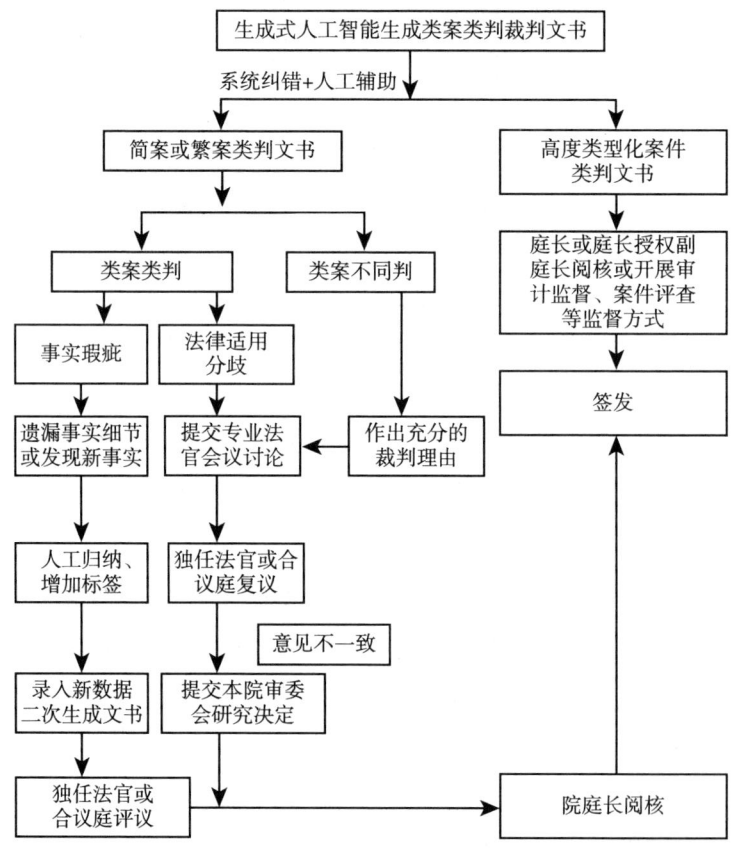

图2 生成式人工智能辅助生成类案类判文书审核监督机制

四　结语

本报告吸纳了前沿理论和先进法院在生成式人工智能辅助类案裁判文书生成方面的有益经验。同时，在调研中对河北省法院系统应用智能系统的效果进行全面分析。深化生成式人工智能辅助类案裁判文书生成的应用，关键在于明确实践应用中存在的技术水平低下、数据库质量不高、司法制度保障不足等问题。本报告针对存在的问题提出构建专业知识图谱、加强数据库建设、明确操作流程、建立审核监督机制等具体的解决路径，但构思还不够全面、成熟和完善，希望对引进智能系统并辅助类案裁判文书生成方面有一定的参考价值和借鉴意义。

B.14
新时代少年法庭实体化运行路径探索

——以河北省C市法院为研究对象

朱保献 支 冲*

摘 要： 新时代法治社会治理，司法机关要进一步立足司法审判职责，办好涉未成年人案件，加强综合司法保护，通过延伸审判职能，促进各行各业履行保护未成年人的职责。当前，大部分高院少年审判机构成立不足一年，在机构成立的过程中，各地法院遇到了少年审判组织多元化、未成年人司法制度机制差异化、绩效考核虚化等多种现实问题，造成少年法庭的运行难取实效。新时代，切实推进少年法庭的专门化建设及实体化运行，必须紧紧围绕少年法庭作为专门的独立机构设置，少年审判的受案范围、审判机制、人员配置、绩效考核方式这些关键问题。

关键词： 少年法庭 实体化运行 未成年人司法

一 问题的提出

2024年3月10日，河北肥乡三名未成年人故意杀人案再次让公众聚焦未成年人保护，广大群众在网络和现实中热议如何运用法律途径保护自己的孩子和惩罚违法犯罪的未成年人，目光也随着未成年人保护上升到立法机关科学立法和司法机关严格执法的社会维度。2024年4月，十四届全国

---

* 朱保献，武安市人民法院院长、党组书记，研究方向为民法、刑法、诉讼法；支冲，武安市人民法院五级法官助理，研究方向为刑法、诉讼法。

人民代表大会常务委员会审议通过了新修订的《未成年人保护法》，新法在原有六大保护格局的基础上，又增设报告制度、准入资格制度，完善留守儿童委托照顾制度，明确了学校对学生欺凌及校园性侵的防控和处置机制，更着重加强家庭监护和网络保护。《未成年人保护法》第101条规定，人民法院等应当确定专门机构或者指定专门人员，负责办理未成年人案件，并要求有女性工作人员，并且对专门机构和人员实行与未成年人保护工作相适应的评价考核体系。很显然，在新的时代背景下，人民法院少年案件的工作重心已经发生变化，人民法院的少年机构亟待调整以更好满足人民群众的司法需求。

1984年上海首创未成年人刑事案件合议庭，到如今少年法庭工作已经走过40多个年头。近年来，在最高法院统筹推动下，全国法院以独立建制或加挂牌子方式设立少年法庭2181个。2023年11月9日，河北省高院率先破局，通过独立建制、庭室挂牌等形式完成了高级、中级审判机构少年法庭全覆盖和专门化建设，实现了全省三级法院少年审判工作机制全覆盖，这是落实《未成年人保护法》的重大举措，也是强化未成年人司法保护的必要举措，有利于统一少年审判机构职能，推动形成公、检、法、司配套衔接的工作机制，更好理顺人民法院与少年儿童社会保护组织之间的关系，完善矫治、预防少年儿童违法犯罪的治理网络，进一步做实"抓前端、治未病"。但从目前官方资料来看，绝大部分省份的各级法院关于少年法庭实质化运行的顶层设计没有取得建设性成果，尚未在专门化机构建设、人员配置、考核机制建立等方面形成规范性文件。这不仅会影响少年审判专门机构的有效运转，也难以在全省范围内形成统一的司法裁判标准，最终影响最高法院关于少年审判专门化的整体谋划。

经过走访河北省C市基层法院发现，仍然存在少年审判工作与专门机构两条线，专门法庭只是在形式上挂牌成立，并未形成固定的专业审判队伍，未成年人案件与其他案件未分类处理，"三审合一"的探索工作停滞不前，审判后延伸工作形式单一甚至没有进行延伸工作，单独考核未落实落细等诸多少年法庭实体化运行的共性问题。总体来说，三级法院少年法庭的实

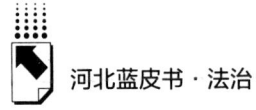

体化运行程度差异明显,这就需要锚定人和案不放松,通过制度机制的建设和规范,确保少年法庭的实体化运行。

二 少年法庭实体化运行现状考察

当前,少年法庭处于挂牌成立的初期,其多元化的表现形式和简单的组织构造,导致其无法支撑组织结构需要表达的社会功能。没有独立机构编制的少年法庭,作用发挥受限,在少年司法保护的社会大框架下,难以与其他政府机构、社会救助部门沟通和共享司法大数据,参与社会治理效果甚微。

(一)运行模式多元化

2024年是少年法庭成立四十周年,少年法庭经历了从无到有、从附属到独立、从地方规划到顶层设计的发展历程。少年法庭的产生,一方面源自最高法院坚持破旧立新、高瞻远瞩的顶层设计;另一方面源自法治进程中内发的社会需求。2018年5月,最高法院提出对基层法院组织机构设置再优化、再精简的要求。[1] 2021年3月,最高法院设置了少年法庭工作办公室,但办公室明显与专门的、独立的审判机构或者审判组织在法律层面存在差异。多年来,由于缺少统一的少年法庭组织模式和相关的运行机制,部分中基层法院结合各地案件的实际情况,以保护未成年人合法权益为抓手,深入探索少年审判组织形式和规章制度,逐渐形成了各地法院的特色。以河北省C市为例,该市19家基层法院少年法庭运行模式如下。

从数据来看,整体上,河北省C市法院少年法庭的框架性建构已基本完成。少年法庭运行模式有两种:一是挂靠模式。大部分法院将少年法庭挂靠在其他庭室,案件审理也由所挂靠庭室的法官负责。二是单独设置模式。即由法院与组织部门、人大常委会等部门沟通协调,成立专门审判机构,确

---

[1] 参见《中央机构编制委员会办公室 最高人民法院关于积极推进省以下人民法院内设机构改革工作的通知》。

定专项编制审理少年案件（见图1）。但整体来看，中基层法院少年法庭设置模式各具特色。

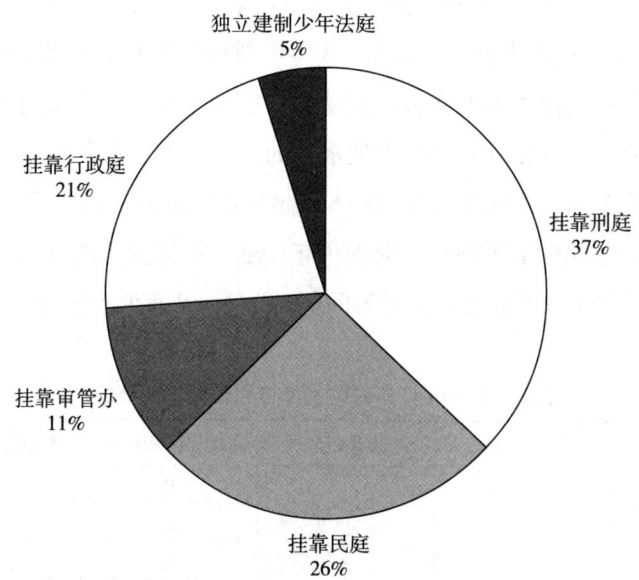

图1　C市19家法院少年法庭运行模式分布

（二）少年审判专业性弱化

组织机构是内部人员职位的外在形式，职位之间的制约配合关系是结构的内在表现。《关于加强新时代未成年人审判工作的意见》出台后，各地法院积极成立少年法庭工作小组，统筹指导少年审判工作，从顶层设计上看，对少年审判队伍的建设有促进作用，站在机构再优化、职能再细化的层面看，对少年审判工作的进一步发展也有较大影响。

从组织结构角度来看，四级法院各庭室需要在受案范围、审理指导上尽可能地保持一致，这样既能保证审判业务衔接，提高案件的审判效率，也有利于进一步统一法律适用，提升化解纠纷的能力，促进少年审判的专业化、统一化和化解纠纷的实质化。通过对C市实地调研发现，19家基层法院中，仍有4家法院没有明确少年审判的受案范围，只有3家法院与C市中院的组织架构一致，6家法院与C市中院的少年审判审理、指导归口一致，其余13家法院对少年审判的审理、指导归口可分为4类。专门审判团队作为组织架构的灵魂，是衡量少年审判专业程度的一项重要参考指标。在C市19家基层法院中有14家法院为仅一人负责—少年审判（见表1），有8家法院的专门审判团队还审理其他类型的案件。推动少年审判专业化的重要途径之一是设立少年审判庭，这是提升专业化审理水平的内在要求。河北省C市法院系统在内设机构改革前，未成年人案件基本满足专业化审判要求。机构撤改并后，只有极少数的法院保留了独立建制的少年法庭，保留少年法庭的法院在受案范围、审判业务上又存在多重指导等问题，导致少年审判专业化水平下降。

表1 河北省C市法院少年审判组织机构情况

单位	审理归口	指导归口	专门审判团队	承办法官人数（人）
C市中院	刑庭	刑庭	是	4
A区法院			是	2
B市法院			是	2
C县法院			专人审理	1
D县法院			是	1
E县法院			专人审理	1
F县法院			专人审理	1
G县法院	民庭	民庭	专人审理	1
H区法院			专人审理	1
I区法院			专人审理	1
J县法院			是	2
K区法院			专人审理	1
L县法院			专人审理	1
M县法院	行政庭	行政庭	专人审理	2
N县法院			专人审理	1
O县法院			专人审理	1
P县法院			专人审理	1
R县法院	审管办	审管办	专人审理	1
S县法院			专人审理	1
T县法院	少年法庭	少年法庭	是	2

（三）社会职能发挥不充分

少年司法是指通过对未成年人的犯罪预防和矫正，促进未成年人身心健康，规范未成年人的行为，全面保护未成年人的合法权益。少年法庭是少年司法的主要实施机关，这决定了少年法庭还要承担司法延伸[①]的工作。庭前社会调查、开庭审理和庭后帮教与指导、涉及对未成年人监管失位的司法建议制发等工作构成了少年司法这个有机整体。下面以河北省 C 市法院少年司法案件的社会职能发挥情况（见表2）为例进行分析。

表2　河北省 C 市法院少年司法案件社会职能发挥情况

单位	庭前社会调查	非监禁考察帮教	监禁考察帮教	回归社会帮教	制发司法建议(份)
C市中院	是	否	否	否	4
A区法院	否	否	否	否	否
B市法院	否	否	否	否	2
C县法院	否	是	否	否	否
D县法院	否	否	否	否	否
E县法院	否	否	否	否	否
F县法院	否	否	否	否	否
G县法院	否	否	否	否	否
H区法院	是	否	否	否	1
I区法院	否	否	否	否	否
J县法院	否	否	否	否	否
K区法院	否	否	否	家庭回访	否
L县法院	否	否	否	否	1
M县法院	否	否	否	否	否
N县法院	司法救济	否	否	否	否
O县法院	否	否	否	否	否
P县法院	心理疏导	否	否	否	否
R县法院	否	否	否	否	否
S县法院	否	否	否	否	1
T县法院	否	否	否	否	否

---

① 司法延伸工作包括：庭前社会调查、对判处缓刑的犯罪少年考察帮教、参与未成年罪犯服刑场所对监禁少年犯的教育矫正、对回归社会的失足少年提供救助和辅导。

河北省C市法院少年审判机构受组织机构等因素的影响，案源分散、人员配备不齐，案外延伸工作难以开展。随着中级人民法院少年审判机构成立及基层法院审判组织专业化，少年审判机构的案外延伸工作取得一定的效果。以延伸情况进行统计，C市仅有8家法院开展了部分延伸工作，且没有贯穿诉前、诉中、诉后三个阶段，并未发挥预期社会效果，这充分说明当前法院并未将开展案外延伸工作纳入法官绩效考核，也从侧面表明内设机构改革后，少年法庭独立性的削弱使其不能以内在独立机构的形式与外单位沟通协调，出现与社团组织对接不便等诸多问题，这是构建未成年人社会治理板块"最后一公里"的重大障碍。

（四）考核评价办法缺位

审判管理制度是法院运行的轨道，少年审判的内在制度优势需要以法院各庭室的密切配合和高效运转来体现。少年审判的每个环节都具有关键性和专业性，对此需要以绩效考核为抓手，建立健全科学合理的考核机制，充分发挥考核指挥棒的作用，科学评价少年法庭和少审法官工作成绩，确保少年法庭能够充分发挥法治效能。

司法统计数据是法院审判运行情况的晴雨表，它既能够为立法者修改完善法律规范、上级法院指导下级法院提供直接依据，也能让法院内部各庭室及时发现自己的短板，查漏补缺。当下少年案件的司法统计尚在起步阶段，全国和省级尚未形成统一的自上而下的统计标准。通过对河北省C市调研发现，C市仅有2家基层法院对少年案件进行过司法统计，统计内容均为案件量、案件类型、案件占比等传统数据，没有体现少年审判的特点。同时，少年审判制度要求少审法官在办案时，开展与案件审判无直接关联的其他社会性事务，社会性事务相比案件本身需要花费的时间更长，短期效果不显著且工作量更大。现有的法官考核标准只是将传统司法指标叠加，并未制定针对少年法庭的专业性评价指标。

三　少年法庭结构与功能的再整合

社会系统是在不同子系统关系结构的基础上形成的网络，社会系统需要激发其适应性功能、制度性功能和角色功能，才能维持社会系统的平衡和延续。[①] 在新时代法治社会，少年法庭作为法治社会微观层面的结构，少年审判组织作为其中的子系统，需要按照法治社会的需求对功能进行再整合，才能满足人民群众的法治需求，因此，法院必须从制度层面对少年审判组织进行规范。

（一）新时代群众的司法需求

社会组织结构的确立必然会赋予其相应的权力和职能，以完成社会治理的使命。新时代，制度规范、人口数量、经济体量和社会认知等社会因素都发生了翻天覆地的变化。首先，家庭成员关系简化，父母为主的家庭关系向子女为主的家庭关系转变，子女内心受到的关注较多，子女承压能力呈下降趋势；其次，家庭心理发生变化，年龄较大的未成年子女因求学或务工等多种因素离家，家庭成员基本呈分散状，家庭关系的维系由多样化趋向单一化的线上联络，关系紧密程度呈减弱趋势；最后，家庭组成多样化，随着婚姻自由程度的提升，家庭层面以亲生父母抚养教育子女的有所减少，原生家庭的缺失，使未成年人的心理畸形率呈上升趋势。

受社会发展影响，传统的家庭模式逐渐消亡，家庭文化、关系和抚育职能弱化，为了适应新时代家庭等方面变化对社会治理带来的冲击，国家机关需要通过调整自身的职能去补强法律本身的滞后性，进一步加强对未成年人的关心和关爱，适应广大群众的司法需求，以便更好地发挥社会职能，服务社会。

---

① 参见〔美〕帕森斯《现代社会的结构和过程》，梁向阳译，光明日报出版社，1988。

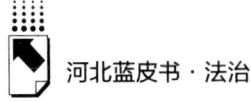

（二）少年审判专门化价值

创设制度的初衷在于减少世界的复杂性，使人际交往过程由复杂变得更可预见和更可理解。① 少年案件"三审合一"审判机制能够统一立案范围、明确业务庭室，促进少年审判的法律适用和裁判尺度合理化。司法实践中，部分法院在处理案件时对三大诉讼法的理论、制度、证明标准和社会导向的差异性把握不够准确，少年司法专业化制度设计的精神和要旨没有完全彰显。以三种类型的案件为例，在处理刑事案件时，法官会注重犯罪行为的性质、情节和对社会的危害程度、被告人的悔罪态度及从程序上对被告人的隐私保护等；在处理民事案件时，法官会更加注重民事权益保护；在处理行政案件时，法官会注重行政机关是否存在程序违法及适用的行政法规是否违背上位法等。不同的立法目的、程序规范、社会治理的内在要求对司法人员的专业素养提出了更高的标准，如果没有相契合的程序和制度保障，再加上案件量的大幅度增长，极有可能造成刑事、民事、行政审判理念混同，造成少年案件的裁判张弛失度。另外，缺乏全审判条线的业务指导，再加上法院按照案件的专业类型划分庭室，不同庭室的法官缺少沟通机制，可能导致相似少年案件出现不同判决，有损司法公正形象。

少年法庭的专业和特殊源于其专业化案件审理和案外延伸的工作机制，少年审判机构需要将专业的审判素养与特色的工作机制相结合，帮助和改造未成年人。少年审判管理制度是少年法庭的指北针，但法院内部还形成了一套自上而下具有专业特色的审判考核标准和案件管理体系，这就导致少年审判机构会过于追求传统以案件审判为核心的考核指标，忽视案外延伸工作。2016年4月，《最高人民法院关于开展家事审判方式和工作机制改革试点工作的意见》发布后，各地法院积极建立家事审判法庭，家事案件受案范围扩展，案件数量明显增加。家事审判与少年审判在某些程序、理念上有趋同

---

① 参见〔德〕柯武刚、史漫飞《制度经济学：社会秩序与公共政策》，韩朝华译，商务印书馆，2000。

性，不少法院把大部分少年案件归于家事审判，导致未成年人权益保护力量不足、程度不够，无法满足少年司法保护要求。

（三）少年司法社会期待

从结构功能主义视角出发，"位置—角色"作为系统内最基本的构成单位，"位置"为系统内参与行动的个体所处的位置，"角色"为社会对该位置的应有行为的期待。[①] 从"位置—角色"的角度而言，少年法庭是为了保障少年司法的专业性和特殊性，打破传统的司法体制束缚，运用国家权力教育、感化、挽救未成年人和保障未成年人利益最大化而设立的组织。[②] 少年法庭创立的很多特色制度和工作机制，如社会调查、法庭教育、圆桌审判、心理评估干预及回访帮教等制度和"寓教于审"、"两条龙"等工作体系均得到广泛的推广和应用。[③] 少年法庭作为少年案件审理公平正义的最后一道防线，因传统考核标准的限制，组织架构上存在有失公允的风险。法官的升职加薪往往与案件审理量紧密相关，在案多人少的现实矛盾下，趋利避害的人性往往让法官更加注重结案，至于案后的延伸则成为不必要的工作。同时，在优化司法资源的背景下，法院的组织机构设置及法官员额配比往往以案件审理量为重要参考标准。在案件审理量这个大的风向标下，我国少年审判制度在基层法院的基本定位必然是成人司法模式的补充，使得未成年人多重权益保护的社会关切得不到满足。在这种组织模式下，少年法庭与社会公众所需要的司法角色存在不可调和的矛盾，进而导致结构功能基本丧失。

四 少年法庭实体化运行的问题分析

组织机构的制度与功能就像人体的机能一样，是复杂多元的，要想把制

[①] 参见〔美〕罗伯特·莫顿《社会理论和社会结构》，唐少杰、齐心等译，译林出版社，2006。
[②] 参见陈巍《论中国少年审判机构的设置》，《北京航空航天大学学报》（社会科学版）2020年第1期。
[③] 参见颜茂坤《关于深化少年法庭改革若干问题的思考》，《法律适用》2017年第19期。

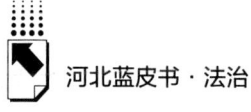

度和功能及相互反映的关系搞明白,就需要像了解人体一样,去分析和探索组织机构所处的环境、组织制度和机构的组成等。

(一)环境冲突与功能受限

稳定是组织运行的根本要求。少年法庭运行中存在的问题根源上是内外环境的冲突和影响。

1. 内环境——绩效考核制度的缺失

法官绩效考核的本质是对法官审判行为的管理,建立科学有效的绩效考核机制有利于提升少年审判工作的专业性水平。[1]《法官法》第41条对法官的考核内容作出规定,但是规定过于笼统,在实施层面还需进一步细化。[2]最高法院在少年法庭发展的各阶段也一直强调要建立专门的绩效考核机制。2010年,最高法院颁布的《关于进一步加强少年法庭工作的意见》明确将少年法庭的判后延伸工作、综合治理工作等作为考核指标。2021年出台的《关于加强新时代未成年人审判工作的意见》明确提出,要对少年法庭工作实施专门考核,不能仅以办案量作为标准。另外,我国《未成年人保护法》《预防未成年人犯罪法》《刑事诉讼法》等都对少年法庭审判人员的专业化程度提出要求,但不够具体。目前来看,少部分法院尝试在本院基本考核方法基础上进行变通,取得了一定成效,如北京市第二中级人民法院依托大数据测算工作量开展审判绩效考核的举措,获得了最高法院的肯定,成功入选《人民法院司法改革案例选编(一)》。[3]但是绝大多数法院还是以办案量作为考核标准对少年法庭审判人员进行绩效考核,没有将庭后延伸工作等纳入绩效考核范围。基于审判对象以及审判理念的特殊性,少年审判不是一判了之,少年审判人员除了完成未成年人案件的庭审工作,还需开展被害人救

---

[1] 杨铜铜:《法官绩效考核制度的非司法化困境及其调试》,《法制与社会发展》2022年第28期。
[2] 参见《法官法》第41条,对法官的考核内容包括:审判工作实绩、职业道德、专业水平、工作能力、审判作风。重点考核工作实绩。
[3] 《最高法发布〈人民法院司法改革案例选编〉》,中国法院网,2017年7月7日,https://www.chinacourt.org/article/detail/2017/07/id/2916048.shtml。

助、回访帮教等案外延伸工作。由于少年审判工作存在专业性不足的问题，少年法官主要将工作重心放在庭审上，对案外延伸工作付出精力较少，甚至一些基层法院基本上没有开展教育矫治等庭后工作。显然，如果为了追求考核内容的简单和考核方法的简便，而不去关注庭后延伸工作的效果，单单以办案量作为唯一考核标准，则无法展现少年法官的真实绩效，会进一步导致庭后延伸工作流于形式。这种单一的绩效考核评价机制未给少年法官施加额外考评压力，也无法全面评价少年审判工作质量，使得延伸工作成为可有可无的案外工作。一些少年法官出于自身利益考量，很可能忽视案件的办理质量，而追求办案数量，这种做法显然有悖于少年法庭的审判理念。比如，安徽省铜陵市中级人民法院在少年审判工作的调研中发现，体量庞大的家事案件在涉少案件中占比过高，在以案件数量作为审判绩效考核和评优评先主要考核内容的情况下，易出现"重家事、轻少年"的现象，以致审判人员无暇顾及少年审判及特色延伸工作。[①] 同时，真正具有责任感的少年审判人员在延伸工作上的努力和付出也没有相应的回报和反馈，容易打消其积极性，降低少年审判质效。

2. 外环境——社会部门功能整合的困局

少年法庭需要和其他的社会部门统一协调、整合力量，共同形成少年保护的有力屏障。司法实践中，主要有两种形式：一种是公检法司组成的政法战线，一种是法院与教育局、社会组织组成的社会战线。两条战线的组成部门均有不同的上级部门，这就使得行政体制改革成为制度改革的前提条件。至于部门之间职能整合更是难上加难。政法单位和社会组织处于少年案件的两头，在组织协调上，政法单位与其他社会组织分属不同的部门领导，这就使得沟通渠道难以建立，单位之间的信息资源不能共享。

（二）地位附属和工作淡化

少年法庭在职权行使过程中呈现地位附属、工作淡化的问题，导致功能

[①] 《铜陵法院少年审判工作的调研报告》，铜陵市中级人民法院网站，2023年4月11日，http://www.tlcourt.gov.cn/article/detail/2023/04/id/7238050.shtml。

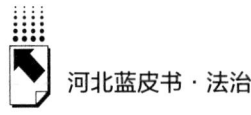

发挥不足。

1. 地位附属

少年法庭乃至少年法院的框架及制度细化尚在调查研究阶段，少年法庭的设立缺乏规范依据和政策支持，基本是法院根据自身情况灵活设立少年法庭。法庭的设立和裁撤是法院对相关审判领域重视程度的主观写照，在对少年审判特殊性认识不足的地区，少年法庭多与刑庭合并，这也导致少年法庭地位明显低于刑庭，而刑庭的法官常年接触成年被告人，受成年人刑事案件潜移默化的影响，思想观念以及工作习惯难以完全扭转，少年审判的矫正性、非刑罚性、恢复性特征被打击犯罪、维护稳定所掩盖，阻碍了少年司法的良性发展。同时，《未成年人保护法》《预防未成年人犯罪法》多为原则性规定，涉及实体权利义务和诉讼规则时仍参照《刑法》《刑事诉讼法》等实体法或者程序法，这进一步体现少年法庭的依附性。[①]

2. 工作淡化

2016年，家事审判改革开始试点，少年审判与家事审判融合，导致家事案件数量激增，法官大部分精力放在处理婚姻、家庭等家事案件上。2018年，附条件不起诉制度出台，少年刑事案件数量逐年下降，少年民事案件审理中充分发挥"枫桥经验"，案源锐减。部分法院为了绩效考核排名，将与未成年人无关的刑民事案件也交由少年法庭审判。少年审判专业化发展受限，少年法庭在法院中日趋边缘化。

（三）工作失衡与责任泛化

1. 工作失衡

少年审判工作具有特殊性，除查明事实、审查证据和适用法律等程序外，还要坚持"教育、感化、挽救"的方针以及未成年人犯罪"教育为主、

---

① 参见高维俭、彭宇轩《论少年法学的学科性质与学科价值》，《南昌大学学报》（人文社会科学版）2019年第6期。

惩罚为辅"的原则，维护未成年人合法权益，促进其尽快回归社会。① 少年审判的特殊性决定了在案件审理之外还需要进行大量的延伸工作。现行少年法庭法官的考核制度未将案外延伸工作纳入考核体系，少年审判绩效考核仍以办案量为导向，法官出于利益衡量而追求高办案量，促使部分少年法官接手其他类型案件以提升绩效考核排名。

2. 多主体参与模式导致责任泛化

少年法庭结案优先的运行模式，导致案外延伸工作搁浅，少年法庭逐渐演变成与其他庭室无异，丧失了专业性和特殊性。社会战线的建立能够形成资源合力，可由社区矫正所、儿童福利院或者志愿者协会等社会机构进行心理辅导、回访考察、社会救助等工作，为未成年人提供社会支持。我国承担未成年人保护工作的组织和部门众多，既有未成年人保护委员会、关心下一代工作委员会、预防青少年犯罪专项工作领导小组等组织，又有共青团、妇联等部门，但由于对这些组织和部门的协调没有硬性要求，合作机制并未真正建立。比如福建省三明市开展法院家事审判工作情况调研时发现，在家事纠纷处理中，一些相关部门制定了反家暴联动机制，但执行效果不佳，存在联而不动的现象，仅仅是法院与妇联等部门互相支持配合较多，尚未与民政部门、教育部门、社会组织等形成合力。② 一些主动参与矫正涉案未成年人的民间组织等主体，缺乏政策层面的支持，组织纪律意识不强，随时有可能撤出帮扶项目，这也是涉案未成年人案外延伸工作可持续发展的阻碍因素之一。当下，未成年人接触网络较早，隔空猥亵未成年人等新型案件高发、频发，这就需要少年法庭的工作人员不断学习，摸索可参照的法律法规。面对各类未成年人案件，做好审判工作已实属不易，再将精力分散到案外延伸工作更是难上加难，因此急需其他社会力量分担一些非审判性事务。目前，各地在探索符合地方实际的合作模式上取得一定成效，如 2021 年 11 月，上海

---

① 北京市高级人民法院少年法庭改革调研课题组：《司法改革背景下的少年法庭发展路径——基于对部分省市法院少年法庭的实地考察》，《预防青少年犯罪研究》2019 年第 4 期。
② 《关于法院家事审判工作情况的调研报告》，三明人大网，2018 年 7 月 26 日，http://www.smrd.gov.cn/dybg/201903/t20190325_1275590.htm。

市杨浦区人民法院与共青团杨浦区委员会、上海市阳光社区青少年事务中心共同签订了《建立青少年事务社会工作者参与涉未成年人家事案件纠纷解决机制的合作协议》，规定阳光社区青少年事务中心可开展家事调查、心理疏导、回访观护等工作。① 总体而言，社会力量在未成年人检察环节的参与度较高，进入少年法庭开展服务的时间比较短，其提供的服务多集中于社会调查、合适成年人、观教帮护这几个环节，对未成年人司法保护的参与度不高。②

五 少年法庭的合理化建构

（一）构建专业化的少年审判组织

1. 构建独立性少年审判组织

少年法庭的价值追求是给未成年人提供重返社会的机会。少年法庭的独立运行既可以保证其不被边缘化，也可以避免与其他庭室的业务混同，使其专业性和特殊性得到有效发挥，这就需要构建专门的审判组织和程序。专门的审判组织需要通过相关标准培养和考核，以保障少年审判人员的专业性和独立性。少年法庭要选取具有一定社会阅历、了解少年心理的审判人员及团队，以保障少年审判的专业性。目前法院系统缺乏一套合理的少年案件审理程序，最高法院可以统一规定少年案件审理程序、制定特别诉讼程序，即在审限上要有别于刑事案件，可以参照民事案件的审限，充足的审限能为案件后续工作提供良好的条件；在案件分配上，要通过人工智能随机分配和院庭长调配的方式，均衡案件的数量和难度；在人员配置上，可根据法院的案件量自行设置办案组，但每组要有一名员额法官、一名法官助理、一名书记员。

---

① 《保护未成年人，"法官+社工"联手传递司法暖阳》，"人民资讯"百家号，2021年11月19日，https://baijiahao.baidu.com/s?id=1716816166452368958&wfr=spider&for=pc。
② 胡杰容：《司法社会工作介入违法青少年教育监管研究——基于我国澳门特区的实践与经验》，《江苏大学学报》（社会科学版）2015年第3期。

2.构建专业性少年审判组织

专业性少年审判组织不仅要像其他法庭一样掌握法律知识,也需要掌握关于未成年人心理、身体发育程度的知识,因此,需要对审判团队进行专业化的技能提升。一是在全院范围内,以工作人员的意愿、业务素养、社会经验等指标进行考核,筛选更加适合参与少年审判的人选。二是开展内部培训和不定期外部学术沙龙。多种多样的学习方式可以有效提升人员专业素养,中级法院可以定期开展案件协商研讨会,讨论立案、裁判问题,充分解决好事实认定、证据三性及法律适用问题;基层法院举行内部干警交流培训会,聘请未成年人心理专家、审判专家和学者教授举行讲座或者座谈会,进行思维碰撞,丰富解决问题的思路,推进"三个效果"的实质统一。三是加强专业知识的储备和学习。未成年人犯罪已经从传统的现实违法犯罪向网络延伸,未成年人相关法律滞后性凸显,因此,在最高法院发布新的司法解释及指导性案例时,少年审判人员要加强系统性和综合性学习,确保案件审判结果经得起历史和人民的考验。

(二)构建少年法庭实质化运行模式

1.构建协调配合的社会支持体系

少年审判的案外延伸工作离不开其他社会组织的支持。构建社会支持体系应该以优化资源配置和完善工作机制为抓手,优化资源配置需要政府牵头、其他社会组织大力支持;完善工作机制需要法院积极主导,引导社会组织积极参与。

2.完善少年法庭运行模式

未成年人权益保护具有特殊性,这就决定了一般的法庭运行规则无法对未成年人合法权益进行全方位保障。第一,调整少年法庭组织形式。发挥高级法院在少年审判工作中的中坚力量,带动辖区内中基层法院统一设置少年法庭。同时,理顺上下级法院在业务指导、案件归属等方面的关系。第二,划定受案范围。在圈定受案范围时既要从未成年人保护的全局考量,也要兼顾法院的考核指标,严格贯彻最高院的司法改革要求,推动"三审合一"机制落实落地。

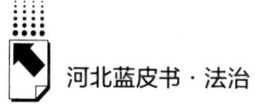

（三）优化绩效考核体系

在少年法庭的实质化运行中，需要法院和社会组织相互配合开展案外延伸工作，这就需要对法官的绩效考核标准进行调整，而绩效考核又与最基础的司法信息统计体系密不可分，三者是环环相扣的。

1.健全绩效考核信息统计体系

信息统计体系可将法官一年来办案数量和质量可视化，是法院对法官进行科学管理和监督指导的一个重要依据，也为上级法院的司法政策实施和统筹安排提供了有效依据。当前的少年法官绩效考核体系还是与其他法官相同，没有突出专业性和特殊性。因此，需要健全信息统计体系以实现少年司法数据扩容。首先，在原有的信息统计体系基础上，增加两大板块，第一个板块体现少年案件的专业性，即需要增加的指标有少年法庭人员参加专业培训的次数、"三审合一"下案件的综合息诉服判情况、调解员协助法官办案的数量等；第二个板块体现少年案件的特殊性，即需要增加司法建议、家庭调查、回访帮扶等数据指标，通过对少年法庭特有司法数据的科学分类统计，提升少年法庭管理的精准度。其次，优化数据统计体系以提升实操性。少年司法数据统计体系构建要拓宽思路，根据实践中遇到的问题，创建具有本地特色的数据汇总和质量考核机制，为上级法院指导工作提供依据。最后，健全操作流程标准，实现大数据整合，提升少年案件办理效率。少年案件数据统计标准应纳入当前最高法院统一设定的案件审理软件，通过全国性的案件信息系统，整体把握案件的各司法流程信息，为后续少年案件数据库的建设打下基础。

2.完善法官业绩评价机制

制度与行为二者联系密切，具有互为支撑、相互锁定的作用，建立符合司法规律、客观公正的业绩评价机制有利于法官践行司法公正。[1] 少年法官除履行审判职能外，还承担案外延伸工作。因此，在健全少年司法人员业绩

---

[1] 张建：《论法官绩效考评制度的设计难点与优点》，《山东社会科学》2020年第6期。

评价机制时，要着重考虑案外延伸工作的成效。要把审判绩效和案外延伸工作的效果作为少年司法人员职级晋升、评先评优的重要参考依据，充分调动少年司法人员工作积极性。

参考文献

〔美〕理查德·A. 波斯纳：《法理学问题》，苏力译，中国政法大学出版社，1994。

苑宁宁：《论未成年人犯罪三级预防模式的法律建构——以〈预防未成年人犯罪法〉的修订为视角》，《预防青少年犯罪研究》2021年第2期。

叶小琴：《未成年人保护立法的理念与制度体系》，《中外法学》2002年第3期。

王广聪：《论最有利于未成年人原则的司法适用》，《政治与法律》2022年第3期。

B.15 以行政诉讼对行政执法监督效能的优化破解治安案件中正当防卫的适用困境

——基于河北省某地调查数据的实证研究

张兆阳 陈彦良[*]

摘　要： 对于治安案件能否适用正当防卫、如何适用等，执法司法实践认识不一，普遍"不敢用""不愿用""适用难""适用少"。笔者调研发现此类争议逐年增多，原因复杂，亟待规范。要贯彻监督就是支持的理念，从完善立法、发布典型案例、采用七人合议庭审理、对无代理人的原告提供法律援助等方面，优化行政诉讼监督效能，并采取发送司法建议、召开联席会议等能动司法手段，规范治安案件中正当防卫的适用，弘扬社会公平正义，建设更高水平的法治中国。

关键词： 正当防卫　行政诉讼　行政执法

2023年5月，《南方人物周刊》发布了一篇文章，题目是"怎么还手才是自卫，而不会变成互殴？"，针对的是2023年5月2日发生的"高铁掌掴事件"，并邀请了相关专业人士进行解读。什么是斗殴？如何才属于正当防卫？为什么治安案件中鲜见认定正当防卫？人民群众如何才能

---

[*] 张兆阳，河北省沧州市中级人民法院少年审判庭庭长，研究方向为少年审判司法实务；陈彦良，河北省沧州市中级人民法院少年审判庭审判员，研究方向为行政审判实务。

做到保护自己合法权益与守法的统一,防止自己成为被处罚的对象?一时间,这一系列问题再次成为人们热议的话题,认定正当防卫这一影响社会公平正义的重大社会问题也再次牵动了国人的神经,成为社会治理中不容回避也回避不了的现实问题,必须想办法加以解决,以真正提升国家治理能力和水平,建设更高水平的法治中国。问题为何产生?怎样解决?

现代社会原则上不鼓励私力救济,但考虑到及时止损的需要,一定限度上允许进行,即允许对正在进行的不法侵害采取制止行为,进行私力救济,一般要求存在不法侵害行为、有防卫意图、不法侵害正在进行、未超过必要限度等要件。关于正当防卫的著作、论述比较丰富,对于治安案件中正当防卫的适用问题,学者们也有一些研究,但从司法与行政良性互动、行政诉讼对行政执法的监督功能发挥角度进行的研究则十分有限。本报告将站在行政诉讼的角度,阐述司法实务中治安案件正当防卫适用少的现状,剖析问题产生的原因,从行政诉讼对行政执法的监督效能角度提出优化意见和建议。

一 检视:治安案件中正当防卫的适用现状

(一)高位阶法律依据缺位

《刑法》第二十条[①]规定了正当防卫,这是我国刑事法律对正当防卫制度的明确规定。《民法典》第一百八十一条也规定了正当防卫[②]。那么治安

[①] 《刑法》第二十条:为了使国家、公共利益、本人或者他人的人身、财产和其他权利免受正在进行的不法侵害,而采取的制止不法侵害的行为,对不法侵害人造成损害的,属于正当防卫,不负刑事责任。正当防卫明显超过必要限度造成重大损害的,应当负刑事责任,但是应当减轻或者免除处罚。对正在进行行凶、杀人、抢劫、强奸、绑架以及其他严重危及人身安全的暴力犯罪,采取防卫行为,造成不法侵害人伤亡的,不属于防卫过当,不负刑事责任。

[②] 《民法典》第一百八十一条:因正当防卫造成损害的,不承担民事责任。正当防卫超过必要的限度,造成不应有的损害的,正当防卫人应当承担适当的民事责任。

案件适用正当防卫有无明确的法律依据呢?《治安管理处罚法》没有相关规定，公安部发布的《公安机关执行〈中华人民共和国治安管理处罚法〉有关问题的解释（二）》在"关于制止违反治安管理行为的法律责任问题"一节中虽没有"正当防卫"的字眼，但实际上是对正当防卫的粗略规定，可看作正当防卫在治安案件中适用的规范依据。除此之外，还有最高人民法院、最高人民检察院、公安部联合发布的《关于依法适用正当防卫制度的指导意见》，针对实践中存在的对正当防卫制度适用过严甚至严重失当问题，该意见对正当防卫在具体案件中的适用进行了规范指导。其中，第五条准确把握正当防卫的起因条件[①]明确了正当防卫中的不法侵害包括违法行为，治安案件中同样有作为正当防卫起因条件的不法侵害。从防卫起因这一较易引发争议的防卫因素入手明确正当防卫，可以说一定程度上为在治安案件中适用正当防卫厘清了认识。

虽然部门规章及司法政策对治安案件中适用正当防卫作出了规定，但毋庸讳言，由于我国尚未在法律层面对治安案件适用正当防卫作出明确规定，制度供给不足是目前我国治安案件正当防卫适用难的最主要、最直接原因。由于缺少较高位阶的法律依据，尤其是《治安管理处罚法》没有规定，实践中在治安案件办理中认定正当防卫有形或无形地存在"无法可依"的状况。调查中发现，有法官提出因《治安管理处罚法》未规定正当防卫，裁判文书中不敢明确表述正当防卫，这直接反映了司法实务面临的窘境。

（二）"适用少""争议多"——执法司法部门的实证调查

实践中较为常见的不法侵害集中于双方斗殴事件，正当防卫适用问题也主要存于此类案件中，如认定为双方互殴，公安机关主要适用《治安管理

[①] 《关于依法适用正当防卫制度的指导意见》第五条：正当防卫的前提是存在不法侵害。不法侵害既包括犯罪行为，也包括违法行为。不应将不法侵害不当限缩为暴力侵害或者犯罪行为。

处罚法》第四十三条①进行处罚，因此本报告以该法条在实务中的适用状况进行统计分析，反向查证正当防卫的适用情况。

调研过程中笔者发现，不管是公安机关、行政复议机关还是审判机关的部分办案人员，仍对正当防卫制度没有正确认识，存在不敢用或不愿用的问题，甚至相当一部分干警存在"治安无防卫，还手即互殴"的观念。例如，查阅大量治安处罚决定书后可以发现，绝大多数处罚决定书认定案件事实时，只是简单描述双方打架及后果，而对打架的起因、过错、双方采用暴力的对应程度等均没有载明，办案机关多数也简单以互相斗殴的定性对双方进行处罚，即"各打五十大板"。

与治安案件中正当防卫认定少伴生的是，当事人不服治安处罚而复议或诉讼的比例高。以河北省东光县为例，该地未实行行政案件集中管辖，审判机关管辖依法应受理的行政案件。②但需要说明的是，自2022年9月1日起，河北省行政复议案件实行集中统一管辖，由本级人民政府统一管辖本级政府组成部门及派出机构为被申请人的案件。笔者邀请了河北省东光县公安局、司法局、人民法院有关部门协助调研，对治安处罚、行政复议、行政诉讼案件的相关数据进行了统计（具体数据见表1~表3），统计时段为2021年1月1日至2023年6月30日，以期从中发现一些问题。

---

① 《治安管理处罚法》第四十三条：殴打他人的，或者故意伤害他人身体的，处五日以上十日以下拘留，并处二百元以上五百元以下罚款；情节较轻的，处五日以下拘留或者五百元以下罚款。有下列情形之一的，处十日以上十五日以下拘留，并处五百元以上一千元以下罚款：（一）结伙殴打、伤害他人的；（二）殴打、伤害残疾人、孕妇、不满十四周岁的人或者六十周岁以上的人的；（三）多次殴打、伤害他人或者一次殴打、伤害多人的。

② 《行政诉讼法》第十八条规定：行政案件由最初作出行政行为的行政机关所在地人民法院管辖。经复议的案件，也可以由复议机关所在地人民法院管辖。经最高人民法院批准，高级人民法院可以根据审判工作的实际情况，确定若干人民法院跨行政区域管辖行政案件。

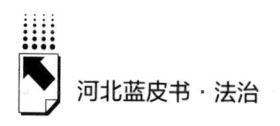

表1 2021年1月1日至2023年6月30日东光县殴打类治安案件公安机关统计数据

单位：件

年份	适用《治安管理处罚法》第四十三条作出行政处罚决定书的案件数量	作出不予处罚决定书的案件数量	因认定正当防卫而不予处罚的案件数量	备注
2021	137	6	0	《治安管理处罚法》第四十三条是认定行为人单方殴打或认定双方互殴，而对一方处罚或者对双方进行处罚的主要依据
2022	124	3	0	
2023年上半年	109	6	0	
合计	370	15	0	

表2 2021年1月1日至2023年6月30日东光县殴打类治安案件行政复议机关统计数据

单位：件，%

年份	不服《治安管理处罚法》第四十三条作出的行政处罚决定书申请复议的案件数量	占当期新收复议案件比重	其中维持处罚决定的案件数量	改变（撤销、变更、确认违法）处罚决定的案件数量	因行政复议机关认定正当防卫而改变处罚决定的案件数量	备注
2021	3	20	3	0	0	
2022	3	10	3	0	0	
2023年上半年	0	0	0	0	0	
合计	6	—	6	0	0	

表3 2021年1月1日至2023年6月30日东光县殴打类治安案件审判机关统计数据

单位：件，%

年份	不服《治安管理处罚法》第四十三条作出的行政处罚决定书而提起诉讼的案件数量	占当期新收行政争议案件比重	其中驳回原告诉讼请求的案件数量	改变（撤销、变更、确认违法）处罚决定的案件数量	因审判机关认定正当防卫改变处罚决定的案件数量	备注
2021	5	22	2	3	3	
2022	5	36	4	1	0	
2023年上半年	10	52.60	9	1	1	
合计	20		15	5	4	

可以看出，第一，2021年1月1日至2023年6月30日，公安机关在处理殴打类治安案件时，认定正当防卫的案件数量为零，直接反映执法实践中认定正当防卫少的现实；第二，被处罚人对殴打类治安案件处罚决定不服申请复议的，行政复议机关改变处罚决定的数量为零；第三，殴打类治安案件中，被处罚人不服处罚决定提起行政诉讼的案件数量有所增加，占比也在快速增长，统计时间段内，审判机关认定正当防卫而撤销行政处罚的案件共4件。

综合以上数据，可以得出如下结论：随着人们法治意识的提高，不服治安处罚而复议或诉讼的案件数量有所增加，诉讼量增长尤为明显。可以说，治安处罚案件是行政争议的高发、多发区域，但实务中行政复议机关或审判机关认定正当防卫的情况仍较少。

（三）"适用难"——个案适用正当防卫的曲折历程映射

河北省东光县人民法院审理的（2021）冀0923行初10号行政案件是典型的殴打类治安案件，据此案撰写的案例获评全国法院行政审判优秀调研成果（案例类）二等奖，案件还被推荐参选河北省法院参阅性案例，说明具有较强代表性。为完整展现正当防卫适用难的现实，本报告将案件情节和处理历程进行较详细的叙述。某天晚8时许，刘某某及其妻纪某某"插上"大门后在家休息，于某某来到刘某某家门外以刘某某"老是说李某某（于某某之妻，该村党支部书记）闲话"为由，砸刘某某家大门，刘某某发现后双方发生争吵，刘某某未予开门并报警，于某某在民警到来前离开。刘某某给其子刘某1、刘某2打电话，二人来到刘某某家。民警调查完离开刘某某家后，于某某再次来到刘某某家，李某某等人也先后赶到。因大门被卸下，于某某便直接进入刘某某家屋内。于某某、李某某与刘某某、刘某1、刘某2、纪某某见面后，两方发生争吵继而厮打。过程中，刘某某的儿子刘某1、刘某2并没有仗着年轻力壮过度殴打对方，也没有使用器械。

东光县公安局认定双方互殴，对刘某某、刘某1、刘某2以及于某某、李某某均处拘留10天、罚款500元。刘某某等起诉，法院认为公安局未对打架双方的过错加以区分，同等处罚明显不当，撤销行政处罚，责令重作行政行为。此时可以看出，法官亦认为双方属于互殴，但刘某某一方的过错较小，处罚应轻于第三人。之后东光县公安局继续认定双方互殴，对双方处以拘留7天、罚款200元。刘某某一方不服申请复议，行政复议机关维持处罚决定。刘某某一方再次起诉，法院审理后认为根据相关规定，于某某为泄私愤，乘晚上欲进入刘某某家住宅，未获准许后砸坏刘某某家大门，刘某某报警后于某某离开，民警离开后再次与他人直接进入刘某某家室内，言语争吵后刘某某与于某某等人厮打，形式上刘某某等人虽具有殴打的行为，但从事件的起因（为其他村民量地引发）、时间（晚上）、地点（刘某某家里）、过程来看，刘某某等人的行为应当属于"为了免受正在进行的违反治安管理行为的侵害而采取的制止违法侵害行为"，不属于违反治安管理的行为，具有正当防卫的性质，且并没有防卫过当，不应进行治安处罚。遂判决撤销了东光县公安局行政处罚决定书和县人民政府复议决定书。宣判后，当事各方均服判息诉。公安机关主动撤销了行政处罚。

该案虽最终圆满结案，但案件处理历时三年多，历经执法机关处罚—法院裁判撤销—执法机关再处罚—政府复议—法院再审判的曲折历程，其间当事人多次信访，直观反映了正当防卫适用难的现实，严重损害了正当防卫人的合法权益，浪费了执法司法资源，对社会稳定和政府公信造成了不良影响。

二 反思：治安案件正当防卫适用"少""难"的成因分析

（一）无"法"可依限制了治安案件中正当防卫的规范适用

如上所述，目前我国并没有在法律层面规定治安案件可适用正当防卫，有关规定只散见于层级较低的部门规章、司法政策类文件。但不容忽视的是，正当防卫本质上是一种责任豁免制度，在治安案件中，它产生于发生纠纷的双方，公安机关作为居中裁决的部门，一方被认定正当防卫，意味着不会被治安处罚，也不需要承担民事赔偿责任，如此，势必对另一方造成重大"不利"影响，涉及双方的重大利益，往往相对方抵触情绪非常大，甚至会采取一些极端行为。这种情况下，面临如此压力，如果没有法律层面的明确规定，审查认定标准不系统、不明确，那么适用正当防卫，必将是对执法人员责任与担当的重大考验。多数情况下，公安机关在作出处罚决定时会选择所谓的"习惯做法"，即"各打五十大板"。防卫人主张正当防卫，多数情况下也会以"于法无据"被驳回。

同时，殴打类治安案件数量多、后果轻，加之执法警力不足、能力参差不齐，多数案件被"粗线条"处理。实务中，治安案件大多由基层派出所处理，一方面，基层派出所除办案外，还要承担户籍管理、乡镇信访维稳等大量事务，难以集中精力精细研究案件；另一方面，基层派出所警力严重不足，以东光县为例，乡镇派出所一般只有2~3名正式干警，即所长、指导员或副所长，除参加各类会议、处理政府安排的各类事务外，真正承担办案任务的往往是辅警，对证据的收集固定不准、不全，尤其是不注重收集防卫起因、过错认定等证据，难以包含全部案件情节，办案质量无法保证，基于此作出的行政处罚决定便难以准确、公正，往往也难以使当事人信服。

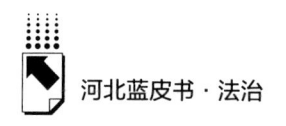

（二）个案中正当防卫与互相斗殴确实较难区分，防卫意图的认定是难点

认定正当防卫，要注意观察行为人是否具有防卫目的，这也是正当防卫与互相斗殴的主要区别。正当防卫的主观方面是制止不法侵害，保护合法权益，具有防卫目的。互相斗殴是指参与方基于矛盾用暴力互相攻击的行为，参与方都在积极追求损害对方，具有互相伤害的故意，从根本上不具有防卫目的。在具体案件中，执法人员需要坚持主客观相统一的原则，综合考量案件起因、行为人对于冲突升级是否有过错、行为人是否准备使用或者使用器械等客观情节，以准确判断行为人是否具有防卫目的。但实务中，个案千差万别，主观心态的准确分析认定确实是个大难题，尤其是遇到打架过程持续时间长、双方各执一词甚至处在两可的情境时，是否为正当防卫更加难以准确认定。

以（2023）冀0923行诉前调17号行政争议案为例，从案发地监控视频可见，因家庭琐事发生纷争，赖某率先撕扯生某某的女儿马某某，生某某为阻止赖某殴打马某某，拉架过程中与赖某发生肢体冲突，但生某某自始至终未主动攻击赖某，过程中嘴里一直喊"有事说事，别打孩子"。公安机关在处罚决定书中认定双方殴打，对生某某拘留三日。本案中，通过生某某的行为表现可以看出，其是为了保护女儿的身体不受侵害，且过程中未主动攻击，更未使用器械，因此足以认定主观上具有防卫目的。公安机关认定生某某构成与赖某的互殴，对生某某作出错误处罚。

（三）问卷调查反映出的其他原因

为进一步了解实务中发现的共性问题，便于提出针对性的解决对策，根据研究需要，笔者扩大了调查范围，重点总结了8个问题，制作了详细的调查问卷，对河北省沧州市辖区12家法院的12名行政法官进行了问卷调查，并就反馈情况进行总结归纳，具体情况见表4。

以行政诉讼对行政执法监督效能的优化破解治安案件中正当防卫的适用困境

表4 殴打类治安案件正当防卫适用状况调查

问 题	回 答
1. 您办理行政拘留、罚款类行政案件时,有无当事人提出其属于正当防卫不应受处罚的意见？此类理由是否常见？	回答"有提出"的8人,回答"属于常见理由"的4人
2. 您办理的行政案件中有无人民法院认定当事人属于正当防卫而撤销行政处罚的案件？如有,多少件？	回答"有认定正当防卫而撤销行政处罚"的3人,共5件案件
3. 认定正当防卫需具备防卫意图、防卫起因、防卫时间、防卫客体等因素,您认为实践中正当防卫适用少的主要原因是哪些因素不具备？	回答"防卫意图不具备"的4人,回答"防卫客体和时间不具备"的3人,其他较分散
4. 除案件本身不构成正当防卫外,您认为正当防卫认定少还存在哪些原因？	◆公安机关怕担责 ◆当事人未提出 ◆公安机关为平衡双方权益,防止激化矛盾 ◆执法人员观念错误 ◆防卫意图不好界定 ◆证据收集困难 ◆法律规定不明确
5.《刑法》对正当防卫制度有明确规定,《治安管理处罚法》目前没有规定,只散见于部门规章和司法政策,您认为此种状况对正当防卫的正确适用是否有影响？	认为有影响的9人
6. 您认为当前是否存在"互殴"认定扩大化的问题？如有,主要原因是什么？	有10人认为"存在互殴认定扩大化的问题" 原因是： ◆法律规定未区分,司法人员没有界定标准 ◆事实不清,证据收集不全,难以认定(防卫) ◆殴打含义广泛,认为只要身体接触就是殴打 ◆公安机关认为治安案件伤害后果轻,不愿直面矛盾发生原因 ◆为平衡权益,"各打五十大板"
7. 您认为当前公安机关办理殴打类治安案件以及人民法院审理此类案件,对"正当防卫"的认定还存在哪些问题？	◆正当防卫术语不能直接出现在文书中 ◆公安机关固定证据存在瑕疵,除有视频证据外,依赖言辞类证据难以完整再现全过程,不敢直接下结论 ◆执法机关只重结果,不重视其他情节 ◆缺乏明确审查标准,难以像刑事案件一样按照各种条件来认定

续表

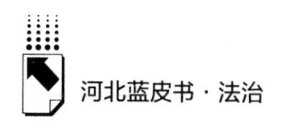

问　题	回　答
8. 您对殴打类治安案件准确适用正当防卫有哪些完善建议？	◆立法给予支持，可借鉴《刑法》规定 ◆加强顶层制度设计 ◆审判中发现问题及时反馈，用好司法建议 ◆检察机关加强对执法、司法活动的监督 ◆统一类案裁判标准 ◆明确证明标准，对防卫时间、意图进行细化

综合以上问卷情况可以得出如下结论：审理对治安处罚决定不服的案件时，多数法官都遇到过原告提出自己属于正当防卫的情况，法官采纳原告意见并撤销处罚决定的案件有但数量不多，且有的案件受限于法律规定不明确，最终还是以处罚过重的理由进行了撤销；多数法官认为防卫意图、客体、时间不具备是正当防卫适用少的主要原因，还有公安机关怕担责、观念错误、为平衡双方"各打五十大板"等原因。绝大多数法官认为，当前治安案件存在互殴认定扩大化的问题，多数法官认为法律规定不完善是主要原因。另外，部分法官反映治安案件中准确认定正当防卫，证据的收集是关键，除有视频证据外，其他证据较难客观、完整展现全过程；对于行政案件中正当防卫的规范适用，多数法官期望完善立法，加强法院与公安机关的互动，发现共性问题及时发出司法建议等。

以上困境和成因，既由殴打类治安案件中正当防卫认定难本身所致，一定程度上也是我国相关领域立法尚不完善、执法机关依法办案水平不高、执法人员运用法治思维和法治方式处理问题的能力不足的现实反映。相信随着全面依法治国方略的稳步实施，执法司法能力的稳步提升，各领域多措并举、综合施策，上述问题必然能够解决。本报告重点研究的是，通过优化行政诉讼对行政执法的监督，支持行政机关依法行政，助力问题解决。

三　完善：提高行政诉讼监督效能，助力难题解决

党的二十大报告指出，坚持全面依法治国，推进法治中国建设。公正司

法与严格执法是全面依法治国的题中应有之义，也是建设更高水平法治中国的必然要求。公正司法更是维护社会公平正义的最后一道防线。因此，司法活动要严格落实公平正义的总要求。行政审判作为人民法院三大审判之一，一方面要维护相对人合法权益，另一方面要监督行政执法活动，是保障行政行为规范合法的重要一环。要通过有效发挥行政审判的职能作用，公正处理每一起行政案件，让人民群众在每一起行政案件办理中感受到公平正义，提升人民群众的司法获得感，助力提升法治政府建设水平，真正厚植党的执政根基。通过对治安处罚案件的司法审判，明辨是非、惩恶扬善，确立正当防卫的适用规则，为社会公众确立行为规范，引领全社会树立"正义者毋庸向非正义者低头，法不能向不法让步"的价值导向。

本报告所称效能，是指效率、效果。本报告主要以提高行政诉讼对行政执法监督效能为视角提出完善举措，但无论是执法活动还是司法活动，有法可依都是前提，而且当前面临的最突出问题是法律制度供给不足，加上殴打类治安案件中正当防卫的规范适用是一个系统工程，因此应从立法、司法两个维度"对症下药"。

（一）完善立法，发布典型案例

"立善法于天下，则天下治；立善法于一国，则一国治。"当前全社会对正当防卫问题高度关注，不时引发公众热议，完善立法迫在眉睫。根据法律规定，对扰乱公共秩序，妨害公共安全，侵犯人身权利、财产权利，妨害社会管理的行为，尚不够刑事处罚的，由公安机关给予治安管理处罚。可见，《刑法》制裁犯罪行为，《治安管理处罚法》制裁一般违法行为，但二者的目的从根本上是一致的，都是为了维护社会秩序，保护公民合法权益。鉴于当前《治安管理处罚法》尚未规定正当防卫，建议立法机关尽快修订《治安管理处罚法》，全面增加正当防卫制度，在法律层面明确规定正当防卫在治安案件中的适用，彻底解决治安管理领域适用正当防卫"无法可依"的问题。针对治安案件中正当防卫适用存在的新情况、新问题，可以由最高司法机关发布专门司法解释，或与其他机关联合发布专门指导意见，明确具体适用规则。2022年12月22日，最高人民检察院、公安部联合发布了《关于依法妥善办理轻伤害案件的指导意见》，该意见在准确区分正当防卫与互殴型故意伤害①一条中，就故意伤害犯罪案件实务中常见的情况进行区分，可以作为在治安案件中区分互殴与正当防卫的参考。

同时，鉴于目前治安处罚领域案例少，示范性不强的现状，可以由最高司法机关定期发布行政审判典型案例，尤其是利用人民法院案例库平台以案释法，提高人民群众的接受度、感知度，更好为社会树立规范。

（二）法官和人民陪审员七人合议庭——精准适用的审判组织保障

一方面，正当防卫认定难很大原因是事实认定难，且很多时候执法、司法机关的认定与社会公众的认知不一致，导致执法决定或司法裁判作出后，社会公众不认可，难以服众。"高铁掌掴案"中，相当部分网民不认可公安机关的处罚决定，甚至有知名专家在网上公开发布否定处罚决定的意见。另一方面，正当防卫是社会管理领域的热点问题，社会公众往往高度关注，不论是刑事案件还是治安案件，都很容易引发社会热议，是对社会稳定造成影响的重要因素。正如我们所知，对公民的行为性质作出正确的法律评价，是司法机关应尽之责。② 本报告认为解决问题的办法是，充分利用我国政治制度优势，在行政审判阶段引入人民陪审员，与法官共同审理案件，发挥其在事实认定方面的优势，保障司法公正，提升司法公信力。

具体而言，为扩大公众有效参与，增强事实认定的准确性，对于公安机关认定属于互殴，相对人认为属于正当防卫，人民法院审查认为可能构成正

---

① 《关于依法妥善办理轻伤害案件的指导意见》：（九）准确区分正当防卫与互殴型故意伤害。人民检察院、公安机关要坚持主客观相统一的原则，综合考察案发起因、对冲突升级是否有过错、是否使用或者准备使用凶器、是否采用明显不相当的暴力、是否纠集他人参与打斗等客观情节，准确判断犯罪嫌疑人的主观意图和行为性质。因琐事发生争执，双方均不能保持克制而引发打斗，对于过错的一方先动手且手段明显过激，或者一方先动手，在对方努力避免冲突的情况下仍继续侵害，还击一方造成对方伤害的，一般应当认定为正当防卫。故意挑拨对方实施不法侵害，借机伤害对方的，一般不认定为正当防卫。

② 《正义的自卫》编写组编《正义的自卫》，人民出版社，2019。

当防卫的案件,列入《人民陪审员法》第十六条第四项规定的"其他社会影响重大的案件",由人民陪审员和法官组成七人合议庭进行审理,法官、人民陪审员在审理案件时充分发表意见,发挥各自在认定事实和适用法律方面的优势,共同作出裁判。如此,可以最大限度考虑人民群众的普遍感受,形成相对一致的价值认同,兼顾天理、人情,增强裁判的社会认同。

另外,为更好发挥庭审在查明案件事实中的关键作用,加强司法与行政的双向沟通、良性互动,提高庭审的效率、效果,按照《最高人民法院关于适用〈中华人民共和国行政诉讼法〉的解释》第四十四条①的规定,此类案件开庭时可要求承办警官出庭接受合议庭成员询问,阐述观点和意见,有利于更好裁判案件。

(三)法律援助——有效适用的制度支持

实务中,行政案件原告委托律师作为代理人的比例比较低,治安处罚案件原告委托律师的比例更低,多数情况下是原告自己起诉、质证、辩论等。原告由于法律知识欠缺,加之缺少律师的法律帮助,诉讼能力明显不足,法律规定的诉讼权利很难行使到位,往往是只言片语的简单陈述,感觉自己有道理却难以充分表达,这也影响了案件审理的效率、效果。随之而来的是,一旦判决相对人败诉,绝大多数相对人会提起上诉,官司打到中级法院,更有甚者,还会申诉、上访等。当前行政案件上诉率高、申诉率高的问题,与上述原因不无关系。

正当防卫是公民依法享有的权利,面对不法侵害正在实施,法律应当鼓励公民勇于自我救济。当正当防卫的权利可能受到"误解"时,应当充分保障行为人获得法律帮助的权利。《法律援助法》规定,法律援助是为了保

---

① 《最高人民法院关于适用〈中华人民共和国行政诉讼法〉的解释》第四十四条:人民法院认为有必要的,可以要求当事人本人或者行政机关执法人员到庭,就案件有关事实接受询问。在询问之前,可以要求其签署保证书。保证书应当载明据实陈述、如有虚假陈述愿意接受处罚等内容。当事人或者行政机关执法人员应当在保证书上签名或者捺印。负有举证责任的当事人拒绝到庭、拒绝接受询问或者拒绝签署保证书,待证事实又欠缺其他证据加以佐证的,人民法院对其主张的事实不予认定。

障公民的合法权益，保障法律的正确实施，维护社会公平正义。人民法院审理当事人起诉的一审治安处罚案件，发现可能构成正当防卫时，如原告未委托代理人，自己也未申请法律援助，人民法院应通知法律援助机构指派律师提供法律服务。如此，可以较好地保障当事人的诉讼权利，使原告、被告真正形成"对抗"。同时，重点调查能否构成正当防卫、防卫因素是否具备、法律依据是否充分等，确保案件事实查明在法庭，法律意见发表在法庭，提高庭审效率、效果。不管原告的意见最终是否被采纳，其是否会胜诉，法律援助都会最大限度减少对抗情绪，减少上诉、申诉，有利于行政案件的诉源治理。

（四）抓前端、治未病——以能动监督与服务促行政案源治理

1. 行政司法建议书——共性问题解决之道的能动服务

提出司法建议是人民法院的重要职责，是人民法院发挥审判职能作用，参与社会治理的有效形式。针对当前治安处罚案件普遍存在的正当防卫"认定难、认定少"的现状，应加强与公安机关的沟通，总结归纳审判中发现的问题，分析原因症结，提出可行性对策，向公安机关发出有针对性的司法建议，制作个案或类案的司法建议书，帮助公安机关改进工作，促进问题解决。

2. 联席会议+同堂培训——统一认识的有效形式

治安案件中正当防卫认定问题多，与执法机关、行政复议机关、审判机关对有关问题认识不一致、沟通少有关，实务中常见情形是，公安机关不分原因、过错等情节，对动手的双方"各打五十大板"，作出貌似公允的处理。当事人提起诉讼，人民法院如认为属于正当防卫，一撤了之，个案问题解决了，但由于缺乏沟通机制，难以形成共识，以后问题还会继续出现。甚至会出现法院怨公安"知错不改"，公安怨法院总是"挑毛病"的怪圈。

为统一处罚与裁判标准，提高执法、司法能力和水平，可以由省或设区市一级治安执法、行政复议、行政审判、行政监督部门建立联席会议制度，定期召开会议，通报各自实践中发现的新情况、新问题，充分研讨，统一执

法、司法标准，形成对治安案件正当防卫规范适用问题的统一认识。条件成熟的也可形成会议纪要，作为规范性文件下发，由辖区内司法、执法机关参照执行。

另外，法院与行政机关同堂培训也是统一思想认识的重要形式。邀请执法、司法领域专家讲授业务知识，审判人员、行政复议人员、执法人员共同参训，打破各方的知识与认知壁垒，从不同角度共享业务知识，增强理解与认同，共同提升解决疑难问题的能力。

（五）树立裁判终局意识，打造精品文书

行政诉讼一手连着行政机关的执法行为，履行法律监督职能，一手连着相对人的诉求权益，履行救济职能，审得明白否？判得对否？行政裁判文书是最终的司法产品，文书的制作水平高低直接关乎当事双方能否认可，案件能否服判息诉，更关乎监督效能能否有效发挥。

行政诉讼要准确适用正当防卫，取得三个效果的统一，就必须强化裁判文书的释法析理，以事实为根据，有效回应当事人和社会公众的关切，通过裁判引导全社会树立正确的规则观念，达到办理一案、教育一片的最优效果。

习近平总书记指出："全面依法治国，必须紧紧围绕保障和促进社会公平正义来进行。"[①] 作为社会治安管理领域的重大问题，能否实现正当防卫在治安案件中的规范适用，充分考验治理者的能力与智慧。问题的有效解决，关乎社会公平正义的实现，关乎全面依法治国战略的顺利实施，必须下大力气。对于人民法院而言，就是要提升审判能力，坚持新时代能动司法理念，积极参与社会治安综合治理，以审判能力现代化服务保障中国式现代化。本报告谨从行政诉讼对行政执法监督效能的优化角度提出对策，期待对问题的解决有所裨益。

[①] 习近平：《在省部级主要领导干部学习贯彻党的十八届四中全会精神全面推进依法治国专题研讨班上的讲话》（2015年2月2日），载中共中央文献研究室编《习近平关于全面依法治国论述摘编》，中央文献出版社，2015。

普法守法篇

B.16
进一步加强河北省法治文化建设的展望和建议

董 颖*

摘 要： 河北法治文化建设经过几年努力，取得了明显成效。随着普法工作的不断创新和完善，公民的法治素养得到进一步提升。在法治文化建设中，河北以示范创建为引领，以主题宣传为抓手，以阵地建设为保障，法治文化形式多样化，品牌带动效应显著，法治文化建设呈现辐射状态，发挥了法治文化应有的引领、示范功能。随着人们精神生活需求的不断提高，法治文化建设应实现全面升级，向纵深发展，适应社会进步的要求。

关键词： 法治文化 社会治理 河北省

加强社会主义法治文化建设，弘扬社会主义法治精神，引导全体人民自

---

* 董颖，河北省社会科学院法学研究所研究员，研究方向为法治文化、社会治理。

觉遵守法律，捍卫法律的尊严，成为全面推进依法治国基本方略的重要组成部分。随着法治文化建设的深入，社会主义核心价值观已逐渐融入法治国家、法治政府、法治社会建设的全过程。普法工作力度的加大，进一步提升了法治文化自信，汲取优秀传统法律文化精华，增强全民法治观念，彰显了文化凝聚力和精神推动力。

2024年是全面落实"八五"普法规划的重要一年。河北省普法工作的总体思路是：坚持以习近平新时代中国特色社会主义思想为指导，全面贯彻落实党的二十大和二十届二中、三中全会精神，深入践行习近平法治思想，深刻领悟"两个确立"的决定性意义，增强"四个意识"、坚定"四个自信"、做到"两个维护"，紧紧围绕省委、省政府中心工作，以提升公民法治素养为重点、以示范创建为引领、以主题宣传为抓手、以阵地建设为保障，狠抓工作落实，深入推进"八五"普法规划实施，努力为加快建设经济强省、美丽河北，奋力谱写中国式现代化建设河北篇章营造良好法治环境。以普法工作为中心，河北省法治文化建设呈现辐射状态，并向纵深发展，取得了良好的成效。

一 法治文化建设成效显著

（一）以提升公民法治素养为重点

河北省作为农业大省，法治文化建设成为乡村振兴的重要抓手。乡村振兴，法治同行，成为提升乡村公民法治意识的共识。擦亮"法治乡村大讲堂"普法品牌，组织省内知名专家以及律师等法律实务工作者，在农村地区开展线上普法直播和线下普法培训。自2023年起，河北省法宣办、省司法厅联合省农业农村厅、河北日报报业集团共同开展"法治乡村大讲堂"活动，大讲堂注重对县级以下干部、基层一线农业综合执法人员以及"乡村法律明白人"等开展重点培训，进行涉农普法宣传，对学法用法示范户开展有针对性的普法活动。授课和培训的内容主要围绕与群众利益相关的问题，关注民生实事，引导民众养成遇事找法、办事依法、解决问题用法、化解矛盾靠法的习惯。通过将百姓身边事融入法治教育过程，民众参与感有效增强，基层治理法治化水平显著提升。

这项活动通过搭建有效学法平台，注重抓牢重点人群，主要面对县级以下机关干部、基层一线农业综合行政执法人员、乡村"法律明白人"、乡村干部，以及包括农村学法用法示范户在内的农民群众等开展。讲解的内容涵盖《民法典》《国家安全法》，以及防范非法集资、电信网络诈骗等与农村群众生产生活密切相关的法律常识，简单实用、贴近生活。

省法宣办还充分发挥统筹协调职能，融合全省优秀的法治宣传教育资源，开展前期调研工作，确定宣传教育的思路和定位，并利用各种媒体平台，多样化、多层次送法下乡，并结合法治教育解决一批群众现实生活中的法律问题。在授课形式上，"法治乡村大讲堂"注重授课形式多样化，讲师授课时多采用以案释法的方式，用群众喜闻乐见、易于接受的语言讲好法治故事，效果明显，提高了群众参与法治文化建设的积极性。授课和培训主要选择切口小、覆盖广、与群众利益密切相关的议题，聚焦乡村振兴要事、民生服务实事、社会治理难事，重点宣传土地流转、农村产权保护、农民合法权益保障等方面的法律知识，帮助基层群众了解自己的权益和义务，提升法律意识和法治观念。

法治文化的培育，不但提升公众的法治凝聚力、法治认同感，也是涵养民风、优化治理环境的关键，从而彰显法治的生命力。河北省各地开展了形式多样的农村普法活动。石家庄市井陉县司法局联合市场监管局、农业农村局以"美好生活，民法典相伴"为主题进行普法宣传活动。在普法现场，"法律明白人"围绕与村民密切相关的土地承包、民间借贷、婚姻家庭、财产继承、侵权责任等，以通俗易懂的方式进行法律解析。普法志愿者还深入田间地头和村民家中，分发法治宣传资料，与村民面对面交流，使村民体会到法律的力量和智慧。沧州市着力打造独具特色的法治文化体验线路，推动系统性、区域性法治文化集群建设，全方位提升公众的法治意识。利用乡村文化平台，推出"法治微课堂""法治云展播"两个法治文化大型专题宣传品牌，结合生动的法治案例，对百姓身边事答疑解惑。乡村文化建设与法治文化建设融为一体。成安县司法局在全县开展"法治大篷车"活动，组织业务型、专业型、公益型普法志愿服务队伍，走进各乡镇、村，用群众听得懂、看得见的形式传递法治精神、普及法律知识，采用现场调解、以案说法、比比看等方式对村民开展法治教育，为群众提供各类法律服务。开展"美好生活·法治同行"群众性法治文化文艺汇演，以群众喜闻乐见的方式，把《民法典》宣传融入百姓日常生活，使法治精神更加深入人心，进一步将法治声音传递到千家万户。同时，大力开展法治进校园、法治进企业等活动，在学校，通过开展法治专题讲座、举办模拟法庭、参观青少年法治教育基地等多种形式，有针对性地为青少年提供更贴近实际、更符合青少年认知特点的普法教育活动；在企业，通过开展"法治体检"，深入了解企业所需所求，进一步增强企业经营管理人员和职工法律意识，不断优化法治化营商环境。临漳县"巾帼普法乡村行"面向妇女儿童开展法治宣传活动，走进社区，组织妇女观看普法视频，发放《未成年人保护法》《妇女权益保障法》，以及《保护妇女儿童权益》等宣传品；结合案例宣讲加强和改进未成年人权益保护，强化未成年人犯罪预防和治理，引导广大妇女用法律手段保护自身合法权益。

农村法治文化建设形式日益多样，并提档升级，文化的感染力使法治精神进一步深入人心。廊坊市三河市司法局编排了群众喜闻乐见的法治文艺节目，在全市各乡镇（村）、街道（社区）巡回演出，在全社会营造浓厚法治氛围。通过文艺巡演，将法律知识融入文艺节目，如说唱快板《我把民法典，送到您身边》，通俗简洁地将《民法典》的重要性、基础性以及与自身合法权益的相关性加强展示，在快乐学法的氛围中，为群众讲好法治故事，激发人们尊法守法的热情，在潜移默化中提升了群众法律素养。

（二）以示范创建为引领

河北省在法治文化建设过程中，注重以示范创新为引领，各级司法机关倾力打造文化品牌，形成强有力的示范效应。承德市法院系统"冀承未来"

品牌旨在依托"一校一法官"工作机制，推动司法资源下沉，以法治守护未成年人成长之路。承德市各级法院依托市中级法院融媒体中心、基层法院新媒体中心，借助法院工作站、法官工作室等有效载体，结合真实审判案例，宣讲《未成年人保护法》《预防未成年人犯罪法》等，滦平县法院成立"金山晨光"宣讲队、"滦法·息壤"普法少年团，以皮影、沙画等方式进行普法宣传；丰宁县法院"木兰有约"和"蒲公英"宣讲团则定期举办知识讲座，提升未成年人法治素养，取得了良好的宣传效果。《紫塞普法》《紫塞漫话》《法官日记》等短视频普法作品，传递法治声音，汇聚法治正能量，配备 NAS 云存储器，第一时间通过网盘将保障未成年人权益的宣传作品传送到全市 599 所中小学校展播，开启未成年人普法宣传新模式。

沧州的著名地标铁狮子，以深厚的文化底蕴名闻天下。沧州市充分利用这一文化资源，将践行新时代"枫桥经验"与"狮城"文化相结合，建立了分级定分止争的矛盾纠纷多元化解平台"解纷狮"，拓宽了公众的表达渠道，不但倾听民意、化解纠纷，还注重解决行业问题，"互联网+"服务贯穿矛盾化解全过程，更加方便快捷地解决纠纷。

宽城满族自治县旅游资源丰富，县人民法院皮溜子法庭打造了"法理润旅"特色品牌，护航文旅业发展，高效化解了多起涉旅游纠纷，推动旅游产业法治化、法律服务专业化。法庭工作人员还常态化开展法律培训，引导旅游经营者依法、诚信经营，开展巡回审判，并向游客发放风险防范指南，强化景区的普法宣传。邯郸市邯山区人民检察院着力培育特色文化品牌，未成年人检察文化品牌"琢玉"入选全国检察机关十佳文化品牌。早在 2020 年，邯山区检察院就深挖地域特色，取成语"精雕细琢""玉汝于成"之义，培育"琢玉"品牌，成立邯山区琢玉未成年人检察工作团队，在邯郸市 6 个线路 28 辆专用公交校车上投放 21 个未成年人普法微视频，检察院牵头公安、法院、教育、妇联等部门协调协作，推动形成工作合力。邯山区检察院联合教育局"法治大讲堂"为邯郸市师生开展线上法治教育 8 场，惠及 6 万余人次；在邯山区 49 个中小学、幼儿园以及 81 个基层社区、乡镇设立"琢玉"护未站，定期投放以《民法典》、家庭教育、未成年人保护为主题的原创宣传作品；协同教育、团委、妇联、公安、法院等部门联动策划，定期开设"琢玉+"线上直播课堂。邯山区检察院先后打造出"娃娃课堂""罗丽说""慧课堂""丽聪画法""成语检说"等一系列未成年人特色普法产品，如"慧课堂"通过40多个原创普法微视频向师生及家长普及犯罪预防、抵制校园欺凌、网络安全保护、强制报告制度等法律知识；"成语检说"普法模式以孩子们熟知的成语典故为切入点，在提升其法律素养的同时，让中华优秀传统文化焕发新的生命力。此外，邯山区检察院不断加强新媒体矩阵平台运营，综合运用多种表现方法，推进检察文化品牌破层出圈。该院采取"微课堂""微直播""微讨论"等方式，结合社会热点和典型案例，利用漫画、检察官释法、情景剧、讲述办案故事等方式创作融媒体产品进行未成年人普法宣传。

（三）以主题宣传为抓手

2024年5月是全国第四个"民法典宣传月"，根据中央宣传部、司法部、全国普法办《2024年"民法典宣传月"工作方案》的部署，结合河北省的有关工作安排，河北省委宣传部、省司法厅、省法宣办以"优化法治化营商环境"为重点，在全省组织开展"民法宣传月"活动。《民法典》与群众的生活密切相关，涉及社会治理的各个层面，关系民生大事，是社会和谐稳定的重要保障。《民法典》的宣传和施行，将助力推动新质生产力发展，为国民经济高质量发展营造良好的法治环境。《民法典》体现出的平等、自愿、公平、诚信、保护合法财产权利等基本原则，是保护公平竞争、激发市场活力、防范风险的重要保障。河北省深入开展了"民法典七进"活动（进机关单位、进农村、进社区家庭、进学校、进企业市场、进景区、进网络），《民法典》宣传覆盖了全省各个领域。河北省司法厅、省法宣办、省律师协会打造了"万名律师宣讲民法典"的普法微视频，对《民法典》进行全文全景全方位解读。为充分发挥教育基地的示范带动作用，全省4个法治宣传教育基地结合自身情况各自开展一次《民法典》宣传活动。各地还因地制宜开展特色活动，如保定市举办河北省"民法宣传月"启动暨"民法典进社区"集中示范活动。

张家口市开展了"民法典进规模以上工业企业"活动,秦皇岛市开展了"优化营商环境法治进民企"活动,保定市"民法典宣传citywalk城市漫步"及衡水市"法育雏鹰"《民法典》校园巡讲活动也颇有特色。各部门根据行业特色,也开展了一系列《民法典》宣传活动,如省工商联牵头组织实施新时代民营企业家法治素养提升计划,推动普法活动更加精细化和具有针对性。

（四）以阵地建设为保障

法治文化建设应以阵地建设为保障。融法于景,在文化阵地中彰显法治的仪式感、庄重感,使法治文化的精神内涵深入人心,在日常生活中接受法治文化的熏陶。邯郸市永年区在洺洲公园原有的景观和规划基础上加入法治元素,以法治宣传栏、法治主题雕塑、法治文化长廊等形式,打造了《民法典》主题公园,公园有法治典故、法治漫画、法治谜语等展板,加深人们对法律的理解,并定期组织人民监督员、普法志愿者、人大代表等在此开展法律宣传活动。永年区因地制宜,先后在主城区建成了洺洲法治文化公园、《民法典》主题公园、国家安全主题公园、禁毒主题公园等18处法治文化公园,在全区17个乡镇人口密集区建成了法治文化广场,在363个行政村安装了法治宣传栏,形成了横向到边、纵向到底的法治文化阵地集群,建成了覆盖全时空、全领域的法治文化阵地体系。

晋州市借助红色文化资源,依托周家庄农业特色观光园、周家庄合作史纪念馆等红色场所,打造红色法治文化宣传阵地。在周家庄农业特色观光园景区公路两侧,《民法典》、《宪法》和《未成年人保护法》等法律法规经常在展板上有所体现,法治名言警句也随处可见。普法志愿者还深入乡村,向游客和村民宣讲法律知识,引导群众办事依法、遇事找法、解决问题用法、化解矛盾靠法。"红色+法治"成果显著,为基层社会治理营造良好的法治环境。法治文化阵地在互动中"活"起来,成为法治文化建设的重要载体。秦皇岛市山海关区法院则打造了长城文化法治宣传新阵地"长城文化保护人民法庭",以司法助力基层社会治理,法庭以保护长城遗迹为使命,并成为普法新阵地。在涉长城案件审理过程中,审判人员在公开庭审中加入普法宣传内容，体现了法院参与社会治理及司法功能的延伸，法治文化阵地真正发挥普法教育的功能，增强社会公众的文物保护意识，形成全社会保护长城的共识。

（五）"媒体+普法"取得良好效果

各地在普法活动中以通俗、多样的文化形式传递法律理念和法律知识。武强县融媒体中心与县司法局联合制作了52集系列普法短视频《生活与法》，追踪社会热点问题，以情景短剧的形式，生活化、趣味化地讲好法律故事。短视频《租期房东卖掉房子租房合同还有效吗》、《已卖车辆未过户 事故谁担责》、《警惕！偷梁换柱》和《个人债务个人担 合意举债共同还》等贴近工作生活的短视频，在学习强国平台上播发了20余期，浏览量破10000万人次。这种直观生动的"新媒体+普法"方式取得了良好的普法效果。秦皇岛市抚宁区委网信办联合区旅游和文化广电局开展"e法e同行 护航新征程·元宵节网络普法知识灯谜竞猜"活动，活动将网络安全知识与"猜灯谜"巧妙融合，在传承和弘扬中华优秀传统文化的同时，丰富群众的文化生活，增添节日气氛。在寓教于乐中，群众了解掌握了网络安全知识，共度难忘的元宵佳节。在井陉县天长镇核桃园村乡村传统花会上，志愿者面向大量游客发放法治宣传品，解答法律问题。秦皇岛市委网信办、市检察院、市司法局等部门，针对未成年人制定了"网络保护攻略"并打造网络普法互动新模式，强化未成年人学法、知法、守法、用法意识，并开通"法治直播间"，由公益讲师团教师开展《未成年人网络保护条例》专题网络直播活动，针对网络素养促进、网络信息内容规范、个人信息网络保护、网络沉迷防治等方面内容，结合案例深刻剖析，不但未成年人受益匪浅，社会公众也上了生动的网络普法课。长城新媒体发挥融媒体优势，策划了《政策·一问到底》《天下无诈》《民法典应用·一点通》等系列融媒体作品，法治河北建设的成效充分展现，传递了以人民为中心的司法价值取向，推动法治文化建设不断完善。

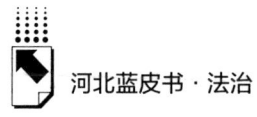

（六）传承红色法治文化

河北省拥有丰富的红色文化资源，西柏坡纪念馆、李大钊纪念馆、华北人民政府旧址等均为全国法治宣传教育基地。河北省司法系统深入挖掘红色法治文化资源，推动形成地域性文化集群，形成"沿太行山红色法治文化带"。河北省以立法的形式加强红色文物保护，2021年5月，河北省人大常委会审议通过《河北省人民代表大会常务委员会关于加强革命文物保护利用的决定》，石家庄、邯郸等地则结合实际，制定出台《石家庄市西柏坡红色旅游区保护与管理条例》《邯郸市烈士纪念设施保护条例》等地方立法，从制度层面为红色资源传承保护提供法治保障。将"大力弘扬红色法治文化，建设一批以红色法治文化为主题的法治宣传教育基地"写入《河北省法治宣传教育领导小组关于在全省开展法治宣传教育的第八个五年规划（2021—2025年）》和法治社会建设实施方案，广泛部署开展。"西柏坡——依法治国从这里起航"专题展览每年都有大量的参观者，并在此接受法治教育。各地还在法治宣传教育中融入红色文化元素，讲好法治故事，传承红色法治文化。

二 法治文化建设中存在的问题

经过几年的探索和实践，河北省法治文化建设取得了可喜的成效，法治文化建设步入了良性循环的轨道。但河北省法治文化建设与经济社会发展的适应程度仍有待提高，实现升级与进阶仍需要时日。

（一）法治文化建设的内生动力欠缺

河北作为农业大省，农村法治文化建设成为重中之重。最近几年，河北省农村法治教育开辟了不同的渠道，注重普法的实效性和针对性。但是农村法治文化建设是一项系统工程，需要在调研的基础上确定系统性的法治文化建设思路，并在几年内实现进阶。法治教育阵地、普法宣传日活动固然是普法的重要载体，但简单地发放宣传手册，或流于形式的表面化灌输，未能使法治精神深入内心，一些不规范、不专业的法治教育偏离初衷。缺乏创新的普法活动也容易让受众产生审美疲劳，普法教育的精准性下降。对乡村"法律明白人"的培养还停留在起步阶段，有些培养对象只接受了浅显的法律条文培训，知识和观念的更新有待加强。

（二）法治文化建设的形式需进一步丰富

法治文化建设多头并进、多措并举的局面已初步形成，各地文化特色资源得到有效开发，与法治文化建设融为一体。但文化资源未得到更深层次的开发，博物馆、文化陈列馆仍未实现全面对外开放，并且由于宣传力度不够，公众对司法系统内部的法治文化展馆知之甚少，相关展馆未充分发挥应有的作用。法治文化普及仍有需改进和完善之处，如有些地方网络文化建设流于形式，网站长期不更新，教育资源滞后，不能适应社会公众更高的精神文化需求。个别地区的法治文化阵地内容单一化、同一化问题突出。

（三）法治思维真正形成仍需时日

公民法治素养的提高需要厚植文化土壤。法治文化建设有助于公众在整体文化氛围中形成对法治的认同，通过日常行为、生活方式，自觉产生文化归属感，从而遵守共同的行为准则。经过多年的努力，越来越多的人认识到法律在社会生活中的作用，但构建理想的法治秩序、形成真正的法治思维仍需时日。

三 下一阶段法治文化建设的展望和建议

随着社会的进步，公众有了更高的精神文化需求，法治文化建设也应适应社会经济与科技发展的进程，不断实现法治文化建设向纵深发展。

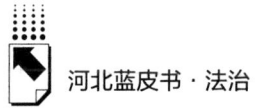

（一）明确法治文化建设的真正意义

文化包含了无形的价值观、理念、思维等元素，也包括有形的载体、历史遗迹、符号等。法治文化建设就是要通过历史沉淀的有形遗产，通过社会进步与法治水平的提高，形成稳定的，影响人们价值判断的法治理念和法治思维。因此，积极健全的法治文化可对人产生积极正面的引导，激励人们守护法律、尊重法律，在心中确立对法治的认同，产生强烈的法治信仰。在推进国家治理体系和治理能力现代化的过程中，公民的参与是社会治理的重要环节，公民充分认识到法律与自身的关系，不但在社会生活中自觉守法，还要以法治的要求规范各种行为，对政府进行有效监督，形成有利于法律实施的法治文化氛围，从而构建理想的法治秩序。如江苏省为了提升社会组织的参与度，推动民营企业的发展，于2022年印发了《江苏省法治民企建设五年行动方案（2022—2026年）》，苏州市吴江区吴风法韵艺术团、法心法律服务社等普法社会组织每年到乡村开展普法志愿活动，取得良好的社会效果。同时，江苏省大力加强物质层面的文化基础设施建设，增加法律服务中心和服务站点，引导专业法律人才下乡，力争乡村法律工作站配有专业的法律工作者，以现代法治精神替代旧有的违反法治精神的传统。该方案体现出法治文化建设的前瞻性和持续性，法治文化建设需要有战略性考量，才能实现最终目标。

（二）法治文化建设嵌入地域文化、民俗文化

近年来，全国各地创造性地发展具有当地特色的法治文化，彰显文化的生动活力。广西注重铸牢中华民族共同体意识，打造兼具民族文化色彩和现代法治元素的民族普法品牌。柳州市三江侗族自治县林溪镇牙己村在侗族大歌节、多耶节等民俗节日上，以侗、苗等民族语言进行法治宣传，带领群众共唱普法山歌。法治宣传充满民族文化风情，法治宣传更加生动，贴近生活。"双语普法""山歌普法""灯日普法""文艺普法"等，成为群众喜闻乐见的普法活动。广西还以"法治+科技+生活"的形式沉浸式普法，加入数字互动和体验元素。此外，全息投影刘三姐3D普法互动、"机器人潮

舞"、法律大模型 AI 互动体验等，吸引不同年龄的游客游玩打卡。广西司法厅创作的《娃娃有法走天下》《普法迪斯科》《民法典尼的呀》等普法视频，巧妙融入壮族山歌、流行说唱、非遗传承等元素，获得群众一致好评。东兴市江平镇万尾村结合民族文化，以京族哈节、京族开海节以及各自然村艺术团文艺表演等载体开展法治宣传教育活动。在普法宣传工作中，广西聚焦民族、地域特点，在建好、用好法治文化阵地的基础上，将普法宣传变成了移动的舞台，聚焦民族群众、青少年等关键群体，开展形式丰富的普法活动，打造既接地气又聚人气的平台。广西通过不断创新普法方式，突出地方特色，提高了民族地区普法教育的实效性、针对性和趣味性。文化底蕴较为深厚的地区深入挖掘历史文化资源，并将其融入法治文化建设。如苏州市相城区黄棣镇专门设置冯梦龙廉政文化培训中心，通过实景展示冯梦龙故居，向参训者讲述冯梦龙清廉为民的为官事迹，甚至在展厅中与冯梦龙为官的福建省寿宁县实时视频连线。新颖的培训方式不仅让参训者难以忘怀，也让廉洁自律的法治精神落地生根。浙江省宁海县以"寓学法于休闲"为理念，立足多样化、注重细节，法治文化建设与群体休闲、日常生活、公园景观、旅游景点的文化风格融为一体，推动法治文化入脑入心。宁海针对传统历史文化积淀深厚、旅游资源丰富这一优势，做深"结合"文章，按照"县级有精品、镇街有亮点、乡村有特色"的思路，打造一批法治文化阵地。王干山法治文化长廊、黄坛镇民法典公园、胡陈东山桃园法治文化广场各具特色，推动形成"一地一品""一村一品"的法治文化景观群落。宁海将法治文化与旅游文化有机融合，打造宁海县岔路镇、宁海县前童古镇等两条特色法治旅游精品线路。

南通以"邻里法治文化节"的形式宣传《民法典》等相关法律法规，增进邻里之间的交流，邻里群众通过互动，加深对《民法典》的理解，群众的参与性和主动性也进一步提高。"邻里法治文化节"以诗歌、舞狮、情景剧等节目形式传递法治文化，有较强的参与性，除文艺表演，还有法治文创、"法治游园会"等活动。法治文创以法治剪纸、法治糖画、法治泥塑、法治风筝、民法典"灶头画"等"法治+非遗"文创产品释放南通特有的法治文化魅力，让市民群众在潜移默化中了解掌握法律知识。"法治集市"更是独具特色，群众可以在"普法集市小摊"上写下学法的感悟，新鲜有趣的方式吸引群众更加主动地学法知法，增强了群众学法的自觉性。此外，"法治议事厅""法治+文旅""法治+红色历史""法治+党建"等多种方式也被广泛运用，时下热门的"沉浸式体验"等新颖手段在吸引青少年、提升法治文化建设效果等方面发挥了重要作用。

各地在法治文化建设中的探索与实践具有借鉴意义。文化资源是宝贵财富，而文化的传播与融合则是文化发展的主要动力之一。民族地区不同文化元素的相互吸收，形成了新的法治文化形态，历史文化深厚的地区通过将源远流长的传统法治文化与现代法治文化融合彰显新的生机与活力。河北省有着深厚的历史文化积淀，红色法治文化也独具特色，下一步有待更深入挖掘文化内涵，把握历史与现实、传承与创新之间的关系，打造具有鲜明特色的法治文化场景。

（三）加强法治文化建设的财政保障

法治文化建设需要长久、可持续的外部保障。随着经济社会的发展，人们的文化需求不断升级，不论是文化阵地建设、创意性普法活动，还是网络普法、制作普法短剧和普法微电影，以及平台、网站的维护，都需要一定的资金投入。在财政保障相对雄厚的地区，法治文化建设具有更强的生机和活力，发展到更规范、更专业的阶段。如苏州、无锡基层农村均在文化建设、人居环境改善及生态文明建设方面有较大投入，村级法治文化阵地已形成区域特色，法治文化公园成为村民接受法治教育的重要场所。同时，各民营企业也有一定的法治宣传活动经费。因此，在财政保障方面，法治文化建设应进一步受到重视，以充足的文化建设经费拓展法治文化建设的方式，开拓不同的渠道，吸引社会组织和企业投资法治文化建设，实现社会治理共建、共享、共治的目标。

（四）法治文化建设与社会治理实践相结合

法治文化建设需要多元参与和良性互动，一方面，需要每个主体自发、自愿参与；另一方面，主体之间要有信息交流和回应，多元参与的法治文化建设才更具生命力。

提升治理效能对法治文化建设的促进作用。基层治理效能的提升，有助于有效化解基层矛盾和纠纷，社会公众合法权益得到保障，感受到法治的力量，进而积极参与法治文化共建。河北省乡村法律服务已实现全覆盖，要实现乡村法律服务的升级，还应进一步在人才、政策等方面倾斜，优化乡村法律服务，特别是吸引更高层次的法律人才参与，拓宽法律援助渠道。充分发挥人民法庭在乡村法治文化建设中的职能作用，发挥巡回审判方式的优势，提高专业水平，防止陷入人才流失的困境，有效整合资源，使村民能够得到及时有效的法律服务，努力让村民在每一个案件或每一起冲突的解决中感受到公平正义。

法治文化融入基层治理，是基层法治文化建设的重要组成部分。法治意识成为人们内心坚定的价值、态度和原则，成为激励社会治理参与者自觉能动推进基层治理法治化的关键，法治文化才能真正发挥引导、激励和辐射功能。现实中，部分基层干部法律意识淡薄的问题尚未得到根本解决，未形成现代法治意识，选择性执法、混淆法律和情理关系等问题，削弱了法律文化传播的基础，法治文化融入基层治理的成效也大打折扣。健康有生命力的法治文化是基层治理的精神沃土，因此，基层治理的实践与法治文化建设是相辅相成的，执法者及"关键少数"带头守法、严格执法，形成示范效应，是推动法治文化建设的重要举措。继续提升基层干部的法治素养，乡村基层干部要整合多方面资源，推动民政、农业农村、司法等部门资源下沉，制定具体的基层干部法治素养提升方案，并完善考核制度，将法治水平的考核作为评议的重要内容，定期考核基层干部尊法、学法、守法、用法情况。在对外引进人才的同时，更加注重本土基层干部法治精神的培育，形成稳定、可持续的乡村法治文化建设合力，使法治思维与法治实践能力同步提升，让基层干部成为法治文化建设的中坚力量。

进一步完善乡村法律服务机制，使乡村法律服务真正覆盖和延伸到乡村的各个领域和所有村民。河北省已建成覆盖城乡、便捷高效、均等普惠的现代公共法律服务体系，法律服务的总量和质量不断提升。群众在公共法律服务中具有更强的法治获得感，将促进群众法治意识的提升。在乡村振兴战略推进过程中，广大村民感受到社会进步和法治进步带来的幸福感和安全感，法治理念深深融入社会治理的各个层面；在基层治理中彰显法治的红利，群众感受到法治的力量和守法尊法与自身的密切关系；在精神生活中融入法治内涵，以法治思维解决问题也成为群众的行为准则。在乡村法律服务工作中，还要推动更精准的专业法律服务，推动城乡区域法律服务均衡发展。优化法律服务工作者队伍，鼓励社会组织和热爱法律公益事业、具有专业知识的教师、学者、律师等加入法律志愿者团队，参与基层和乡村法律服务工作，提升法律服务的质量。

（五）拓展法治文化的传播途径

进一步开发数字技术应用，扩大数字网络传播优势，特别是在乡村法治文化传播中，除了传统的宣传阵地，还要重视运用新媒体和新技术，以短视频、微电影、动漫等形象化的手段加大法治宣传力度，以更加直观高效的方式使法治精神入脑入心，提升法治文化在乡村社会的影响力，推动法治文化建设与乡村治理实践融为一体。

广泛调动社会力量，整合主流媒体与自媒体等社会媒体资源，精准调研，根据群众的普遍需求，策划出有生命力、具有现代法治精神、代表新时代风貌的法治文化新媒体作品。构建县（区）—乡（镇）—村（社区）联动的区域法治文化全媒体传播矩阵，拓展法治文化的传播空间。

参考文献

田昱翌：《场域理论下法治乡村建设"双重"文化的良性互动及其实现》，《重庆行政》2024年第5期。

魏长领、刘思远：《道德支撑法治文化建设的基本路径探析》，《河南社会科学》2024年第10期。

张清：《论法治自信的法理阐释及其实践逻辑》，《法学》2024年第1期。
雷磊：《论新时代社会主义法治文化建设》，《法治社会》2024年第3期。
梅园：《农村基层法治文化建设实践考察与路径优化——以苏南农村为对象的分析》，《江苏大学学报》（社会科学版）2024年第4期。
刘莉：《以民族文化力量滋养社会法治精神》，《广西日报》2024年6月11日。

B.17
新时代多元化纠纷解决机制整体性立法反思与设计

李北凌*

摘　要： 多元解纷机制是习近平法治思想的重要组成部分，加快多元解纷机制立法是完善国家安全体制机制的重要基础，建设更高水平平安中国的必要保障。当前各地积极进行多元解纷机制地方立法，积累了大量成功的立法经验。在实践层面，多元解纷机制存在协同联动工作机制衔接不畅、制度供给零散化、数字解纷平台有效联通程度较低等较为突出的问题。未来国家立法工作应整合各地方立法经验，准确把握国家立法模式选择，在顶层立法设置中重视源头治理立法、鼓励职业化调解组织发展、明确调解前置促进诉调衔接、提高数字解纷模式智能化系统化水平。通过具体制度设计，构建有机衔接、相互配合、功能互补的多元纠纷化解体系，助力国家治理创新进入新时代。

关键词： 多元矛盾纠纷化解　整体性立法　国家治理法治化

关于多元化纠纷解决机制（简称"多元解纷机制"）的概念，目前尚缺乏统一界定。按照实务界的理解，多元解纷机制是包含和解、调解、仲裁、行政复议、行政裁决与诉讼等多种解纷方式，各种方式相互衔接、相互配合的多元化纠纷解决体系。与西方国家倡导的替代争议解决方式（ADR）不同，我国多元解纷机制充分结合中国传统和实践，是体现中国本土特色的

---

* 李北凌，法学博士，河北省社会科学院法学研究所副研究员，研究方向为基层法治。

解纷机制的创新表达。近年来，多元解纷机制在党和国家多个重要文件中被反复提及，从党的十八届四中全会通过的《中共中央关于全面推进依法治国若干重大问题的决定》到党的二十届三中全会通过的《中共中央关于进一步全面深化改革　推进中国式现代化的决定》，都对多元解纷机制作出了总体规划与全局部署，为顶层立法设计奠定整体基调。同时，多元解纷机制是建设法治政府、法治社会、法治国家的有力助推与基础保障。《法治中国建设规划（2020—2025年）》提出："完善调解、信访、仲裁、行政裁决、行政复议、诉讼等社会矛盾纠纷多元预防调处化解综合机制，整合基层矛盾纠纷化解资源和力量，充分发挥非诉纠纷解决机制作用。"健全的基层社会治理体制机制是国家治理体系和治理能力现代化的必然要求，是防范化解重大风险，完善国家安全体制机制的重要基础，是维护社会公平正义、长治久安，建设更高水平平安中国的必要保障。因此，构建完备的体系化、组织化、规范化协同式矛盾纠纷多元化解综合机制，树立整体性法治化思维，推动多元解纷机制国家立法的顶层设计，是贯彻习近平法治思想的重要举措，也是打造共建共治共享社会治理格局的现实需要，必将极大助推中国基层社会治理现代化的实现。

一　我国多元化纠纷解决机制立法现状

截至2024年12月，我国已有30余个省份出台多元解纷机制相关地方立法。作为国家首部推进多元解纷机制的地方立法，《厦门经济特区多元化纠纷解决机制促进条例》于2015年4月1日审议通过，标志着中国多元解纷机制的规范化、法治化大幕正式拉开，开启了我国多元解纷机制立法的新时代。紧随其后，海南省、辽宁省、河北省、上海市、云南省、江西省、天津市、河南省、贵州省、重庆市等相继颁布多元解纷机制地方立法。地区立法实践聚焦法治理念与原则，深入总结地方立法经验，为国家多元解纷机制顶层立法提供了学理支撑，奠定了物质基础。

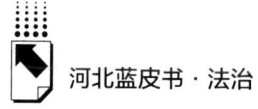

（一）多元化纠纷解决机制地方立法理念

1. 以人民为中心

多元解纷机制本质上是落实以人民为中心的发展思想，深入践行习近平法治思想在基层治理领域的重要体现。深入研究各省份多元解纷机制地方立法，以人民为中心的发展思想具体体现在三个方面。第一，人民群众是多元解纷机制的参与主体。地方立法注重调动人民群众的智慧和力量，鼓励支持人民调解组织发展，畅通渠道使更多主体参与纠纷解决过程，真正实现矛盾纠纷化解实质化，依靠社会资源和人民群众自身力量解决矛盾，降低解纷成本，消弭社会冲突。第二，人民群众是多元解纷机制的受益主体。各省份条例中都最大程度体现了对于人民群众权利和意愿的尊重与保障。各地方立法将保障人民群众合法权益作为多元解纷机制的根本出发点和落脚点。例如，《河北省多元化解纠纷条例》总则第二条明确，条例的主要目的是"依法为当事人提供多样、便捷、高效的化解纠纷服务"，第四条第二款将"尊重当事人意愿"作为多元化解纠纷工作的基本原则。第三，人民群众是多元解纷机制的评价主体。构建中国特色多元解纷机制是推动国家治理体系和治理能力现代化的重要手段，是满足和回应人民群众的司法新需求、安定生活新期待的压舱石。《上海市促进多元化解矛盾纠纷条例》第三条开宗明义提出，"积极践行'人民城市人民建，人民城市为人民'重要理念，发挥人民主体作用，完善正确处理人民内部矛盾工作机制"。多元解纷机制是否达到最大效能，是否经得起时间的考验，是否与国家法治现代化同向同行，最终的评价权利掌握在人民群众手中，人民群众的感受和体验是衡量多元解纷机制现代化水平的核心标准。

2. 积极培育践行新时代"枫桥经验"

"枫桥经验"历经半个多世纪，从"发动群众、依靠群众、坚持矛盾不上交、就地解决"的"一地之计"发展成为基层社会治理的"长治之策"并最终形成新时代"枫桥经验"，为国家治理体系和治理能力现代化奠定了坚实基础。多元解纷机制是新时代"枫桥经验"的重要组成部分，其发展法治化、规范化、体系化的过程就是新时代"枫桥经验"不断创新发展、迸发新的生命力的实践过程。各地不断畅通公众意见诉求表达渠道，丰富权益保障方式，强化调解主导方式的使用，完善各类纠纷化解联动工作机制，积极构建源头预防、排查梳理、化解纠纷、应急处置的基层治理综合机制。如《河北省多元化解纠纷条例》第二章专章规定源头预防，将源头预防理念贯彻于重大决策、行政执法、司法诉讼等矛盾纠纷化解全过程，是对新时代"枫桥经验"的立法落地与实践。《海南省多元化解纠纷条例》则注重矛盾化解途径的多样性，明确建立国际商事纠纷多元化解机制，规定了国际商事调解机构设立主体、案件受理范围、调解员任职条件、境外商事调解机构规则适用等。同时，引导多元主体建立调解组织，完善行业性、专业性调解机构，多渠道丰富调解主体、调解方式，规范调解与其他解纷机制相互衔接、相互配合的程序机制。概言之，多元解纷机制的地方立法是对"枫桥经验"的创造性应用与创新性转化，充分彰显了"枫桥经验"的新时代生命力与发展伟力。

（二）多元化纠纷解决机制地方立法特点

现有多元解纷机制地方立法各具特点，也存在共性。如各地多元解纷机制立法结构皆包含总则、主体职责、化解途径、程序衔接、保障措施、源头预防等内容，上述立法体例也为国家立法提供了借鉴。一是明确解纷主体职责与权能。地方立法中综治部门、行政机关、人民法院、各级组织以及社会团体的角色定位以及职责权能得到界定与明确，为职能部门各司其职、尽职履责提供了制度依据。二是促进纠纷解决理念的创新。各地方立法均体现"国家主导、司法推动、社会参与、多元并举、法治保障"的现代纠纷解决理念。[①] 三是制定衔接协同机制。各地方立法均对职能部门之间如何协调配合、各解纷方式之间的程序对接等内容进行了详细规定。如《上海市促进多元化解矛盾纠纷条例》第四章专章规定"程序衔接与效力确

[①] 龙飞：《论国家治理视角下我国多元化纠纷解决机制建设》，《法律适用》2015年第7期。

认",其中第四十九条规定,对于"家事纠纷、相邻关系纠纷、小额债务纠纷、消费纠纷、交通事故纠纷、劳动争议等适宜调解的案件",推动法院探索实行调解程序前置;第五十四条第二款赋予人民法院必要工作义务,将特邀调解组织、特邀调解员或者人民调解委员会依法调解达成的民事调解协议纳入司法确认范围,第三款鼓励加大对调解协议司法确认的力度,扩大调解司法确认范围,提高司法确认效率。《杭州市矛盾纠纷预防和多元化解条例》第三十五条规定,人民法院、人民检察院、公安机关、信访工作机构、司法行政部门应当加强联动配合,定期对各自领域矛盾纠纷开展会商研判,为矛盾纠纷预防和多元化解工作提供支撑。四是建立相应考核监督制度。例如,山东省规定将纠纷化解工作纳入政府和综治部门年度工作考核与社会治安综合治理考核体系。五是积极创新发展解纷机制。各地方立法在现有制度基础上推动制度创新,确立商事调解和行业调解地位,创新在线纠纷解决机制,如《杭州市矛盾纠纷预防和多元化解条例》第二十八条规定,鼓励成立具有独立法人资格的涉外商事调解组织,培育国际化、专业化的涉外商事调解员队伍、调解品牌,建立涉外商事纠纷多元化解机制;第三十六条规定,推行"共享法庭"集成智能化应用,整合法治资源,为社会公众提供优质法治服务。

二 多元化纠纷解决机制发展面临的困境

伴随各地方实践经验与制度设计的不断完善,多元解纷机制在法治轨道上持续推陈出新、积极作为,为有效预防化解社会矛盾、最大限度减少社会不稳定因素以及改革发展的稳定大局提供了重要的法治保障。但值得注意的是,由于纠纷解决方式与当事人诉权保障紧密相关,各解纷方式在程序衔接、结构布局、效力保障等方面仍面临制度困境,国家层面立法尚付之阙如,实践中多元解纷机制呈现明显的碎片化倾向,难以发挥更高效、流畅的协同效应,社会治理效能未能充分体现。

（一）协同联动工作机制衔接不畅

深化多元解纷机制的完善，应当注重系统性、统筹性与协调性，因此，多元纠纷化解衔接机制建设是关键，而诉调对接又是关键中的核心问题。在司法实践中，和解与调解工作长期处于边缘化的境地，更多的纠纷解决依赖诉讼方式，这导致一定程度上调解制度体系发展不充分、不平衡，调解手段难以与诉讼方式充分互补、相互支持。从现有程序来看，2015年，中共中央办公厅、国务院办公厅出台的《关于完善矛盾纠纷多元化解机制的意见》明确，各级人民法院应当建立探索先行调解案件类型，推动建立调解程序前置制度，但在实践中，调解前置程序的推行与人民法院的立案登记制度之间存在紧张关系。立案登记制度要求符合法定条件的案件一律登记立案，充分保障人民群众诉权。调解前置程序则要求由人民法院的专职或聘任调解员及调解委员会等组织在起诉后立案前这个时间段对案件进行调解。这导致纠纷当事人更倾向选择法院及时立案解决纠纷，限制了调解前置程序作用的发挥。从调解制度的演进角度来看，人民调解协议的法律效力得到了认可，但其他调解形式如商事调解、行业调解等，法律规范有待完善，司法确认力度有待加大。这降低了调解工作的规范性和专业性。同时，社会调解体系往往被统一归类为"人民调解"，限制了多元化调解体系的发展路径，不利于纠纷解决机制的现代化和国际化。此外，工作机制之间的衔接不顺畅，使得多元解纷主体共同治理效能的发挥受到限制。

（二）多元解纷制度供给零散化

当前各种解纷方式以单行法形式呈现，如《人民调解法》《仲裁法》《行政诉讼法》《民事诉讼法》等。单行法形式因缺乏综合性的制度安排，难以促进各种解纷途径均衡有效发展。尽管近年来中共中央办公厅以及最高人民法院相继出台政策性文件为多元化解纠纷提供了系统规范指引，各地方也积极立法，将多元解纷机制实践经验固定为法律条文，但地方立法权限受

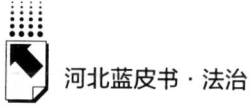

到诸多限制且权威性较低,无法为多元解纷机制的持续完善提供更多制度依据与支持。国家层面的立法缺失使得重点梗阻问题难以根本解决,多元解纷手段未能实现全面统筹,多元解纷工作成果的稳定作用以及效力难以发挥,无法有效实现社会解纷资源的合理配置。

(三)数字解纷平台有效联通程度较低

科技驱动的数字化治理系统为社会治理开辟了新的天地。作为社会治理的关键组成部分,多元解纷机制亟待建立一个全面且高效的智能化纠纷处理平台。构建多元解纷机制是一项系统而规范的复杂任务,涉及众多参与方,包括政法综治部门、司法机关、行政机关、人民法院、仲裁机构以及企事业单位等。当前,数字纠纷解决平台建设缺乏系统化的立法支持,各地存在的差异导致众多平台未能形成有效发展合力,仍处于各自为政的发展层面,条块分割情况较为严重,存在"信息孤岛""数据壁垒"现象,尚未实现数据资源的联通共享,与数字解纷平台交互化、智能化的发展要求仍有较大差距。未来需要进一步构建政府部门间、政府部门与社会组织间有机统一、资源互通、共建共享的数字解纷平台,改变当前各自为政、各自发展的碎片化局面。

三 我国多元化纠纷解决机制整体立法构想

(一)立法模式选择

表1根据各地方多元解纷机制立法所包含内容进行分类,经过比较梳理,发现多元解纷机制立法基本框架包含主体职责、化解途径、程序衔接、保障监督等部分。其中既有基本法内容,又包括组织法规范,还兼具程序法内容。总体而言,多元解纷机制立法应当是集程序与实体于一体的综合法。立法的主要目的在于理顺各类解纷机制之间的关系,涵盖公力救济、社会救济与私力救济相融合的领域,并将上述机制有效整合,实现解纷资源的优化

配置，从而为多元解纷机制发展完善提供制度保障。因此，鉴于地方立法先进经验，多元解纷机制国家立法应当是综合性立法为最优。

表1 部分代表性多元化纠纷解决机制地方性法规基本框架

内容分类	具体内容	代表性地方立法
总则	立法目的、指导思想、基本原则等	《广西壮族自治区多元化解矛盾纠纷条例》《上海市促进多元化解矛盾纠纷条例》
主体职责	明确党委、政府、司法机关、社会组织等职责	《重庆市促进矛盾纠纷多元化解条例》《广西壮族自治区多元化解矛盾纠纷条例》
化解途径	人民调解、行政调解、行业性专业性调解、仲裁、行政裁决、行政复议、诉讼等	《深圳经济特区矛盾纠纷多元化解条例》《上海市促进多元化解矛盾纠纷条例》
程序衔接	调解协议效力确认与执行、诉调对接、检调对接等不同化解途径之间的衔接机制	《上海市促进多元化解矛盾纠纷条例》《重庆市促进矛盾纠纷多元化解条例》
保障监督	经费保障、队伍建设、信息化平台建设以及监督考核、责任追究等	《安徽省多元化解纠纷促进条例》《武汉市多元化解纠纷促进条例》
源头预防	建立健全矛盾纠纷排查预警、重大决策风险评估等源头预防矛盾纠纷产生机制	《河北省多元化解纠纷条例》《辽宁省矛盾纠纷多元预防化解条例》
附则	施行时间、解释权等通用条款	《广西壮族自治区多元化解矛盾纠纷条例》《杭州市矛盾纠纷预防和多元化解条例》

就立法模式而言，当前各地方立法采取了不同方式。相当一部分地区在条例中明确促进型立法性质，如厦门市、山东省、福建省、安徽省、吉林省、上海市、重庆市等地。促进型立法主要目的在于通过"引导、推动、倡导、扶持、奖励"等方式，推动或促进某项事业发展或某种秩序的形成。[①] 促进型立法具有"软"法性质，通过政府推动、多部门协作，引导、鼓励、支持多元社会主体参与。作为管理型立法的重要补充，促进型立法有效适应社会经济多元化发展与社会治理创新需求。其他地方立法虽未体现"促进"字样，但在内容表述中对促进型立法的精神内核，即凝聚多元解纷力量、营造多元

[①] 李龙亮：《促进型立法若干问题探析》，《社会科学辑刊》2010年第4期。

解纷环境、整合多元解纷资源、优化解纷体系布局等的追求是不变的。具体而言，多元解纷机制立法中关于组建多元解纷主体、培育新型解纷文化、倡导合作自治解纷理念等内容适宜采用促进型立法方式，如对商事调解、行业调解等专业性、职业性解纷方式的鼓励与应用。在经费保障和监督方面，为了确保多元解纷机制的有效运作，必须对政府机关及其工作人员等责任主体的职责履行设定清晰具体的法律责任。因此，多元解纷机制立法中也融入了强制管理的法律属性。正因如此，国家在制定关于多元解纷机制的法律时，应吸收地方立法中的优秀做法，采取一种既促进又管理的复合型立法模式。一方面引导、鼓励、支持多社会主体参与，另一方面对于政府机关及其工作人员、社会组织以及公民的责任和义务界限予以明确，并对未能履行职责或违背义务规定时的法律影响给予清晰的界定。

综上，多元解纷机制国家立法在整合各地方立法经验的基础上，充分汲取"枫桥经验"精神内涵与时代价值，是具备综合性法律属性，以"促进型立法"为主导模式的法律。该国家立法应将完善各种解纷方式有机衔接、相互协调的多元解纷机制，及时、便捷、高效解决纠纷，维护社会和谐、促进公平正义，弘扬社会主义核心价值观，完善社会治理体系，提高社会治理能力作为立法目的。

（二）具体制度设计

1. 加强矛盾纠纷源头治理，坚持和发展新时代"枫桥经验"

治国安邦，重在基层。加强基层风险源头防控，应当努力把矛盾问题化解在基层，消弭在萌芽。作为新时代"枫桥经验"重要组成部分的多元解纷机制，致力于在法治轨道上有效预防矛盾纠纷的发生、升级和诉讼化，构建分流矛盾、疏导纠纷的多元解纷机制。因此，立法工作应当重视矛盾纠纷预防和引导措施，加强源头治理，达到实质化解矛盾纠纷的目的。地方立法中如天津市、辽宁省、河北省以及江西省多元化解矛盾纠纷条例等都对纠纷的源头预防进行了专章规定。通过设置社会稳定风险评估前置程序，在制定重要政策、调整重大决策、开展大型市政工程时，提前识别、评估并预防潜在的社会稳定风险，以在问题初显时就将其解决。同时，应提高政府信息透明度，对于教育、医疗等易引发争议的领域，及时公布相关信息，并迅速纠正不实信息，防止激化为群体性事件。各级政府应当建立纠纷集中排查、专项排查和经常性排查制度，对重点领域、重点人群、重点事件定期、经常性摸排，健全纠纷源头发现和预警机制，减少公共安全和社会安全等突发事件的发生。各级司法机关应当加强基层治理，促进更多资源向基层倾斜，依法公平公正办案、正确履职，及时公开裁判文书，积极回应社会关切。

综合性多元解纷机制立法，一方面能够维护改革发展稳定大局，另一方面可以满足新时代人民群众对于高效便捷解决纠纷、获得正义的现实需求。矛盾纠纷源头治理是整个多元解纷机制的基石，处于基础性和前置性的重要位置，因此在多元解纷机制国家立法中应当专章予以明确规定。

2. 鼓励设立职业化调解组织，加快推进调解事业高质量发展

多元解纷机制国家立法应鼓励设立职业化调解组织。在相关重点商业领域，如投资、金融、电子商务、知识产权等行业加快设立商事调解机构，吸纳优秀行业人才组建专业队伍，利用专业优势充分开展商事调解，推动调解工作专业化。《中国商事调解年度报告（2022—2023）》显示，近年来，中央到地方相关部门陆续出台了诸多与商事调解相关的法律法规，科学引导商事调解组织发展壮大。截至2023年9月初，已有约223家独立第三方商事调解组织登记设立。但商事调解亦面临发展瓶颈，目前国内商事调解组织以民办非企业单位为主，成立时间较短。此外，还有大量商事调解组织未进行登记，采取内设形式，隶属于相关机构或协会。新成立的商事调解组织存在案件受理数量较少、业务分布范围小、国际化服务水平有待提高、市场化收费较难等问题。[①] 各地针对上述问题积极探索，充分发挥地方立法主动性。例如，深圳、珠海横琴分别出台了《深圳经济特区矛盾纠纷多元化解条例》《横琴粤澳深度合作区发展促进条例》，并同步推进《横琴粤澳深度合作区

---

① 《推动商事调解向高质量发展迈进——聚焦〈中国商事调解年度报告（2022—2023）〉》，中国法院网，2024年1月6日，https：//www.chinacourt.org/article/detail/2024/01/id/7748060.shtml。

商事调解条例》立法工作，以地方立法形式专章规定商事调解，计划在特定区域拓宽和畅通商事调解强制执行渠道。《海南省多元化解纠纷条例》首次对国际商事调解组织的案件受理范围、所负义务进行统一规定，为商事调解提供立法保障。2024年6月施行的《佛山市矛盾纠纷多元化解条例》通过立法形式确立商事调解作为重要的化解纠纷方式，并畅通"商事调解+司法确认"渠道，保障商事调解效力。佛山也是除深圳外，唯一针对商事调解设立条款的城市。

3. 明确调解前置促进诉调衔接，助力重大制度创新

在现行司法操作中，由于缺少关于调解前置程序的法律规定，诉前调解缺乏法律约束力，这成为多元解纷机制改革的主要障碍之一。在制定综合性立法时，在调解前置程序的规范中，应首先明确哪些案件适合进入调解前置程序，在兼顾当事人意愿的基础上，合理使用调解前置程序，以尊重当事人诉权。根据《关于人民法院进一步深化多元化纠纷解决机制改革的意见》第二十七条，有条件的基层法院应在征求当事人意见后，对于家事、邻里、小额债务、消费者权益、交通事故、医疗事故、物业管理等适宜调解的案件类型引导先行调解。"适宜"这一标准较为模糊且宽泛，并且存在一定的地域差异。因此，可以将适用调解前置程序案件的共同特征进行归纳：案件事实清晰、法律关系简单；当事人之间存在较为紧密的社会联系，非诉调解有助于缓和并修复双方的社会关系，保护双方利益。此外，应扩大调解协议的司法确认适用范围，建立统一的司法审查标准、确认尺度以及规范的调解信息披露规则，确保非诉调解协议的司法确认质量，同时有利于各类非诉调解组织的发展壮大。

4. 引领数字解纷模式更新迭代，提升社会治理智能化水平

利用互联网和网络信息技术提升社会治理智能化水平是多元解纷机制立法的重要目的。针对当前数字解纷平台各自为政、条块分割的发展现状，国家应加快立法步伐，制定综合性、系统性法律法规。各相关部门应加强信息化建设，完善信息共享平台，积极开展在线协商、和解、调解、仲裁、立案、审判等工作。第一，整合在线资源。利用在线纠纷解决方式一体化平台推动多元解纷机制建设和完善，有效衔接各种机制并实现信息共享。将各类解纷资源整合于一个平台，方便解纷人员对案件整体情况的把握。建立最高人民法院一站式解纷平台，与各地方诉调对接平台衔接，打破全国四级法院信息壁垒，实现数据共享，运用人工智能技术实现诉调对接平台的科技化与智能化。第二，利用一体化平台提供咨询与其他服务，如实现调解人员整合、数据深度应用、纠纷信息采集和动态监控等，实现在线纠纷解决机制的体系化与智能化。第三，建立统一在线纠纷解决平台，或将各个平台数据库对接共享，对数据进行统计、挖掘与分析，针对纠纷案件的问题进行归纳汇总，实现对未来社会趋势的预估，制定相应的风险预防机制，更好实现矛盾源头治理，维护社会秩序和谐稳定。第四，建立信息安全防范体系，充分保障当事人信息安全，运用大数据技术对案件信息数据进行统一管理，提供多层次多梯度保护。第五，通过立法鼓励各类社会组织搭建具有中国本土特色的在线解纷平台，明确其法律地位与裁决行为的法律效力，推动实现非诉纠纷解决机制参与主体多元化。

四 结语

多元解纷机制立法是对"打造共建、共治、共享社会治理格局"的有效回应，是健全中国特色社会主义法律体系的需要，也是促进社会治理法治化的需要，整体性立法具备充分的必要性。同时，多元解纷机制在纠纷解决理念、司法实践、地方性立法三个方面已经具备成熟条件，具备整体性立法的可行性。多元解纷机制国家立法致力于构建一个各种纠纷解决方式独立运行的空间，一个诉讼与非诉有机衔接、相互配合、功能互补的多元解纷体系。对多元解纷机制国家立法深入探究并推动这一目标的实现，将极大助力国家治理创新进入新纪元。

B.18
全过程人民民主在城市更新工作中的基层实践与探索

——以石家庄市老旧小区加装电梯为例

游毓聪 刘俊茹[*]

摘　要： 老旧小区加装电梯作为一项改善整体居住环境、提升居民生活品质、方便人民群众出行的重要举措，许多地方已开始探索并推行。近年来，石家庄市大力实施城市更新行动，连续出台政策支持鼓励老旧小区加装电梯，加大加装电梯的补贴力度，畅通加装电梯的政策渠道，并在社区积极推进民主议事、民主协商，充分激发人民群众参与基层治理的积极性、主动性、创造性，推动这项工作取得积极成效。本报告以石家庄市老旧小区加装电梯为例，研究如何通过民主协商，平衡各方面利益，推动居民自治、自我管理的公民意识、民主意识实现一次成长、一次收获，使全过程人民民主在基层得到更好发展。

关键词： 全过程人民民主　老旧小区　石家庄市

全过程人民民主是社会主义民主政治的本质属性，是最广泛、最真实、最管用的民主。2019年11月，习近平总书记在上海考察时首次提出"人民民主是一种全过程的民主"的重要论述，创造性提出"全过程人民民主"

---

[*] 游毓聪，石家庄市人大常委会研究室调研咨询科一级主任科员，研究方向为政策理论；刘俊茹，石家庄市人大机关后勤服务中心历史陈列馆副馆长，研究方向为人民代表大会制度史。

的新概括、新表达，丰富和发展了习近平新时代中国特色社会主义思想。[1]其中的民主包含民主选举、民主协商、民主决策、民主管理、民主监督。这一重要论述蕴含的是民主价值取向的人民性，体现的是民主过程的全面性、真实性和有效性。发展全过程人民民主，就是要在价值观上坚持人民至上和人民主体地位，在发展原则上坚持以人民为中心，在实践行动上坚持一切为了人民、一切依靠人民，始终把实现好、维护好、发展好最广大人民根本利益放在第一位。[2]

目前，随着全过程人民民主深入发展，基层群众治理充满活力，"枫桥经验"等自治模式得到广泛推广，基层民主自治方式不断丰富，管用、实用的基层民主成为植根于中国大地的制度形态、治理机制，在中国式现代化进程中发挥了重要作用。本报告以石家庄市城市更新中的老旧小区加装电梯为例，探索全过程人民民主在基层的发展与实践。

一 基本情况

"人民城市人民建，人民城市为人民"[3]这一重要论述，反映出城市发展和治理的核心价值，即"人民性"。为改善人居环境、提升生活品质，推动全市人民共享经济社会发展成果，近年来，石家庄市大力开展城中村改造、危旧住房改造、老旧小区整治提升、主街主路亮化绿化、小街小巷整治提升、违建临建空闲地块整治等行动，城市面貌焕然一新，老百姓的幸福感、获得感、安全感显著提升。与此同时，石家庄市存在大量老旧住宅小区，随着时间的推移，逐渐暴露不少突出问题，比如高楼层的居民出行难，尤其对于老年人、残疾人等，该问题更加突出，严重影响高楼层居民的生活

---

[1] 《全过程人民民主理念入法的时代意义》，中国人大网，2022年6月1日，http://www.npc.gov.cn/npc/c2/kgfb/202206/t20220601_317949.html。
[2] 《发展全过程人民民主是中国式现代化的本质要求》，《人民日报》2025年2月26日。
[3] 《深入践行人民城市理念》，"党建网"百家号，2024年11月6日，https://baijiahao.baidu.com/s?id=1814976732230759482&wfr=spider&for=pc。

出行和居家养老。推进老旧小区既有住宅加装电梯工作，是落实积极应对人口老龄化国家战略部署，改善老百姓居住环境和出行条件，解决"悬空老人"、残疾人等群体上下楼难题的重要举措，[1]能够促进更多居民充分、便捷地参与和融入社会生活，共享改革发展成果。

为进一步推动老旧小区加装电梯，各项支持政策纷纷出台。2019年，《石家庄市既有住宅加装电梯实施细则》出台，并依据河北省相关政策及推进加装电梯的实际情况，于2022年6月、2023年8月连续两次进行改版升级，不断适应加装电梯工作形势变化。特别是2023年8月的新版政策，明确石家庄市加装电梯补贴从每部7万元提升到15万元，补贴力度居河北省首位。

石家庄市政府网站对加装电梯的条件、资金筹措、组织实施、申请流程、政策措施等进行了讲解，报纸对实施细则、资金管理办法等进行报道，各部门、街道、社区也进行宣传、解读。与此同时，各区的审查审批单位都深刻认识到加装电梯是一项民生工程、民心工程，设立了绿色通道和绿色专窗。例如，石家庄市自然资源和规划局提出，只要满足不增加与加装电梯无关的建设内容，电梯轿厢透明，与周边风貌景观、绿化相协调三点要求，即可简化流程和手续。[2]当前，政策通道已经开启，推动作用明显，居民加装电梯意愿显著增强。新版政策出台后，石家庄市老旧小区加装电梯工作推进步伐加快。

二 成功案例分析

（一）石家庄市老旧小区成功加装电梯的共性特点

邻里之间关系融洽。老旧小区许多居民常年住在一起，周围都是老熟人，不愿意再搬去陌生的环境，这些居民时常相互串门、在一起聚会，邻里

---

[1] 《运用法治思维护航老旧小区既有住宅加装电梯》，《中国建设报》2023年12月5日。
[2] 《关于印发〈石家庄市既有住宅加装电梯实施细则〉的通知》，石家庄市住房和城乡建设局网站，2023年8月16日，https：//zjj.sjz.gov.cn/columns/c925470a-3ecc-48c6-8d8c-88e85fc19f00/202309/20/dda2247f-5aff-461a-b43d-2447e982f11f.html。

之间经常互帮互助。例如裕华区的雅清苑小区，一些楼道里贴着邻居们的合影，开心的笑容反映出邻里关系非常融洽，因而在沟通协调中，低层业主往往愿意发扬风格，根本不要求高层业主给予补偿，达成加装电梯的统一意愿相对容易。

好的发起者、组织者在推动加装电梯中的作用非常明显。成功案例中，新华区轻工宿舍目前已加装4部电梯。该社区居民陈光先生，年近70岁，身体硬朗、健谈，在居民间具有一定威望，作为发起者，挨家挨户做工作，详细讲解并分析技术方案，消除了低层住户关于采光、噪声等方面的顾虑，最终达成一致，成功加装电梯，并带动其他单元业主效仿。

业主家庭条件较好的小区，房屋质量较好的楼房，加装电梯相对顺利。例如，石家庄市裕华区世纪花园小区环境优美、档次高，入住的居民收入比较高，2017年一次性加装12部电梯。与此对应，越是"老破小"的小区，加装电梯的比例越低。新政策实施以来，石家庄市裕华区尚无20世纪80年代房屋业主加装电梯的申请。实际上，许多"悬空老人"、残疾人对电梯的需求最强烈，但因经济实力不足，无法负担加装电梯的费用。

由此可见，有人发起民主协商，众人愿意聚在一起商量，这是成功加装电梯的最根本特点。在这方面，国内许多地区已经积累大量经验。

（二）外地通过民主协商加装电梯的好经验、好做法

广州模式。广州市加装电梯的小区在基层党支部引导下建立社区议事制度，由热心居民（自愿或被举荐）组成加装电梯筹备委员会，通过社区议事平台进行协调、沟通，从而解决矛盾。在电梯项目审批和公示阶段，政府部门积极协调，联合办公、统一审批，提高效率、减少时间成本。

江湾模式。上海市虹口区江湾镇在街道和居委会的指导下，成立了党员自治小组。自治小组的组长起到模范带头作用，公开自己的联系方式，方便居民随时咨询。为了广泛动员群众，党员挨家挨户做思想工作。在居民自治方面，街道成立了"带电梯的多层住宅楼的工作室"，该工作室由街道相关部门工作人员和驻地代表组成，负责与住房管理、土地规划、建设等部门对

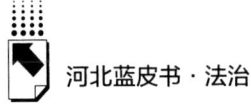

接,指导具体方案和程序制定,跟踪项目建设、规划审批、住房安全认证和施工许可证审批的全过程,做好施工工作。

自治联盟+社会组织模式。杭州市上城区老旧小区在加装电梯之前,当地政府部门会面向相关职能部门、街道、社区以及各个楼道进行协商。每个楼道成立一个自发组织,参与加装电梯事务的管理,楼长通过楼道民主会议,选出3~5名业主代表,负责民意的调查与沟通,并和厂商联系,设计安装方案,尽量做到业主满意、高效安装。

三 加装电梯的主要难点和堵点

加装电梯的正式施工时间最短可至20天,从工程角度讲,属于小项目,风险相对较低,只要具备加装电梯的场地条件,目前采取的平层入户、错层入户,以及旁梯、外挂和内装式电梯等各种设计方案均比较成熟,基本不存在技术难点。主要难点和堵点集中在沟通协调和安装费用筹集方面。

住户意见不统一、协调难。这是老旧小区加装电梯面临的最大问题,即使是成功案例,沟通协调时间也经常在半年以上。一、二层业主对电梯基本无需求,并且加装电梯后,高层房价上涨,一、二层在噪声、采光、通风、隐私等方面可能受到影响,导致房价下跌,甚至影响租售,在征求意见时低层业主反对意见比较强烈。如果存在邻里矛盾,加装电梯意见更加难以统一。虽然《民法典》规定,"经专有部分占建筑物总面积三分之二以上的业主且占总人数三分之二以上的业主"参与表决,并且表决人数中同意加装电梯的达到"双四分之三",即满足法定最低条件,可以依法推动电梯安装。但在实际操作中,达到法定的加装电梯最低人数比例,如果采取行动强行推动电梯安装往往会导致邻里不睦甚至对簿公堂。与此同时,各户出资比例、后期运维费用的分配,也是协调的难点。

资金不足成为一大阻碍。加装一部电梯成本为35万~60万元,不同楼层加装电梯所负担的金额不同,但是费用分摊后,每户出资3万~5万元是普遍现象,高楼层业主有的需要出资10万元。电梯加装后,每年大概需要维护保养费3600元、年检费1000元、电费2400元，这些费用对普通家庭而言是一笔不小的支出。许多有意愿的高层业主因经济实力不足而无法加装电梯。在社会资本方面，2021年，石家庄市新华区华泰家园小区采取企业投资、公交化运行的方式[①]，将小区9号楼作为试验样板，加装了3部景观电梯，这种"无偿安装、有偿使用"模式为全省首创。但该模式投资回收期长，电梯安装公司人员介绍，在不出现特殊问题的情况下，需要30年才能回本，目前，该模式在石家庄市仅此一例，复制难度较大。

政策上有相互制约之处。当前，石家庄市新版政策依据河北省住建厅指示，在加装电梯书面协议中，增加了"对权益受损业主的资金补偿方案"，该规定实质上需要全体业主100%同意，否则即使同意加装电梯的人数达到法定要求，只要不同意加装电梯的住户不在补偿方案的书面协议上签字，就仍然无法推进这项工作。该条规定的出发点是减少邻里纠纷，避免矛盾隐患，但在操作中相当于赋予居民"一票否决"权。根据调研，石家庄市内四区在征集居民意见后，会在100%同意的基础上才推动加装电梯工作。

后期的运维管理制度还不完善。电梯安装成功后的运营和维护需要有明确的管理主体。石家庄市新版政策规定，要确定电梯使用管理单位，同时签订物业服务合同或者约定某单位承担电梯使用管理责任的书面协议。调研中发现，裕华区市场监管部门和部分业主反映，按照政策，由某单位承担管理责任，而小区业主不具备电梯管理的权限。实际上，有的小区没有物业，也有的小区物业不愿意承接后加装电梯的运维业务，目前是居民协商开展电梯运维。但居民管理属于个人行为，与政策规定的单位承担电梯运维任务相比，在理解上存在偏差。不同运维管理主体（含居民、居民所在单位、物业、电梯公司或第三方等）均没有详细的管理细则，给后期的监管带来诸多不便。同时，老旧小区加装电梯属于新生事物，成功加装的案例不多，运行时间不长，运维方面的一些问题受重视程度还不够。

---

① 《全省首家！石家庄一小区推出"公交电梯"》，"潇湘晨报"百家号，2022年2月24日，https：//baijiahao.baidu.com/s？id=1725643256950453051&wfr=spider&for=pc。

场地等硬件条件限制。石家庄市许多建于20世纪80~90年代的老旧小区楼间距普遍较小，加装电梯一定程度上会影响通行，改变建筑物的外轮廓，无法满足消防、建筑结构安全要求和主要使用功能。电梯平层入户改造更需要扩建一部分空间，部分小区由于实际场地限制不具备加装电梯的条件。比如新华区第九中学宿舍一共四栋楼，楼间距小，公共区域仅满足车辆单向通行，近年来有些业主加装电梯意愿强烈，后因不满足加装电梯的客观条件，目前不再推进这项工作。

四　对策措施

第一，践行全过程人民民主，构建基层协商共治新格局。全过程人民民主具有多种多样的民主形式、畅通有序的民主渠道和完整可靠的参与实践，是全链条、全方位、全覆盖的民主，既能够有力激发广大居民的主人翁精神，也有助于实现有效的社会动员，充分激发人民群众的积极性、主动性、创造性。发展全过程人民民主，就是要做到有事好商量，众人的事情由众人商量，努力找到人民群众意愿和要求的"最大公约数"，这是人民民主的真谛，[①]也是我国兼容并蓄、求同存异的优秀传统文化的具体体现。例如，《无障碍环境建设法》对老旧小区加装电梯明确规定，"房屋所有权人应当弘扬中华民族与邻为善、守望相助等传统美德，加强沟通协商，依法配合既有多层住宅加装电梯或者其他无障碍设施"。可见这项工作更多地体现在民主协商方面。一是要更好地发挥社区党组织的领导作用，建立业主参与机制，及时开展加装电梯意愿调查，耐心细致开展群众工作，详细统计调查每一户居民的基本情况、真实需求和意见建议等信息，让各方的利益和诉求得到充分反映，激发居民自我服务的意识。二是在具体协商议事过程中，实行居委会、人大代表、居民代表、物业、电梯公司等多方参与模式，坚持

---

① 《"有事好商量，众人的事情由众人商量"（习近平的小康故事）》，"人民网"百家号，2021年7月6日，https://baijiahao.baidu.com/s?id=1704483522288383078&wfr=spider&for=pc。

"一梯一策",引导居民共同商定设计施工、加装电梯和维护费用分摊、后期管理等方案,做到众人的事情由众人商量。居委会、业主委员会、电梯公司等帮助办手续、走流程,为居民提供更多的便利服务,推动社区治理体系创新,营造睦邻互助生态圈。三是完善办事公开制度,由街道办事处、律师、区职能部门、居民代表等共同参与,协调解决社区无法解决的重大事项,开展街道层面的协商共治活动。在法院指导下,探索纠纷调解、民事诉讼等方式。总之,围绕居民对加装电梯的不同利益诉求,充分借鉴其他地市的经验做法,采取柔性协商方式,进一步增进居民之间的交流,争取加装一部电梯,推动居民自治、自我管理的公民意识、民主意识实现一次成长、一次收获,让全过程人民民主在基层落地生根,着力推进基层民主制度化、规范化、程序化。

第二,推动有为政府和有效市场更好结合,尽力而为、量力而行解决资金等问题。在现有补贴的基础上,加装电梯应依靠市场调节功能,通过政府引导,按照"谁受益、谁掏钱"的原则,主要依靠居民筹措加装电梯费用。在其他途径上,支持居民本人提取住房公积金、住宅专项维修基金,用于本人或其父母、配偶父母自住住宅加装电梯;鼓励银行业金融机构推出"加梯贷",为居民提供低利率、免抵押信贷支持。[①]针对加装电梯资金、日常运行和维护等费用,应发挥基层的民主协商制度作用,寻找破解方案,努力商讨出平衡点,特别是书面签订补偿方案不应作为强制性条款,避免"一票否决"现象。同时,当前加装电梯的补贴由公共财政支出,补贴方式不能撒"芝麻盐"、雨露均沾,应当主要面向老年人、低收入者、残疾人等困难群体,防止利用政策加装电梯、转手高价售卖房屋等现象,降低道德风险。针对政策规定的"鼓励对失能、半失能老年人和低保、特困家庭给予适当补贴",要进一步明确和细化补贴内容,比如按照不同补贴标准,明确补多少、由谁补,真正让那些有强烈加装电梯意愿和需求,但没有安装能力

[①]《最高人民法院 住房城乡建设部相关部门负责人就老旧小区既有住宅加装电梯典型案例答记者问》,最高人民法院网站,2023年11月8日,https://www.court.gov.cn/zixun/xiangqing/417022.html。

的居民享受政策红利，切实提高政策的针对性和精准性。可以探索将老旧小区加装电梯纳入各地民生实事项目，不断强化履职为民的宗旨意识，结合实际情况，确定年度加装电梯的数量，以量化评估的方式推动电梯加装，避免出现协调难、人手不足、担心矛盾激化等各种说辞，切实推动有为政府更加担当作为，把这项民心工程办到老百姓的心坎上。

第三，加大政策宣传讲解力度。由街道办、居委会主导，讲述电梯加装的价值以及社区微更新理念，增强业主参与意愿。邀请专业人员，为居民讲解政策和技术问题，帮助居民代表深入理解政策规定的内容，分析不同加装模式的优缺点，逐步理顺思路，并及时为居民解答实际操作中遇到的技术问题，尤其在噪声、采光、通风、隐私、安全等方面，做到不回避问题、不掩盖问题，详细讲解影响以及影响程度，为公正、透明地沟通协商打下基础。同时，在宣传中适当降低居民心理预期，规避因期望过高而无法协商一致的情况。

第四，建立更加完善的运营维护管理机制。电梯装得上，还要保证用得好、用得安全。对于确定加装电梯的楼栋，需进一步明确和细化运维管理主体，不论是个人还是单位作为主体，都需要明确责任，与符合条件的电梯公司签订合同，由电梯公司负责后期维保等事项。同时，由街道办或居委会引导居民协商制定电梯使用管理公约，明确电梯运维费用分摊比例、轿厢环境维护、乘梯禁带物品、紧急情况处理方法等事项，保障电梯安全使用和日常维护，形成长效机制。

第五，探索其他替代方案。针对楼间距较小等客观因素导致不具备加装电梯条件，以及居民意愿无法达成一致等情况，可充分借鉴先行城市经验，探索采用爬楼机、楼梯升降椅、电动爬楼轮椅等工具，帮助老人解决上下楼困难问题。例如，杭州市开展电动爬楼机试点，为老人上下楼增添一条"新通道"。杭州市拱墅区把爬楼机租赁服务与为老助医、助行、助聊等居家养老服务衔接融合，将爬楼机服务列入爱心卡服务项目，制定专门的服务套餐，老人凭借卡内的爱心分、爱心券即可抵扣爬楼机的收费。

B.19
城乡融合背景下河北省农村基层治理面临的挑战与应对路径研究

刘淑娟*

摘　要： 坚持城乡融合发展战略是推动乡村振兴的重要支撑，也为完善农村基层治理提供强大的经济和制度支持。在目前城乡关系转型期，农村经济发展相对落后，城乡要素双向流动、平等交换的制度壁垒尚未完全破除，资金、技术、人才等生产要素更多地单向涌入城市，城乡基本公共服务水平差距仍然明显，农村基层治理面临新的挑战。河北省应直面挑战，坚持党建引领农村基层治理，关注重点领域农民权益保障，创新基层法治建设，提高数字化治理水平，加强农村人才培养，实现农村基层治理提质增效。

关键词： 城乡融合　农村基层治理　河北省

党的二十大以来，河北省加强农村基层党组织建设，推动干部下沉，优化驻村第一书记和工作队选派管理，健全村党组织领导的村级组织体系。充分发挥红白理事会、道德评议会等农村基层群众组织作用，整治高额彩礼、大操大办，提倡婚事新办、丧事简办、尊老爱幼，不断提升乡村文明程度。坚持和发展新时代"枫桥经验"，推动矛盾纠纷多元化解"一站式"平台建设，把矛盾纠纷化解在基层、化解在萌芽状态。积极普及法律知识，培育法治思维，健全农村地区扫黑除恶常态化机制，防范遏制"村霸"、家族宗族黑恶势力滋生蔓延，深入开展农村道路、燃气、消防、渔船等重点领域安全

---

* 刘淑娟，河北省社会科学院法学研究所副研究员，研究方向为犯罪学、社会治理。

隐患治理攻坚，为河北农村社会经济发展营造了安全稳定的环境，也为农村基层治理提供了河北模式、做出了河北贡献。

党的二十届三中全会提出，城乡融合发展是中国式现代化的必然要求。在全面建设社会主义现代化国家新征程中，推动城乡融合发展，有利于经济持续健康发展，也有利于促进社会公平正义，实现乡村振兴。而城乡融合发展带来城乡关系的根本性转变，要求乡村治理体系和治理逻辑进行相应调整，确保城乡社会秩序和谐稳定。面对新形势新任务，河北省需要积极探索城乡融合背景下农村基层治理新路径，深入推进乡村治理体系和治理能力现代化。

一 河北省农村基层治理面临的新情况与挑战

（一）农村基层治理面临共性矛盾与特殊矛盾互相交织的复杂状况，化解难度较大

一是传统农村社会的矛盾仍然存在，主要表现为家庭矛盾和邻里矛盾。家庭矛盾主要包括家庭财产分割、老人赡养、婚姻纠纷等；邻里矛盾主要表现为宅基地、承包地纠纷，采光、排水等相邻权纠纷，以及其他琐事纠纷。

二是伴随农村改革发展出现的新型纠纷日益增多。包括土地流转产生的承包地纠纷、建设用地产生的拆迁补偿纠纷等。

三是纠纷的主体发生明显变化。在传统农村，矛盾纠纷主要表现为村民之间的民事纠纷，而随着农村改革发展和新农村建设，涉及基层组织甚至政府部门的行政类纠纷逐渐增多，如基层选举产生的纠纷，乡村振兴中国家资助项目的资金分配、使用中产生的纠纷甚至产生腐败现象进而激化矛盾。

（二）农村人口流失严重，基层治理人才缺乏

城镇化水平既是衡量一个国家和地区经济发展水平与文明程度的重

要标志，又是加快经济发展的必要条件。党的十八大以来，河北省着力推进城镇化建设和城乡融合发展，2016年11月14日，河北省人民政府办公厅发布《河北省人民政府关于实施支持农业转移人口市民化若干财政政策的意见》，提出加大对农业转移人口市民化的支持力度，进一步保障农业转移人口子女平等享有受教育权利，完善城乡基本医疗保险制度，支持完善统筹城乡的社会保障体系，加大对农业转移人口就业的支持力度。

经过努力，截至2023年末，河北省常住人口城镇化率达到了62.77%。城镇化率的提高，为经济社会发展奠定了良好基础，与此同时，也为农村基层治理带来了新的挑战。大量农村青壮年人才到城市打工生活，他们和第一代农民工不同的是，不只是把打工地当成获取收入的临时居住之地，而是当作生活的重心，他们逐步实现了在城市定居，成为城市常住人口，子女也在城市接受义务教育。而作为流出地的家乡则逐步空心化，农村人口老龄化现象日益突出。农村青壮年精英人才的流失，导致农村治理人才短缺，社会治理主体弱化，矛盾纠纷不能及时化解，矛盾激化甚至发展成恶性案件的现象时有发生。

（三）随着依法治国进程推进和普法宣传的全面覆盖，农村群众的法治意识明显增强，利益诉求日益多元，而基层组织的管理、服务水平未能同步提高，不能适应新时期社会治理要求

1985年，全国人大通过了《关于在公民中基本普及法律常识的决议》，中共中央、国务院转发了《关于向全体公民基本普及法律常识的五年规划》，自此拉开全民普法序幕，至今已经经过八轮普法。通过40年坚持不懈的努力，全民包括农村群众的法治意识普遍增强，利用法律争取自己权利的能力也明显提高，从而对基层组织的管理水平和服务水平提出了更高的要求。而一些基层组织工作人员的意识还停留在传统的重管理、轻服务上，导致群众对基层组织工作人员产生不满情绪，一些基层工作难以推动。

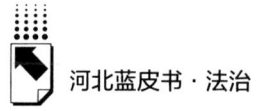

（四）农村基层自治组织自治水平有待提高，普通群众参与热情较低，效果不够理想

根据《村民委员会组织法》，村民自治委员会是乡村治理的主体。村民自治委员会不是行政主体，而是村民自我管理、自我教育、自我服务的基层群众性自治组织，实行民主选举、民主决策、民主管理、民主监督。在实践中，村民自治委员会具有双重职能。除了群众自治，还承担了上级政府的一定职责，县级、乡镇政府的工作最后要落实到村一级，而这类工作占据了村民自治委员会大量的时间和精力，不可避免地影响群众自治工作的深入开展。此外，相对于传统的行政治理模式，农村群众自治还是一个新生事物，不论是村民自治委员会成员还是普通群众，对于基层自治都有一个适应和经验积累的过程。在目前阶段，主要存在的问题表现为，村民自治委员会成员工作能力不足，普通群众参与热情不高，一些村干部甚至利用自己的职权谋取私利，侵犯国家、集体利益和群众权益，引起群众不满，从而削弱了基层治理的效果。

另外，在传统农村社会中，人们长期居住在一个村落，互相之间有着千丝万缕的联系，宗亲血缘关系是农村社会生活的主要纽带，习惯和道德是维系社会关系的主要价值体系，也是村民自治的重要依靠。而在现代社会，随着城镇化的深入推进，大量青壮年外出打工定居，日益与乡村生活脱节，维系乡村秩序的纽带变得脆弱，传统的习惯和民间规范已经落后于时代发展，需要更新和重构。

（五）农村治理的法治保障存在短板

相对于城市基层治理，农村基层治理有自己的特点，但相关的法律法规尚未健全，基层执法队伍的素质也有待提高。在城乡二元结构下，农村治理和城市治理既有共性，也存在明显的特殊性。在依法治理方面，农村治理的法律依据缺乏系统性，一定程度上制约了农村基层治理的效能发挥。

1. 相关立法偏重某一方面，尚未形成系统性的法律体系

在国家立法层面，《村民委员会自治法》《土地管理法》《农村土地承包法》规定了农村土地承包经营权、宅基地使用权的确权与流转，《农村集体经济组织法》规范了农村集体组织的设立、财产管理和收益分配。2021年施行的《乡村振兴促进法》是一部综合性法律，它明确了各级政府及有关部门推进乡村振兴的职责任务，对于乡村产业、人才、文化、生态、组织等重点问题提出了一揽子举措，并规定了考核评价、检查监督制度，其中专章规定了乡村人才振兴法律制度，以及加强农村基层组织建设和乡村基层社会治理体系建设。

河北省的相关法律法规包括《河北省乡村振兴促进条例》、《河北省农村宅基地管理办法》、《关于加强农村房屋建设管理的实施意见》、《河北省土地管理条例》、《河北省平安建设条例》、《河北省城乡生活垃圾分类管理条例》和《河北省乡村环境保护和治理条例》等。这些法律法规中的有关内容以及国家其他法律法规中的相关内容是农村基层治理的重要依据，但总体上缺乏系统性，有些规定偏原则性，可操作性较弱。立法系统性的缺失，虽然为各地城乡社区治理提供了一定的自由创新空间，但也可能引发一系列问题。例如，缺乏明确的权力职责和相互关系的规定会导致不同治理主体之间的协调与合作出现问题。政府、社区组织、居民等各方在社区治理中产生职责重叠或遗漏等情况，易造成资源浪费或治理效率低下。

2. 乡村执法队伍专业水平有待提高，不能完全适应农村依法治理的艰巨任务

乡村治理的主体包括党领导下的村民自治委员会以及村民、驻村第一书记和工作队、乡镇人民政府、县级及以上人民政府、司法机关和行政机关等。其中，乡镇综合执法队是乡镇综合行政执法机构，整合了此前由各站所、分局和县级人民政府有关行政执法部门下放的执法力量，以乡镇政府的名义依法开展综合行政执法工作。目前，乡村存在基层执法力量不足，职责边界不明、体制不顺、监督体系不健全等问题，制约了乡村基层治理水平

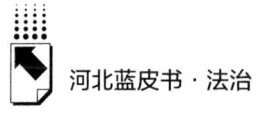

提高。

3.普法效果有待提高

普法主要通过线上和线下两种形式开展，由政府主导的普法活动主要在线下开展，如法律进社区、进企业、进学校等，并且通过法律知识上墙等营造法治教育氛围。线上形式则主要是通过微信群、公众号等渠道进行普法。两种形式均存在一定的缺陷。一是普法的针对性不强，政府普法的实效性较差，不能及时察觉群众新需求，偏重一般性的法律法规，较少普及农民关心的土地流转、拆迁补偿等方面的法律法规、政策。二是信息量较少，不能满足群众需要。线上普法中，微信群、公众号的群众知晓度、利用率较低，未能充分发挥作用。

二　推进农村基层治理的措施与建议

（一）加强基层党组织建设，以党建引领基层社会治理

充分发挥党建引领基层治理协调机制作用，有效整合力量，提升工作效能。

做好基层社会治理，夯实基层基础是一项久久为功、持之以恒的重要工作，党的领导在基层社会治理中处于核心地位。推进新时代基层治理现代化，最根本的一条是加强基层党组织的建设。要继续完善乡镇党的基层委员会和村党组织统一领导本地区基层各类组织和各项工作、加强基层社会治理的机制。推动全面从严治党向基层延伸，着重增强基层党组织的政治功能和组织功能，在固根基、扬优势、补短板、强弱项上持续发力，推动基层党组织全面进步、全面过硬。持续整治形式主义、官僚主义，切实为基层减负，改变基层"小马拉大车"现象，确保农村基层干部将更多时间和精力用在服务群众、发展经济上。确保基层治理工作高效落实，使基层基础打得更牢，底盘托得更高。

（二）持续关注传统矛盾纠纷化解，注重重点领域农民权益保护

在婚姻家庭方面，推动农村移风易俗，整治高额彩礼、打击婚托婚骗等违法行为。高额彩礼对农村经济、婚姻关系和社会风气产生了不良影响。许多家庭为了支付彩礼，不得不掏空积蓄，甚至举债。彩礼过高还会导致婚姻功利化，为婚后家庭矛盾埋下隐患。高额彩礼还引发了攀比之风，因高额彩礼产生的矛盾甚至恶性案件也日益增多。2023年，河北省民政厅、河北省文明办等十部门联合印发《关于全面推行婚俗改革工作的意见》，提出将全面加强家庭家教家风建设，遏制高额彩礼、大操大办、相互攀比、低俗婚闹等婚嫁陋俗。2024年，中共中央、国务院发布意见，明确提出推进农村高额彩礼问题综合治理。各级政府应通过各种百姓喜闻乐见的方式，加强移风易俗宣传，利用乡规民约和红白理事会，不断遏制高额彩礼、婚丧嫁娶大操大办的现象，弘扬尊老爱幼、勤俭持家等传统美德。

结合乡村振兴和城乡融合发展战略，重点关注农村土地流转和宅基地相关权益保护问题。《河北省乡村振兴促进条例》第37条规定，"各级人民政府应当加强农村集体资产、资金、资源的监督管理，支持引导农村集体经济组织盘活利用集体土地、房屋、设施等资源资产发展乡村产业，加大集体经济薄弱村帮扶力度，加强农村产权流转交易市场规范化建设。鼓励农村集体经济组织通过土地流转、土地托管等多种形式服务取得收益，通过自营、出租、入股、合作等方式盘活利用闲置宅基地和闲置住宅，发展壮大农村集体经济"。通过盘活利用集体土地、房屋、设施等资源资产发展乡村产业，是城乡融合、农村振兴的重要方式和内容，由于是新生事物，相关的法律法规尚不健全，需要尽快完善相关立法，并出台规章、制度等配套措施。在相关执法过程中，也要以保护农民利益为根本出发点，尤其要防止政府权力、城市资本挤压农民利益，从而背离农村发展、农民增收的初衷。

健全农村扫黑除恶常态化机制，严厉打击农村黑恶势力和家族宗族恶势力，以及农村黄赌毒和侵害妇女儿童、老年人权益的违法犯罪行为。持续开展常态化扫黑除恶斗争，严防涉黑涉恶人员进入"两委"班子，

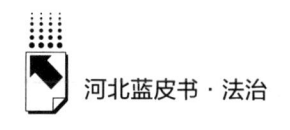

严防黑恶势力侵蚀基层政权，夯实基层基础，强化农村党支部和书记的责任。

（三）创新乡村基层法治建设，提高基层治理法治化水平

1. 建立、完善乡村治理法律体系，加强立法保障

一是完善农村土地、农业经营、农民致富等相关法律制度，助力农村经济发展，优化农业支持政策，保障农民财产权益。尤其是在涉及群众切身利益的事项，如房屋拆迁、土地征用补偿、宅基地、土地流转等方面，加快立法保障农民和集体经济组织的权益。二是进一步以立法的形式明确政府行政权力与村民自治权利的边界。在基层社会治理中，乡镇政府的作用不可或缺。然而，乡镇政府与其他参与社会治理的主体之间既有合作关系，也存在冲突。根据法律规定，乡镇政府和村民自治委员会之间是工作指导关系，而不是直接领导与被领导的关系。但是，乡镇政府的工作包括国家各项工作需要村民自治委员会的配合才能在基层落实，而村里的很多工作也需要乡镇政府的支持。如何实现国家权力与村民权利的平衡与制约，是农村基层治理需要解决的一项重大问题。需要以地方立法或者行政法规的方式厘清二者的关系，包括权利、义务、职责、群众自治组织作用发挥、群众的有效监督、群众参与的途径、村务公开程序以及对村规民约的合法性审查等。

2. 强化执法能力和执法监督

通过线上线下相结合的方式，常态化培训基层执法人员，同时采取传帮带方式，对于拟下放基层的行政执法事项，由上级执法部门的执法人员带领基层执法人员亲自参加执法实践，进行现场实地培训。对于刚刚下放的执法事项，上级执法部门要定时听取基层执法队伍汇报，进行业务指导。多管齐下，逐步解决乡镇行政执法机构人员短缺、能力不足问题，提升基层执法水平。规范涉农领域的执法行为，提高执法透明度。加强对涉及农民切身利益的重点领域（如粮食生产、土地流转、乡村教育、生态环境等领域）的执法监督，切实维护农民的合法权益。

3. 实现普法精准高效

针对乡村实际情况，开展形式多样的法治宣传教育活动，提高农民的法治意识和法律素养，引导农民依法表达诉求、维护权益。一是增强普法活动的针对性，重点普及与农村矛盾纠纷多发领域相关的法律知识，包括《民法典》、《婚姻法》、《未成年人保护法》、《老年人权益保障法》和《农村土地承包法》等；二是重点宣传和新时代农村农民权利密切相关的法律，如《集体经济组织法》《乡村振兴促进法》；三是针对目前农村多发的违法犯罪，普及相关的法律规定，如与预防和惩治家庭暴力、黄赌毒、电信诈骗等相关的法律规定；四是普及和农业生产相关的法律规定，如《种子法》等；五是普及相关的程序法律，指导农民群众在权利受到侵害时，通过正规渠道寻求法律救济。

4. 充分发挥村规民约的作用

村规民约是村民会议基于《村民委员会组织法》授权而制定的村民行为规范，是基层群众自治制度的重要组成部分。它不只是传统意义上的道德规范，还是国家法律及党和国家政策在基层治理中的具体体现，是村民自治、法治、德治相结合的重要载体。实践中，村规民约的实施存在两个方面的问题。一是流于形式。有的基层组织为了应付上级检查而临时制定村规民约，甚至不经过法律规定的民主程序，导致村规民约沦为一纸空文。二是和法律规定相冲突。"合法性"是对村规民约最基本的要求。村民自治委员会只是一个自治组织，没有执法权和处罚权，一些基层组织为了增强村规民约的权威性，往往针对违反村规民约的行为规定罚款等处罚措施，此类规定即使已经过村民会议的多数同意，在法律上也是无效的。另外，村规民约不能与法律规定相冲突，不得含有侵犯村民人身权利、财产权利、民主权利等合法权利的内容。比如，有的村庄以村规民约方式剥夺出嫁妇女的土地承包权，属于严重违法行为，应当予以纠正。

（四）科技赋能基层治理，提高农村治理数字化水平

习近平总书记指出，"要用好现代信息技术，创新乡村治理方式，提高

乡村善治水平"。[1] 以信息技术赋能乡村治理现代化，通过信息基础设施的日益完善、信息交互渠道的不断畅通、数字治理路径的持续优化，显著提升乡村治理的前瞻性、精准度和智能化水平。

2023年，河北省人民政府出台《关于加强数字政府建设的实施意见》，提出到2025年，"经济调节、市场监管、社会管理、公共服务、生态环境保护、政务运行、政务公开等政府履职领域业务基本实现数字化、智能化"，"推进基层治理数字化。以县级为单位，推进全省智慧社区建设试点工作，加快民政一体化信息管理服务平台建设，全面提升全省社区管理治理、服务救助、收集居民需求建议的能力"。河北省各级政府应当对标该实施意见规定，加大财政支持力度，加快传统基础设施数智化改造，推进乡村治理数智化平台建设，实现对基层治理数据的有效采集、分析和应用，推动多元治理主体之间有效协调，持续提升基层治理效能。

（五）加强人才培养，充实基层治理力量，提升农村基层治理效能

针对农村人才流失现状，出台相应的法律法规和政策，利用城乡融合发展战略提供的政策红利，吸引有志于在农村创业的人才，包括回乡的农村青年和外地创业人才来农村开创自己的事业。河北省人民政府办公厅印发的《河北省城乡融合发展综合试点方案》提出，"探索人才加入乡村制度，制定农村地区具体落户政策，允许原籍农村的高校毕业生、返乡创业人员和乡村振兴急需人才等重点群体在农村落户，畅通城乡双向落户通道"。吸引农村发展急需人才到农村创业，既是为农村基层治理输送人才，有利于农村经济社会发展，也是解决部分大学生就业问题的重要途径，需要各级政府积极创造条件，理顺各种关系，克服各种阻力，尽快使好的政策落地。

进一步强化市场力量和社会组织的参与。城乡融合发展推动了农村市场经济发育，企业等市场主体进入农村，成为推动农村社会发展不可忽视的力

---

[1] 习近平：《坚持把解决好"三农"问题作为全党工作重中之重 举全党全社会之力推动乡村振兴》，《求是》2022年第7期。

量。一方面，要重视市场主体的诉求，为市场主体搭建参与基层治理的平台。另一方面，要创新参与机制，拓展企业、个体经营者等社会主体参与基层治理的形式和渠道。同时，充分利用市场机制的驱动作用，吸引、鼓励社会主体，如社会服务业、法律服务业、科技服务业主体进入农村，为村民提供精准化、专业化服务。

创新智力服务体制机制。建立专家服务联乡帮村机制，通过在有条件的村组建立科技工作站、专家实验室，建设村级"科技小院"等，组织专家围绕当地经济发展、产业发展、特色种植等，开展项目合作、科技攻关。

加大政府财政支持力度。健全教育培训、管理监督、激励保障等制度机制，增强农村基层管理者的职业认同感、归属感、荣誉感，鼓励大学生、法律工作者、离退休党员干部作为志愿者参与基层治理。拓展自治的深度和广度，拓宽农民群众包括回乡、来乡创业人才参与自治的渠道，增强群众参与公共事务的积极性。

实现村民自治全覆盖。村民是基层自治的主要力量，在吸引人才参与乡村治理的同时，要通过多种形式的宣传培训，提高留守村民的自治能力和流出农民参与治理的积极性。留守村民中老年人比例较大，重点在于提高他们参与自治的能力；流出农民虽然平时不在农村，但是他们作为集体经济组织成员的权利应当得到保障，基层组织要为他们参与公共事务提供便利条件。要防止自治权利虚化和侵犯村民自治权利的现象，最大限度发挥农民群众的主体性，这是打造共建共治共享的农村基层治理格局的关键所在。

B.20
河北省司法保护生态环境的调研报告

骆艳青　胡怡熙*

摘　要： 多年来，河北省司法系统持续重视司法保护生态环境工作，打造了"燕赵山海·公益检察"等生态环境保护领域的特色司法品牌；积极推动落实与其他部门的联动协作，探索落实生态环境保护领域的"行刑衔接""民刑衔接"等机制；积极推动跨区域的司法协作，与京津等地签订了多个司法合作协议；深入贯彻落实修复性司法理念，建立了多个生态修复基地；在执法中重视大数据平台等新技术的应用。本报告对这些经验做法进行了归纳总结，并对内在的司法理念进行了一定程度的梳理。

关键词： 司法保护　生态环境　修复性司法理念　司法协作

习近平总书记指出："必须始终坚持用最严格制度最严密法治保护生态环境。"[①] 近年来，河北省司法系统深入学习贯彻落实习近平生态文明思想和习近平法治思想，打造特色司法品牌、开展专项司法监督，以司法促进生态修复、探索域内域外生态环境保护的司法协作，努力做好司法保护生态环境工作。

一　河北省公安系统司法保护生态环境工作分析

多年来，河北省公安机关一直对生态环境保护领域的犯罪保持高压震慑态势，促进生态环境的治理和保护。

---

* 骆艳青，河北省社会科学院法学研究所助理研究员，研究方向为地方立法、生态环境保护；胡怡熙，中国社会科学院大学政府管理学院博士研究生，研究方向为党内法规学。
① 习近平：《推进生态文明建设需要处理好几个重大关系》，《求是》2023年第22期。

（一）注重破坏生态环境领域犯罪的调查研究，以便更有力地精准打击

2024年，针对滥伐林木、破坏古树名木、破坏野生动植物资源、非法捕捞水产品、盗采河砂、非法中转倾倒垃圾、非法占用林地草原、乱占耕地、破坏自然保护地等犯罪，河北省公安系统采取实地走访、跟班办案、召开座谈会予以研讨等方式进行专题调研，总结这些违法犯罪的新形势、新规律，并提出相应的对策建议，以便更有力地予以实战打击。

（二）针对破坏生态环境领域的突出犯罪，部署专项打击，予以整治

比如，近年来环评领域弄虚作假案件时有发生并呈上升趋势，2024年河北省公安系统部署实施了针对第三方环保服务机构弄虚作假问题的专项整治行动。此外，2024年，河北省公安系统先后开展了"昆仑2024"、"利剑斩污"、"春风"和"金风"等专项行动，有力打击了破坏生态环境领域的违法犯罪，保护了生态环境和资源。

（三）注重与其他部门的合作，对破坏生态环境领域的违法犯罪开展联合整治

比如，2024年河北省公安系统联合省市场监督管理局、省林业和草原局等部门，对网络非法交易野生动物及其制品的违法犯罪开展联合整治；联合省住建厅等部门，对非法倾倒建筑垃圾污染环境等违法犯罪开展联合整治；联合省生态环境厅等部门，对危险废物环境违法犯罪、污染源监测数据弄虚作假等违法犯罪进行联合专项整治。

（四）注重与其他省份在保护生态环境领域的警务合作

由于地缘关系，多年来河北省公安系统一直注重与京津公安系统在保护生态环境领域的合作，在信息共享、环境预警、联合执法、案件侦办等方面的合作一直呈持续加强趋势。在此基础上，2024年5月，京津冀公检法环四部门又签署了《打击治理污染环境违法犯罪框架协议》。根据该协议，三

地的四部门将加强联建联防联治,共同排查处置跨区域、跨流域的环境污染问题,共同打击破坏生态环境领域的违法犯罪。另外,北京、天津、河北、内蒙古、山西等8省(区、市)的公安机关还签署了《海河流域生态保护警务合作刑事打击警务合作协议》,加强区域警务合作,对破坏生态环境资源的违法犯罪保持精准打击、规模打击。

二 河北省检察系统司法保护生态环境工作分析

2023年3月,河北省检察院在广泛征求意见、深入进行研究的基础上,决定在全省检察机关开展"燕赵山海·公益检察"护航美丽河北建设的专项监督活动。该年,监督重点围绕环境资源领域突出的破坏大气、水、土壤、生态资源等四个方面展开,并明确了任务目标,着力打造具有河北特色的生态环境公益诉讼检察品牌。专项监督一开始,就得到了河北省有关部门和领导的支持。河北省委政法委提出,全省政法机关要全力配合检察院,将专项监督工作做好、做深、做实。同时提出,要积极协调相关部门,做好该项工作的宣传与推介。在省委政法委的支持下,河北省检察院与省政府建立了"府检联动"工作机制,积极与省直各部门沟通联系,不断完善检察机关与行政执法机关在信息共享、线索移送、鉴定评估、督导督办、会商研判、交流培训、宣传引导等方面的工作。

"燕赵山海·公益检察"护航美丽河北建设专项监督活动开展两年以来,河北省检察系统在环境资源领域共立案10270件,提起诉讼706件;挽回被损毁和非法占用的林地、耕地、草原2.8万亩,清理被污染、被非法占用的河道1737公里,清理被污染水域8000亩,督促清除各类固体废物79万吨,追偿环境损害赔偿金、治理修复费用5.4亿元,挽回被非法开采矿产资源总案值12486万元。① 其中,仅2024年就立案4245件,推动建立生态

---

① 《山海千重公益情——"燕赵山海·公益检察"专项监督两周年回眸》,河北省人民检察院网站,2025年3月14日,http://www.he.jcy.gov.cn/jcxw/jjyw/202503/t20250314_6871029.shtml。

修复基地 31 个，修复受损林地、耕地、草原 1.4 万亩，清理受污染水域 4495 余亩，追偿损害赔偿金等 2.7 亿元。[①] 经过两年多的工作，"燕赵山海·公益检察"已成为河北省司法保护生态环境工作的一个品牌。

而在展望 2025 年工作时，河北省检察院提出，要聚焦监督办案，持续加大公益检察的保护力度；紧盯监督重点，推动公益检察保护取得新突破；强化"可诉性"标准，提升公益检察的保护质效；用足数字化智能平台；发挥志愿者作用，不断推动"燕赵山海·公益检察"专项监督工作取得新的成效。

三 河北省法院系统司法保护生态环境工作分析

为了深入贯彻落实"三合一"审判模式，早在 2015 年，河北省高级人民法院就成立了环境保护审判庭。随后，石家庄、承德、张家口等 7 个中级人民法院也陆续成立了专门的环境保护审判庭。而其他中级人民法院也成立了合议庭等专门的环境保护审判机构。多年来，河北省法院系统在充分发挥审判职能的基础上，与时俱进，在生态环境系统治理、综合治理方面贯彻落实恢复性司法理念；积极推动域内多部门联动、域外司法协作，努力打造一体化生态环境司法保护格局，形成保护生态环境的整体合力。

为了进一步提升审判质量，做好司法保护生态环境工作，2024 年 4 月，河北省高级人民法院出台了《关于生态环境审判技术调查官管理办法（试行）》，聘任了 114 名生态环境审判技术调查官。所谓生态环境审判技术调查官，是指法院聘请生态科学领域的技术专家，在审理生态环境案件时，全程参与案件的审理，作为司法技术审判辅助人员，重点针对环境损害程度、生态修复方案等核心问题提供技术支持。生态环境审判技术调查官的聘任，有助于生态环境案件司法技术要求高、生态修复落实难等问题的解决。河北

---

① 《河北省人民检察院举行 2025 年首场新闻发布会》，"河北省石家庄市长安区人民检察院"微信公众号，2025 年 1 月 9 日，https://mp.weixin.qq.com/s?__biz=MzAwMDU0Mjc0Mg==&mid=2651561017&idx=1&sn=9995b4316824e2b6f4e7f90c5821338d&chksm=800ee187fa3ef58d79aafda23e611fdbaa80b3e4f5a969185c507f25cb3c09425b486480b524&scene=27。

省法院系统进一步探索司法保护令的适用，如张家口市中级人民法院、邯郸市中级人民法院分别发布了大境门长城、响堂山石窟、娲皇宫的司法保护令，以便更好地保护传统文化遗产。而唐山市曹妃甸区人民法院发布的湿地和鸟类省级自然保护区司法保护令，则在禁止开（围）垦、排干自然湿地，禁止从事捕鱼、挖捕底栖生物、捡拾鸟蛋、破坏鸟巢等危及水鸟生存、繁衍的活动等五个方面提出了禁止性规定，以便更好地保护湿地和鸟类等生态资源。河北省法院系统进一步发挥司法建议的作用，如石家庄市中级人民法院发送的《关于加强对矿产资源领域案件源头治理的司法建议书》，被石家庄市自然资源和规划局、水利局两家单位全部采纳，助力减少非法采矿案件的发生。河北省法院系统进一步拓展跨区域的司法协作，加强对燕山、太行山、白洋淀等区域的司法保护生态环境工作。此外，还在生态环境修复等领域开展进一步的探索，力争做到生态环境修复方式多元化。

2024年，河北省法院系统共审结环境资源案件1.3万件，[1] 并取得了一定的成绩。比如，最高人民法院对环境资源审判工作成绩突出的集体和个人进行通报表扬，其中包括河北省高级人民法院环境保护审判庭、邢台市中级人民法院环境保护审判庭2个集体以及河北省法院系统的3名个人。张家口市怀来县人民法院建设的生态司法教育体验中心及增殖放流司法保护基地，入选最高人民法院十年生态环境司法保护（修复）示范基地。这些荣誉的取得，是对河北省法院系统司法保护生态环境工作的高度认可。

四 河北省司法行政系统司法保护生态环境工作分析

2024年，河北省司法行政系统进一步做好司法保护生态环境工作。一是指导人民调解组织、调解员加强生态环境保护领域相关纠纷的调解工作，全省共调解涉生态环境保护纠纷2082件。二是充分发挥行政复议的作用，

---

[1] 《河北省高级人民法院工作报告》，"纵览新闻"百家号，2025年2月11日，https：//baijiahao.baidu.com/s？id=18237125793563644858wfr=spider&for=pc。

全省受理了 7 件与生态环境相关的复议案件，从源头预防、化解、减少行政争议的发生。三是做好司法文件的备案审查工作，对全省 8 部涉及生态环境领域的文件进行了合法性审查。①

五 河北省司法保护生态环境工作的一些经验、做法

历经多年的探索、实践与沉淀，河北省司法保护生态环境工作积累了一些成功的做法与经验。

（一）积极推动落实与其他部门的协作联动

多年以来，河北省司法部门在省委、省政府的统一领导下，积极融入党委领导、政府负责、区域协同、公众参与、司法保障的现代环境治理体系，积极推动、落实与其他部门的联动协作，形成生态环境、生态资源的保护合力。比如，河北省公安系统与生态环境部门积极配合，主动向生态环境部门移送有关生态环境损害赔偿案件的线索，协助其开展现场勘查、损害评估磋商等工作。

在与其他部门联动协作的过程中，河北省司法部门首先注重与其他司法部门的衔接，探讨落实破坏生态环境领域的"行刑衔接""刑民衔接"等机制。比如，唐山市中级人民法院主动与市检察院等部门对接，建立协调沟通的长效机制，共同发力，推动司法保护生态环境各项举措，特别是相关案件审判、执行的落实。再如，为了提升白洋淀流域生态环境领域案件的办理质量，2024 年 6 月，河北省高级人民法院主办了"白洋淀流域集中管辖暨审判实务研讨会"，河北省公检法等部门均有人员参加，会议对集中管辖的配套机制建设、行刑衔接、执法司法联动等问题提出了意见建议。同年 8 月，雄安新区中级人民法院与国家法官学院河北分院配合，联合举办了首次白洋淀流域环境资源案件办理公检法同堂培训。来自该区域的 120 余名法院、检察院、公安局的从事生态环境资源诉讼实务工作的人员参加了培训。经过培训，各部门

---

① 《河北省司法厅关于 2024 年生态环境保护职责履行情况的报告》，河北省司法厅网站，2025 年 2 月 7 日，https://sft.hebei.gov.cn/system/2025/02/07/030328924.shtml。

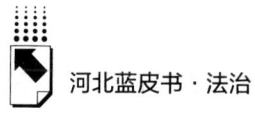

在统一证据标准等方面达成了共识,有利于该类型案件的侦办、审判与执行。

注重与其他政府部门的协作。比如张家口市中级人民法院与市文旅局等单位签署了《关于加强传统村落古民居文物单位及旅游景区景点环境保护共同推进文化旅游发展和生态文明建设的合作备忘录》,以司法保护优秀传统文化传承,促进文旅融合、共同发展。河北省每年都会组织有关部门联合印发《推动职能部门做好生态环境保护工作的实施意见》,确定各部门的责任清单。比如根据该意见,2024年河北省高级人民法院承担的生态环境保护事项就包括指导辖区法院生态环境类案件审理,推进生态环境类案件的刑事、民事、行政"三合一"审理,完善生态环境类案件行政执法和刑事司法衔接工作机制等。

(二)积极推进跨区域司法协作

生态环境保护案件本身具有跨区域的特点,因此多年来河北省司法系统积极推进跨区域的司法协作。首先是省内的跨区域合作,比如2024年7月,河北省检察系统在石家庄召开了"太行山(河北段)生态环境和资源保护公益诉讼检察跨区域协作联席会第二次会议"。就进一步深化、落实《关于建立太行山(河北段)生态环境和资源保护公益诉讼检察跨区域协作机制的意见》进行研讨。石家庄、张家口、保定、邢台、邯郸,以及涿鹿县、涞源县、井陉县、临城县、涉县等市县两级检察院的相关负责人员参加。会议认为,协作机制建立以来,各地检察院的沟通进一步加强、协作更加密切,在异地协助调查取证、相互移送案件线索等方面的配合更加流畅,有利于解决太行山(河北段)司法保护生态环境领域的一些重点、难点问题。

其次是积极推动与相邻、相关省份的司法协作。除了前面提到的跨区域警务合作外,河北省司法系统还积极推进与相关区域司法系统形式多样的司法协作。比如2024年8月,河北省张家口市、唐山市、秦皇岛市、承德市中级人民法院,与北京市密云区、怀柔区、平谷区、延庆区人民法院,以及天津市蓟州区人民法院,共同签署了《燕山生态环境司法保护协作框架协议》。该协议的签署,有助于三省市法院在生态环境保护领域案件审理方面的配合，也有利于三省市法院就某一领域的案件进行共同的法治宣传。再如，2023年以来，河北省怀来县人民法院，与北京市延庆区、门头沟区人民法院共同签署了《官厅水库跨域司法保护协作协议》等10余份合作协议书，共同为维护官厅水库生物多样性、恢复官厅水库战略水源地功能等方面提供司法保障。此外，2023年9月，北京市、河北省、河南省、山西省高级人民法院共同签署了《太行山生态环境保护司法协作框架协议》；2024年6月，雄安新区中级人民法院与北京市第四中级人民法院、天津市第一中级人民法院签署了《落实京津冀生态环境司法保护协作备忘录》等。这些协议/备忘录的签署，有利于各地司法机关在保护生态环境领域形成合力。

（三）积极探索司法保护生态环境的新领域

近年来，在司法保护生态环境领域，恢复性司法举措日益得到重视，河北省司法系统也在这方面积极探索，在增殖放流、补植复绿、劳务代偿等举措的基础上，大胆探索多元化生态环境修复、恢复方式。比如保定市易县人民检察院创办了"太行生态保护公益诉讼检察创新实践基地"，该基地集补植复绿、增殖放流、劳务代偿、生态环境修复等功能于一体。实践中遇到的情节较轻、不做起诉处理但需进行异地生态修复的滥伐林木、非法捕捞水产品等案件的执行，可放在该基地进行，将恢复性司法理念落到实处。2024年4月，唐山市芦台经济开发区人民检察院在工作中发现，位于河北、天津交界处的一条农田灌溉沟渠被倾倒了大量的生活垃圾，可能导致环境污染，于是向天津市宁河区人民检察院通报案件线索。最后两地检察院分别向各自的属地镇政府发出检察建议，督促其履职清理垃圾、恢复沟渠生态环境。该案不仅是生态恢复性司法举措的具体实施案例，也是生态环境保护领域跨区域司法协作的体现。

在此领域，河北省法院系统也进行了一些探索。一方面创新执行方式，以期与生态环境保护要素特点相适应。比如，张家口市中级人民法院制定发布了《关于在全市环境资源类刑事案件中全面实行生态环境修复有关问题的通知》，承德市中级人民法院联合市人民检察院、市司法局共同制定发布了《关于加强保障破坏森林资源类案件补植管护令有效落实的实施意见》，对贯彻恢复性生态司法理念作出具体指引，督促执行对象及时完成生态环境修复举措。另一方面充分发挥修复基地的作用。比如2024年3月，石家庄市栾城区人民法院联合区人民检察院、区生态环境局、区自然资源和规划局共同建立了"栾城区公益诉讼生态修复基地"。该基地占地约35亩，除了能达到"植绿补绿、恢复生态、总体平衡"的生态环境司法修复效果外，还集自然科普、成果展示、教育警示等多功能于一体。2024年8月，邢台市中级人民法院在隆尧县尧山成立了"邢台生态修复司法保护教育基地"。该基地成立后，邢台市中级人民法院在审理民事公益诉讼案件时，可以直接确认由责任人出资，明确补植复绿的树种、树径，补植的时间、地点，然后在该基地进行异地集中补植。这一新模式为探索构建"责任人修复+法院引导+政府监管"的生态综合修复新路径提供了新思路。

此外，在法治宣传领域，河北省司法系统也开拓思路，拓展了一些新的路径。比如雄安新区中级人民法院创新打造了"雄安法院生态司法保护小卫士——蓝小绿"，通过生动形象的"蓝绿小课堂"进行生态环境保护法治宣传。前面提到的"修复基地""保护基地"也具备法治教育宣传功能。

（四）注重大数据智能化平台等新技术的应用

2023年12月底，河北省检察院建成了省、市、县（区）三级检察院互联互通、统一运行的公益诉讼检察大数据智能化应用平台，该平台历时8个月打造完成，是全国检察系统的第一家相关平台。该平台着力打造智能研判辅助办案、类案监督模型超市、燕赵山海专项监督、办案质效综合分析、融合通信指挥调度等五个应用场景，让案件线索"自动上门"，使案件"浮出水面"，为案件办理"赋能增效"。截至2024年12月底，该平台已获取案源信息111560条，推送案件线索24169条，其中立案7647件，充分发挥了助力高质效办案的"倍增器"作用。①

---

① 《全国人大代表董开军：深化"燕赵山海·公益检察"专项监督助力生态环境司法保护》，"金台资讯"百家号，2025年3月6日，https：//baijiahao.baidu.com/s？id＝1825806374811725635&wfr＝spider&for＝pc。

B.21 矜老恤幼理念在家事审判中应用的路径研究

——以 S 市家事类案件为数据支撑

潘凤梅 张羽萌 赵文嘉*

摘　要： 中华传统美德源远流长，亲属法律关系涉及"人""财"双重属性。《民法典》中家事司法规范体系化特征突出、矜老恤幼理念影响加深、家庭矛盾源头治理统筹推进。本报告对矜老恤幼理念在我国古代法律中的体现进行梳理，提出矜老恤幼理念在家事审判中的具体应用路径。在此基础上，对矜老恤幼理念影响家事审判实践因由缘起进行解释，对家事审判在矜老恤幼理念影响下实现良法善治社会治理目标的发展路径进行了理论延展，将矜老恤幼理念与普法相结合。

关键词： 矜老恤幼　家事审判　优良家风　社会普法

矜老恤幼理念是司法审判中的一项重要思想，涉家事纠纷案件的裁判规则因中华优秀传统美德的传承和适用得以完善，实现了从单一的严格依法办案到兼顾法理、情理的合理转变。矜老恤幼理念以案件审理、裁判、指导性案例等多种形式在当前司法实践中恢复生机、创新发展。

---

* 潘凤梅，栾城区人民法院政治部副主任、二级主任科员，研究方向为法制史；张羽萌，河北经贸大学硕士研究生，研究方向为法制史；赵文嘉，河北经贸大学硕士研究生，研究方向为经济法。

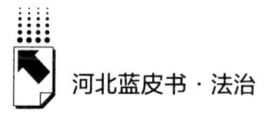

一 历史溯源：家事审判中矜老恤幼理念的演进过程

我国家事审判中矜老恤幼理念的演进，可以追溯至古代法律制度的形成与发展。这一理念深深植根于儒家思想，强调对老年人和未成年人的特殊关怀与保护。

（一）中华优秀传统文化中矜老恤幼理念的内涵

文化是一个国家、一个民族的灵魂。党的二十大报告指出："推进文化自信自强，铸就社会主义文化新辉煌。"这是我们党着眼全面建设社会主义现代化国家、全面推进中华民族伟大复兴提出的重大论断和重要任务，把我们党对文化作用和文化发展规律的认识提升到一个新的境界。中华民族五千多年文明历史孕育了内涵丰富、博大精深的中华优秀传统文化，如儒家明德慎罚、仁政爱民、宽猛相济及和谐无讼等思想。①

在社会文明演进过程中，中华民族铸造了体现独特民族智慧和品格的法律文化体系，中华优秀传统法律文化是中华优秀传统文化的重要组成部分。2020年11月16日，习近平总书记在中央全面依法治国工作会议的讲话中强调，要传承中华优秀传统法律文化。② 中华法系凝聚了中华民族的精神和智慧，有很多优秀的思想和理念值得我们传承，如出礼入刑、隆礼重法的治国策略，民惟邦本、本固邦宁的民本理念，天下无讼、以和为贵的价值追求，德主刑辅、明德慎罚的慎刑思想，援法断罪、罚当其罪的平等观念，保护鳏寡孤独、老幼妇残的恤刑原则，等等。③ 这些思想和理念都彰显了中华优秀传统法律文化的智慧，对新时代家事审判工作有着深远的影响，使涉家事纠纷案件的裁判规则实现了从单一的严格依法办案到兼顾法理、情理的合理转变。

---

① 王作安：《涵养我国宗教的中国文化气质》，《中国宗教》2019年第6期。
② 《习近平在中央全面依法治国工作会议上发表重要讲话》，中国政府网，2020年11月17日，https://www.gov.cn/xinwen/2020-11/17/content_5562085.htm。
③ 周光权：《法典化时代的刑法典修订》，《中国法学》2021年第5期。

（二）古代家事司法中矜老恤幼理念的发展

1. 西周时期矜老恤幼理念的萌芽

"矜"，有同情、怜悯之意；"恤"，有体恤、爱护之意。早在西周时期，统治者就遵循"矜恤"思想，并在其法律中将矜老恤幼理念体现出来，即将老年人及未成年人视为应当予以适当倾斜的对象。西周的统治者在"以德配天，明德慎罚"理念的引领下，创造性地制定了礼乐制度，这一创举不仅标志着道德教化与刑罚制裁的巧妙融合，更构建了周朝独有的"礼"与"刑"相辅相成的法制观念（见表1）。该制度中蕴含了对年幼者与老者施以宽宥的刑罚思想，这一人文关怀的体现，不仅彰显了尊老爱幼的中华优秀传统美德，更有利于对周朝统治秩序的维护。

表1 西周三赦之法

适用人群		刑事责任
幼弱	7岁以下	应当减轻、赦免刑罚
老耄	80岁以上	
蠢愚	智力障碍者	

2. 秦汉时期矜老恤幼理念的成熟

《后汉书·申屠蟠传》记载了汉代缑氏女为父报仇案，该案缑玉为父报仇杀死夫家族人，经"奏谳"①（古代对案件复审的称谓）免得死罪，获得赞誉。在提倡忠孝为大的封建时代，民间舆论认为，为血亲复仇的行为"幼稚孝烈"，应当予以宽宥。汉朝推行的"恤囚制"，也深刻体现了古代中国"矜老恤幼"的仁政思想。《汉书·惠帝纪》中亦有记载，汉惠帝明确指示对于年七十岁及以上的高龄老人及未满十岁的孩童，若触犯刑律本应受罚，则改为免除其肉刑，仅施以较轻的处罚，这一举措彰显了汉朝统治者对于社会伦理与人性关怀的高度重视。秦汉关于矜老恤幼理念的制度见表2、表3。

---

① 汉有《奏谳书》，是一部判例集。

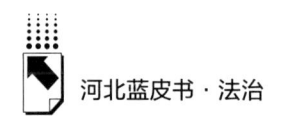

表2　秦代《睡虎地秦墓竹简》节选

罪行	刑事责任
殴打祖父母、曾祖父母	黥为城旦舂
不孝罪	最重可予以"弃市"处罚

表3　汉代刑事制度节选

	年龄	内容
悯囚制	<8岁	行刑罚免除佩戴刑具之苦
	≥80岁	
《汉书·惠帝纪》	<10岁	免除肉刑
	≥70岁	

3.唐宋时期矜老恤幼理念的延续①

《新唐书》记载，李好德口出妖言，妄议朝政，依据《唐律疏议》，李好德应当被处以绞刑。但是经过审讯和调查发现，李好德有间歇性的疯癫病，神智失常。对于李好德这类"疾病者"的量刑，唐律规定，只要是大于七十岁、小于十五岁或者残疾人应处流放以下刑罚的，都准其以银赎罪。《唐律疏议》对老幼犯罪者的规定较为详细。针对老年人犯罪，唐代强调以德礼教化为主，不能专任惩罚，实行"老幼废疾减免刑罚"的原则。针对儿童犯罪，唐代采取"从幼兼从轻"原则，并以法律的形式明确了禁止对儿童刑讯的政策（见表4）。除此之外，唐朝的存留养亲制、死刑复核复奏制亦体现了"恤刑"思想。

表4　唐代对不同年龄未成年人刑事责任的划分

年龄	罪行	刑事责任
7岁以下	家人谋反、谋逆	连坐
7~10岁	谋反、谋大逆、杀人（应当被判处死刑）	上请（由皇帝裁决）
11~15岁	全部犯罪	应判处流放以下刑罚时，减轻处罚
15岁以上	全部犯罪	完全承担

---

① 本部分内容由作者根据典籍整理而成。

（三）近现代我国矜老恤幼理念的赓续

1. 家事司法中对弱者权益保护范围的扩大

革命根据地时期确立了保护妇女、儿童利益原则，保护"弱者"的范围呈现扩大趋势。1950 年《婚姻法》第一条规定"保护妇女和子女合法权益"。随着保障人权观念的深入人心，婚姻家庭领域对"弱者"的保护范围也逐渐扩大。[①] 1980 年《婚姻法》中的弱者不仅包括妇女、儿童还包括老人。革命根据地时期在离婚制度的设计上给予妇女特殊保护，离婚后男子需对女子施以经济上的扶持与帮助。2001 年《婚姻法》增设了"离婚损害补偿制度"，[②] 这是对离婚经济帮助制度的一种创新，并对离婚后儿童的抚养问题作出了安排，即儿童一般由父亲抚养，若由母亲抚养，则大部分抚养费用由父亲承担。2001 年《婚姻法》增加了许多对儿童利益进行保护的条款，比如规定了夫妻离婚时需尊重年龄较大的未成年子女的意见，并使非婚生子女的权益合法化。2021 年《民法典》实施离婚冷静期后，离婚登记数从 2020 年的 433.9 万对大幅降至 2021 年的 283.9 万对，降幅达 34.6%。但 2022 年后离婚登记数连续回升，2024 年达 262.1 万对，较 2023 年增长 3.47%；2025 年第一季度离婚登记数 63.0 万对，同比增加 5.7 万对。在夫妻共同债务与财产分配中，过错程度直接影响共同财产分配比例，家暴、婚外情等过错方可能面临财产分割比例减少 20%~40%的惩罚，这也是进一步保护弱者权益的体现。

2. 《民法典》中蕴含对矜老恤幼理念的倡导

《民法典》的人格权单独成编体现了"以人为本"的思想，是对"民为邦本，本固邦宁"法文化的传承；《妇女权益保障法》（2022 年修订）、《反

[①] 陈皓、曹瑞璇：《婚姻家庭关系中弱者保护功能评析——以我国民法典婚姻家庭编为中心》，《上海法学研究》2020 年第 9 卷。

[②] 2001 年《婚姻法》第 46 条规定："有下列情形之一，导致离婚的，无过错方有权请求损害赔偿：（一）重婚的；（二）有配偶者与他人同居的；（三）实施家庭暴力的；（四）虐待、遗弃家庭成员的。"

家庭暴力法》、《老年人权益保障法》（2018年修正）与《民法典》的规定相结合，构成了一个逻辑周延的法律体系，实现了当代社会对家风观的承继。国家立法从有法可依转为良法善治的过程中，道德的法律化是一种常见立法方式。《民法典》从立法宗旨、基本原则到具体条款都体现了社会主义核心价值观的要求。《民法典》第26条规定了成年子女对父母的赡养、扶助和保护义务，正是中国传统孝文化的当代演绎；第23条法定代理人制度规定的最有利于未成年子女原则，第128条规定的对老、幼、残疾及妇女等弱势人群的特殊保护，第1073条规定父母可以提起确认或否认亲子关系之诉，但成年子女及第三人不得起诉请求对亲子关系的否认，这与古代"尊尊"思想及孝文化一脉相承；第1125条规定的继承人宽恕制度、第1087条的照顾无过错方原则都体现了和谐友善的思想。《最高人民法院关于适用〈中华人民共和国民法典〉婚姻家庭编的解释（一）》第44~48条对未成年子女抚养权的详细确定也体现了对未成年人的照顾。截至2024年底，全国60岁及以上人口为3.1亿人，65岁及以上人口为2.2亿人，分别占全国总人口的22%和15.6%。据民政部的数据，截至2024年9月，我国失能老年人约3500万人，占全体老年人的11.6%。据测算，到2035年，我国失能老年人将达到4600万人，2050年将达到5800万人左右（见图1）。

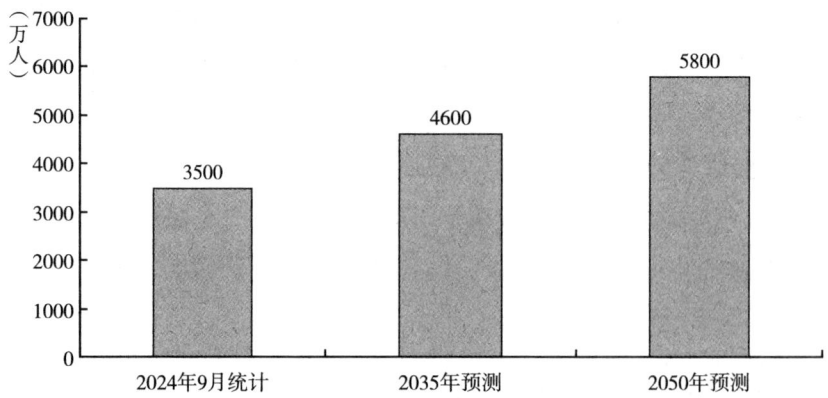

图1　2024~2050年全国失能老年人数

二 现实映照：矜老恤幼理念在家事审判中的实践形态

近年来，随着社会结构的变化和家庭纠纷的复杂化，家事审判在司法体系中的地位日益凸显。矜老恤幼理念作为中华优秀传统文化的重要组成部分，逐渐融入家事审判的实践，成为指导家事审判的重要价值导向。

（一）S市家事审判案件的趋势演进

通过对S市2020~2024年家事审判案件的统计数据进行分析，可以发现家事审判案件在数量、占比及类型分布上的变化趋势。2020~2024年，全市家事纠纷案件受理量从12974件增长到13589件，年均增长率为1.16%。其中，三类案件增长尤为显著：一是涉老案件，年均增长率达12%，主要涉及老年人赡养费纠纷、再婚财产纠纷等；二是涉少案件，年均增长率为10%，以未成年人抚养权纠纷、探望权纠纷为主；三是离婚财产分割案件，年均增长率为9%，且标的额呈现上升趋势。从案件类型来看，家事纠纷案件呈现明显的集中化特征：婚姻类案件占比最大，约65%，其中离婚纠纷占婚姻类案件的80%以上；继承类案件占比约20%，多涉及房产等大额财产分割；抚养赡养类案件占比约15%，社会影响较大，容易引发舆论关注。与此同时，在结案方式上，调解率持续上升。2020年家事案件调解率为28.12%，2024年上升至47.64%，增长将近20个百分点。这反映了家事审判从"刚性裁判"向"柔性治理"的转型，法官在调解中注重情感修复、心理疏导，尤其在涉及未成年人、老年人的案件中，调解更能实现"矜老恤幼"理念的价值目标。

（二）家事审判案件的结构特征

1. 新型疑难案件增多

随着社会经济的发展，家事纠纷类型不断扩展，除传统的离婚、抚养、继承纠纷外，还涉及婚姻无效、同居析产、分家析产、子女抚养探望、涉老婚姻、彩礼返还、夫妻债务等多种案件类型。这些案件专业化要求高，法律关系复杂，往往涉及民事、行政、刑事等多个法律部门的交叉适用，还需兼顾情感、伦理等因素，需要更加精细化的审理方式。此外，宅基地拆迁所得利益、夫妻债务等纠纷的处理难度和涉诉信访压力也不断增加。在处理涉老案件时，既要维护老年人的合法权益，又要考虑家庭关系的修复；在处理涉少案件时，则需保障未成年人的健康成长，同时平衡各方利益。

2.案件矛盾相对尖锐

婚姻家庭纠纷，尤其是离婚纠纷，因涉及夫妻感情、未成年子女抚养及家庭财产分割，往往对抗性强、矛盾尖锐，调解难度较大。部分案件当事人长期生活压抑、情绪偏执，易发生过激行为，如殴打对方、自杀自残、遗弃小孩等。据统计，约60%的离婚案件存在激烈对抗，其中30%的案件出现当事人情绪失控的情况。特别是在涉及未成年子女抚养问题时，父母间的对立情绪可能对子女造成二次伤害。这类案件不仅关乎个人权益，更牵动家庭和谐稳定，处理不当可能引发群体性事件或网络舆情，维稳压力较大。

3.审判理念从"裁判为主"向"修复为主"转变

传统的家事审判注重法律裁决，法官依据法律规定对纠纷作出裁判。这种方式虽能快速解决纠纷，但忽视了家庭关系的特殊性，可能导致矛盾进一步激化。现代家事审判更注重家庭关系的修复和情感矛盾的化解，审判程序和方式更加多元化、人性化。法官不再局限于法律裁判者的角色，而是更多地承担家庭关系修复的职责。矜老恤幼理念的引入，体现了司法理念的深刻转变，这一理念强调在审判过程中关注老年人和未成年人的合法权益，充分考虑他们的身心特点和实际需求，反映了社会对家庭价值认知的进步，推动了家事审判从单纯的纠纷解决向家庭和谐维护的转变。

三 发展困境：从宏观到微观的逐步检视

矜老恤幼理念作为中华优秀传统法律文化的重要组成部分，在现代家事审判中得到了广泛实践和创新发展的同时，仍面临诸多困境亟待解决，这些困境既存在于宏观的社会发展层面，也存在于微观的司法审判层面。

（一）社会变迁与家事审判的宏观挑战

1. 社会观念与法律实践的脱节

中国传统的乡土社会是"靠亲密和长期的共同生活来配合各个人的相互行为，社会的联系是长成的，是熟习的"。[①] 随着社会的逐步开放和发展，"熟人社会"逐渐向"陌生社会"演进，道德作为公众普遍认同的一种社会意识形态，具有维护秩序的功能优势，其作用也被现代社会削弱。[②] 在传统熟人社会中，矜老恤幼理念常被片面理解为"重老轻少"或"重幼轻老"，忽视其平衡保护的本质。这种偏差的主要体现是：一是历史维度上，将矜老恤幼简单等同于传统孝道文化，忽视现代法治背景下的平等保护原则，导致过分强调家庭责任而忽视个体权利；二是价值内涵上，将其片面理解为对弱势群体的特殊保护，忽视其促进家庭和谐、维护社会稳定的深层价值；三是功能定位上，将其仅视为司法裁判原则，忽视其作为社会治理工具的多重功能，未能充分发挥其在预防纠纷、修复关系、维护和谐等方面的作用。

2. 风险社会的挑战

随着科技进步，社会风险加大，从而呈现多种形态的矛盾纠纷，按源头可分为诉源、案源、访源。"风险社会"下，人类为了追求安全而建立成体系的制度规避风险，然而我们应当意识到制度的运行本身也存在风险，这在矜老恤幼理念的实践中表现得尤为明显。

我国审判模式更接近大陆法系纠问式审判，诉辩双方对抗性强，家事审判亦不例外。然而，家事纠纷具有亲情伦理性，审判职能不应局限于定分止争，更应修复家庭情感、特殊保护弱势群体。目前对抗性家事审判方式在贯

[①] 费孝通：《乡土中国》，北京大学出版社，1998。
[②] 张文显：《一体推进基层法治和德治建设》，《中国政法干部论坛》2021年第8期。

彻矜老恤幼理念方面仍纾解不敷，难以满足老年人和未成年人的特殊需求，过分强调法律裁判，忽视了情感修复和关系重建，缺乏心理关怀。此外，传统理念的传承本身存在风险，需要去粗取精、批判继承。矜老恤幼理念作为我国传统美德对当代家事司法发挥积极作用，但有时对理念的不同解读无法在同一案件中兼容，从而产生价值冲突。

3. 社会保障体系不完善

家事审判的效果往往依赖社会保障体系的支撑。然而，目前我国的社会保障体系尚不完善，尤其是在老年人赡养、未成年人保护等方面存在资源不足、覆盖面窄等问题，严重削弱了家事审判的实际效果，也给矜老恤幼理念的贯彻落实带来了诸多挑战。在未成年人保护方面，监护支持体系不完善，监护监督机制缺失，特殊教育学校数量以及教育保障资源不足，教育资助覆盖面有限，农村地区教育资源匮乏；在老年人权益保障方面，养老服务体系不健全的问题突出，养老资源不足且服务质量参差不齐，农村地区养老服务资源更为匮乏。此外，精神赡养支持严重缺失，专业的老年人心理疏导服务缺乏，老年人的社会参与渠道有限，针对独居老人的关爱服务不足。社会保障体系的不完善使得纠纷解决不彻底，单纯司法裁判难以解决深层次问题，容易导致纠纷反复发生。调查数据显示，老年人对当今养老政策的心理感受总体呈向好趋势，但仍有问题需要解决（见图2）。

（二）司法实践中的微观困境与局限

1. 未成年人与老年人权益保障困境

在涉及未成年人的案件中，许多未成年人因年龄和经济能力限制，程序参与不足，无法充分表达心声。然而，我国尚未设立有利于未成年人参诉的专属管辖制度，影响法官对其利益的正确决断。在涉及老年人的案件中，老年人在生理条件、年龄特征及知识获取能力上处于不利地位，在司法诉讼中尤为显著，可能导致其处于弱势地位。很多老年人文化教育水平较低，易成为诈骗目标，且涉及多部门的权益保障问题界限不清，赡养纠纷多不通过诉讼解决。同时老年人的晚年福祉不仅依赖物质生活，更需精神慰藉与陪伴。

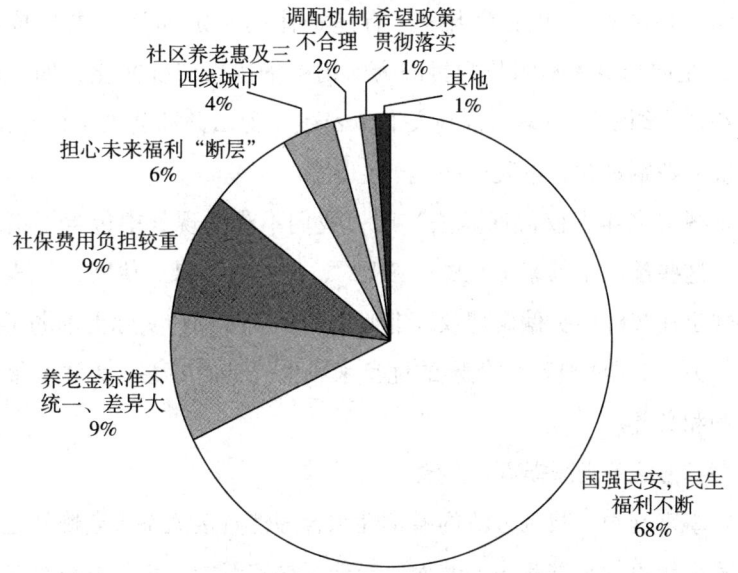

图 2　老年人对如今养老政策的心理感受

资料来源：人民网舆情数据中心。

近年来，因子女忽视精神关怀引发的法律纠纷增多，精神赡养涉及情感交流与心灵陪伴，难以量化评判，给法律执行带来挑战。如何有效强制执行精神赡养判决，成为亟待解决的社会问题，主要是因为精神赡养更多依赖家庭成员自觉与理解，而非以外部强制力推动。

2. 倡导性规范与强制性规范协同不足

家事法律规范兼具普通法律规范的强制力和特殊的倡导性，但在实践中常忽略倡导性规范，导致倡导性规范未与强制性规范有机结合，立法价值难以发挥。目前倡导性规范的适用主要有两种方式：一是从正反面评价当事人行为。正面如："王某2能从大局出发，为维护和睦的家庭关系……符合社会主义核心价值观中处理相互关系时应当友善的价值准则。"① 反面如："当

---

① 王某清诉王某萍等赡养纠纷案，江苏省南京市玄武区人民法院民事判决书（2017）苏0102民初7332号。

事人对纠纷解决态度明显不当……有违法律的规定和社会主义核心价值观。"① 二是向当事人阐明裁判目的为弘扬中华优秀传统文化，如"张某与王某婚约财产纠纷"一案，裁判文书中表述"为弘扬社会主义核心价值观，树立正确的婚姻观念，本院……"。

在审视《老年人权益保障法》时，我们不难发现其中包含了诸多指导性条款，这些条款中频繁出现的"鼓励"、"支持"和"帮助"等表述，使得这些规定在实践中更偏向建议而非必须遵循的规则，实际上削弱了法律的强制执行力。《民法典》中规定的优良家风也仅具倡导性，无法直接影响个人的权利和义务。

3.裁判方法不当减损审判实效

在家事审判中，裁判方法的科学性和合理性直接关系矜老恤幼理念的落实以及家事纠纷的妥善解决。然而，当前司法实践中，裁判方法存在诸多问题，主要体现在：一是三段论裁判方法固化。部分法官在审理家事案件时，过度依赖传统的三段论推理模式，导致裁判方法僵化。三段论推理模式注重法律条文的合法性，却往往忽略了案件的特殊性和合理性，尤其是未能充分体现对未成年人、老年人等弱势群体的特殊保护。二是漏洞填补的标准不一。随着社会的发展和科技的进步，家事审判中出现了许多新领域，法律条文存在缺失或冲突，法官需要通过漏洞填补的方式作出裁判。三是利益衡量不充分。家事纠纷涉及个案公正、弱势群体、社会公益等多重利益，然而在实际裁判中，利益衡量的过程常被简化甚至忽略，裁判文书中的"本院认为"部分也鲜少详细阐明价值平衡的依据和逻辑，进而削弱了判决的说服力。

四 矜老恤幼理念的当代价值与实践探索

矜老恤幼理念在司法历史中植根并不断发展，民族精神与司法风格的内

---

① 王某1等诉王某3法定继承纠纷案，宁波市鄞州区人民法院民事判决书（2019）浙0212民初5830号。

在契合表达了矜老恤幼的伟大意义。① 需在此基础上对矜老恤幼理念的司法实践进行体系化思考和探索，破解家事审判困境。

(一) 传统理念的现代法理价值

1. 弱势群体的利益保障

近年来，随着信息化、智能化发展和人口老龄化加剧，未成年人和老年人参与经济社会活动增多，涉诉纠纷也随之增加。涉及未成年人的家事案件多为离婚纠纷，未成年人常无法表达真实意愿，且易受家庭矛盾伤害。联合国《儿童权利公约》确立了儿童最大利益原则。2025年国务院《政府工作报告》明确提出"制定促进生育政策，发放育儿补贴，大力发展托幼一体服务，增加普惠托育服务供给"。真金白银的政策，直击痛点。我国将未成年人保护与传统尊老爱幼文化融合，形成"最有利于未成年人"原则，给予未成年人特殊司法保护。涉及老年人的纠纷多集中于赡养案件，《民法典》与《老年人权益保障法》协同保障老年人权益，"老有所养、老有所医、老有所为、老有所学、老有所教、老有所乐"得以实现。② 家事审判影响未成年人成长及老年人赡养等社会公共利益。通过萃取和升华矜老恤幼理念，传统法文化智慧在现代法秩序中焕发新生命力，彰显其在弱势群体利益保障中的重要价值。2025年国务院《政府工作报告》指出，要"完善社会保障和服务政策。城乡居民基础养老金最低标准再提高20元，适当提高退休人员基本养老金。加快发展第三支柱养老保险，实施好个人养老金制度。积极应对人口老龄化，完善发展养老事业和养老产业政策机制"。

2. 和谐无讼的理想追求

"天下无讼"的价值追求是中华法系精神和智慧的集中体现。③ 从封建

---

① 武建敏、卢拥军：《审判的艺术》，人民出版社，2009。
② 周湖勇、章淑娴：《〈民法典〉保障老年人合法权益的规范分析与实施路径》，《温州大学学报》（社会科学版）2024年第2期。
③ 陈景良：《"天下无讼"价值追求的古今之变》，《政治与法律》2023年第8期。

社会的"恤刑"制度演变历程中，可以深刻洞察到，它既作为皇权稳固的工具，来调和阶级间的紧张关系，又蕴含了对社会弱势群体的深切关怀，展现了浓厚的人道主义色彩。随着社会主义核心价值观正式纳入《宪法》，和谐价值观就此完成了从伦理准则向宪法原则的跃迁。《宪法》序言与第24条都提到了和谐价值观的重要性，使和谐价值兼具国家治理目标与社会关系准则的双重属性，这意味着，我们要将和谐理念内化于心、外化于行，使之成为全社会共同遵循的价值准则。

3.情理法的调和需要

情理法有机统一的价值理念可以追溯至中国古代，对儒家伦理道德的尊崇构成了古代司法行为价值合理性的基础，大部分司法裁判都能在儒家道德体系中找到理据。董仲舒倡导的"春秋决狱"①与当代社会主义核心价值观的运用异曲同工。《春秋》中的原心定罪与当代重视犯罪人的主观方面极为相似。颜真卿对"杨志坚妻子改嫁案"②的判词"令远近知悉"又体现出重视发挥裁判的教化作用。将情、理、法有机统一起来，固然有人治的成分，但也在专业化和大众化的冲突中，找到了平衡点。③"法不外乎人情"，司法的作用是定分止争，而纠纷与争议终究是存在于人与人之间的。因此，个案的审判需要置于天理、国法、人情中综合考量，不能只考虑法律的专业性而忽视了民众认可的重要性。

（二）法律适用的内在机理

矜老恤幼理念对家事审判的规范价值在实践中有不同的呈现类型，总体而言存在"三个层次"。

一是对规则本身进行法律解释。法律解释作为法律适用的核心环节，

---

① "春秋诀狱"主张在事实清楚但法律缺失或适用法律明显不合理的情形下，运用儒家经典论述作为审理依据。
② 李广宇：《判词经典》，法律出版社，2022。
③ 汪世荣：《新中国司法制度的基石：陕甘宁边区高等法院（1937—1949）》，商务印书馆，2018。

其本质在于"以已经成为法律基础的内在价值判断为依据",[①] 体现矜老恤幼理念在我国家事审判中的作用。《民法典》第 26 条规定了成年子女对父母的赡养、扶助和保护义务,是中国传统孝文化的当代演绎,是对我国孝道伦理的法律再造。将具体法律规定与暗含矜老恤幼理念的原则性规定相结合,结合当今社会发展水平与价值取向对中华传统美德进行承继,使矜老恤幼理念能够以法规范为桥梁回应家事审判的时代之问。《民法典》继承编第 1123 条确立的法定继承与遗嘱继承制度,在中国古代法体系中已见端倪;第 1155 条对胎儿继承利益的规定也可溯源至两宋时期。[②]

二是以规则为基础填补漏洞。家庭关系的亲密伦理性决定了家庭法的介入需保留一定界限,因此我们很难为所有家庭纠纷找到完全对应的法律规定。在这种背景下,可以已有规则为基础填补漏洞,在无法可依时以核心价值观为方向寻找类似规定类推适用,从《民法典》总则、分编,以及单行法整个体系进行涵摄,建立可供比附援引的共通规范。

三是超越规则续造法律。家事纠纷常面对法益、伦理和习俗的冲突,此种背景下,应当注重运用超越规则续造法律的方法将矜老恤幼理念融入司法审判,发挥其规范价值。首先需要厘清核心利益,对冲突利益进行陈列,运用文化传统等从个案公正性、社会影响、秩序构建等多角度衡量,在冲突中把握矛盾的统一性。在这个过程中法官对法规范的内涵与外延把握准确,对法条的理解不再局限于文字,而是挖掘法条背后的深刻价值,丰富和发展规范的时代内涵。

(三)司法实践的现代化路径

2025 年 3 月全国两会提到,全国法院和检察机关积极开展未成年人司法保护,妥善处理未成年人犯罪和侵犯未成年人权益案件。2024 年,起诉

[①] 梁慧星:《民法解释学》,法律出版社,2015。
[②] 曾宪义、赵晓耕主编《中国法制史》,中国人民大学出版社,2016。

性侵、伤害未成年人等犯罪7.4万人，审结侵害未成年人犯罪案件4万件，涉及4.1万人，同比下降1.1%。对未成年人和老人等弱势群体利益加以倾斜保障是司法实践的重要部分，从法院的角度来说，最高法院应先培育试点和先进经验，然后刊登具有普遍操作性的司法案例，使法官易取可用，真正服务于具体案件的处理。目前，已有法院就未成年人及老年人的合法权益保障，建立绿色诉讼通道，实现妇联等组织与人民法院的司法联动；设置未成年人监护观察室专区，保障未成年人最佳利益，在离婚裁判中将"子女受到最小伤害"作为一项重要的考量标准，加大未成年人心理调查和调节力度，同时延伸司法服务实行诉后回访制度。

习近平总书记指出，"法治建设既要抓末端、治已病，更要抓前端、治未病。我国国情决定了我们不能成为'诉讼大国'"。[1] 传统"无讼"理念在当代呈现为"枫桥经验"的创造性转化，建立健全了"软法治理、柔性化解、源头预防、人民主体"的法治理念，坚持矛盾柔性化解的根本原则。在此基础上，调解成为纠纷解决的首要选择，这有赖于家规族法、乡规民约来维持社会的正常秩序。[2] 最高法院要求各级人民法院贯彻落实一站式多元解纷机制建设，体现出乡规民约的柔性治理智慧正在司法实践中发挥作用，实现了传统文化思想与现代治理需求的有机衔接。

五 发展路径：我国家事审判的司法应对策略

在当前家事审判中，矜老恤幼理念作为实践指导，常以其理念思维介入中国式家事审判，为家事审判价值判断提供理论基础。

（一）部门联动，构建家事解纷格局

要强化矜老恤幼理念融入家事审判的规范性和可操作性，需完善顶层设

---

[1] 《习近平谈治国理政》（第四卷），外文出版社，2022。
[2] 李占国：《诉源治理的理论、实践及发展方向》，《法律适用》2022年第10期。

计和制度机制，构建全链条服务。首先，在多元解纷机制中融入矜老恤幼理念，推进家事纠纷源头化解，完善人民调解、行政调解、司法调解的"大调解"格局，构筑全方位参与的解纷主阵地，守护家庭稳定。其次，现代司法与普法融合实践，进行司法保护创新，石家庄市中级人民法院通过"传统文化+法治教育"模式，以角色扮演、案例讲解增强青少年与老年人法律意识。最后，结合人身安全保护令、禁止令等措施，保障妇女、儿童和老年人等弱势群体权益，用既有力度又有温度的司法实现"案结、事了、家和"的目标。

（二）转变理念，把握家事审判尺度

当今社会对家庭和谐与弱势群体权益的重视日益增强，司法领域需注重家事审判的公正性、合理性和人性化。法官应运用司法权查明事实，依法保护当事人及弱势群体权益，促进家庭和谐，突出家庭成员利益共同体地位，以团体主义为价值追求。矜老恤幼理念将在未来家事审判中发挥重要作用，但也面临挑战。近年来，未成年人犯罪率上升成为全球趋势，如何惩治未成年人犯罪并与矜老恤幼理念兼容成为焦点，舆论也从"未龄不责"转向"低龄轻责"和"未龄免死"，与我国最低刑龄制度存在价值冲突。为此，需从刚性的"唯年龄论"转向弹性立法模式，缩小因年龄差异导致的处罚差距，确保罪罚均衡。同时，应坚定对未成年人特殊保护的立场，放宽减刑限制，完善专门矫治教育制度，与《刑法》良好衔接，防止处罚范围过度扩张。中国裁判应以中国价值观为引导，将优良家风观融入司法审判，培塑家事审判理念，权威解读法律中彰显的家风价值，注重家风对社会秩序的塑造和规范功能，推动中国家风理念再发展。针对实践与传统脱节问题，应注重古代裁判家风观念的继承，以及融情理法、重德性教化的裁判理念在当今裁判中的释法功能。[①] 随着《未成年人保护法》《妇女权益保障法》等特殊

[①] 石改军：《新时代家风对和谐家庭建设的法治价值研究》，载吕新斌主编《河北法治发展报告（2024）》，社会科学文献出版社，2024。

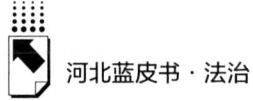

单行法的颁布和修改,群众通过家事审判不断提升法律认知。通过司法实践,不仅实现法律上的公平正义,更在人伦关系的微妙平衡中,彰显对人性深度的理解与尊重,让每一个家庭成员都能在和谐与爱的氛围中继续前行。

(三)强调普法,凸显家事人文关怀

矜老恤幼理念为司法裁判提供重要思想依据和价值导向,为实现"三个效果"相统一提供了重要路径。裁判说理时应积极运用中华优秀传统文化,在司法实践中持续推进矜老恤幼理念与普法相结合,推进社会主义核心价值观融入司法理念。家事审判中,裁判文书并非案件终点,需通过判后回访探查实际效果,彰显司法为民的职责担当。推动社区、学校、司法机关协作,通过"法治副校长""基层观察团"等机制,构建预防性普法网络。通过类案效果改进司法方式,深挖家事纠纷与社会主义核心价值观的结合点,为未来案例处理提供借鉴,切实维护未成年人、妇女和老人的合法权益,弘扬矜老恤幼理念,营造良好社会氛围。例如,在变更抚养关系纠纷案中,法院通过变更监护权、发布人身安全保护令等措施,全方位保障未成年人权益,明确否定体罚行为,尊重未成年人意愿,落实最有利于未成年子女原则。

六 结语

矜老恤幼理念作为中华优秀传统法律文化的精髓,历经千年传承,至今仍在我国家事审判中焕发强大的生命力。家事审判应继续深化矜老恤幼理念的实践探索,与社会普法结合既是传统法律智慧的延续,也是现代法治创新的体现。未来需进一步挖掘历史资源,借助技术手段与社会共治,让法律既有力度又有温度,为家庭和谐与社会稳定提供坚实的司法保障。

法治化营商环境篇

B.22
河北省营造国际一流法治化营商环境中的涉外法治建设研究*

郭欢欢**

摘　要： 国际一流法治化营商环境的建设是一项系统性工程，河北省在营商环境建设过程中固然取得一些可喜成果，但亦存在不足之处。例如，立法层面，涉外投资领域缺乏专门地方性立法；《河北省知识产权保护和促进条例》中知识产权纠纷多元化解机制规则有待进一步明确细化，缺乏公益诉讼对知识产权进行保护的规定，技术调查官制度有待进一步明确，知识产权纠纷仲裁服务建设规则缺失，海外知识产权维权援助机制缺失等。司法层面，河北省法院在司法审判实践中存在相关法律规则适用的混乱与不当，如最密切联系原则的适用缺乏明晰的标准，最密切联系原则与特征性履行方法错位，法律法规适用存在谬误（适用已废止的司法解释作

---

* 基金项目：河北省教育厅 2024 年度河北省高等学校科学研究项目"河北省国际一流营商环境建设中的涉外法治理论逻辑与制度构建"（SQ2024100）阶段性成果。
** 郭欢欢，中共党员，燕山大学文法学院讲师，西南政法大学博士，研究方向为国际私法。

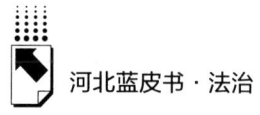

为裁判依据）等。针对以上问题，本报告提出以下具体的完善建议：立法层面，完善涉外投资领域地方立法及河北省涉外知识保护产权立法中的相关规则；司法层面，不断完善多元化国际民商事争端解决机制，重视法官专业素养的提升。

关键词： 营商环境　涉外法治　知识产权

河北省积极融入共建"一带一路"，深化改革开放，构建开放型经济新体制，探寻经济增长之道，而深度融入共建"一带一路"，与共建国家和地区持久、稳定地开展经贸合作，国际一流法治化营商环境的建设不可或缺，涉外法治又是营商环境建设的重中之重。有健全的涉外法治为基石，河北省方能在大力发展对外经济方面行稳致远、进而有为。

一　国际一流法治化营商环境的基本理论

近年来，我国不断加强对营商环境建设的重视，学界对营商环境的研究成果颇丰，"涉外法治"与"国际一流法治化营商环境"两个概念的碰撞，迎合了问题导向原则，将涉外法治特定化在国际一流法治化营商环境这一背景之下，涉外法治内涵有了特定的指向。

（一）何为国际一流法治化营商环境？

党的二十大报告在"推进高水平对外开放"部分明确提出"依法保护外商投资权益，营造市场化、法治化、国际化一流营商环境"。2023年11月27日，习近平总书记在主持中共中央政治局第十次集体学习时指出，"法治是最好的营商环境，要完善公开透明的涉外法律体系，加强知识产权保护，维护外资企业合法权益，用好国内国际两类规则，营造市场化、法治化、国际化一流营商环境"。① 优化营商环境必须借助和依靠全方位的法治保障,将市场化改革成果以法律规范的形式固定下来,确保营商环境的公正、透明、稳定和可预期。营商环境国际化即通过对标国际通行规则和国际一流标准来改善营商规则。

1. 国际化营商环境内涵与价值

"国际化"是与国际接轨、与世界融合的动态过程。营商环境国际化,就是某一国家(地区)的营商环境要不断符合国际水平、国际惯例和国际规则的动态过程。国际化营商环境的建设是当前我国进一步推进改革开放的必然要求,不仅可以提升我国营商环境层次,更有利于促进我国对外贸易,增强我国市场吸引力与国际竞争力。

2. 法治化营商环境

法治化营商环境是将营商环境的建设与优化建立在法治基础上的一种理念,也是一种制度实践②。"法治"包含立法、执法、司法等多方面的内容,所以法治化营商环境应当从立法③、执法、司法等多个层面入手,搭建并优化营商环境平台。法治化营商环境④具体指向应当是在制度保障层面形成体系完整、规则得当的营商法律体系,政府全方位、透明化、高效率行政执法,司法公平公正高效运行的良法善治、稳健有序的营商环境。

3. 国际一流营商环境的衡量标准

国际一流营商环境的建设是一项系统性工程,具体包括审批服务、创新创业、投资贸易、企业经营、市场公平、法治保障、社会服务、政商关系等领域,对标世界银行标准,与国际接轨,并最终达到国际一流水准。而具体指标参照的是世界银行发布的衡量各国营商环境的指标体系⑤。

---

① 《加强涉外法制建设 营造有利法治条件和外部环境》,《人民日报》2023年11月29日。
② 我国中央与地方已经陆续出台众多规范性文件用以推进营商环境的法治化。
③ 立法是前提,使得后续的执法与司法均有法可依。
④ 营商环境法治化是指一套行之有效、公平公正透明的具体法律法规和监管程序。
⑤ 目前该指标体系主要包括以下评价体系:开办企业、申请建筑许可、公用设施服务(包括获得电力、获得用水、获得网络等内容)、注册财产、获得信贷、投资者保护、缴纳税款、跨境贸易、合同执行和办理破产、营商环境便利度等。

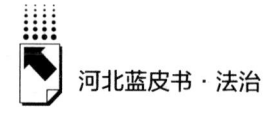

（二）国际一流法治化营商环境中涉外法治的内涵

1. 国际一流法治化营商环境与涉外法治的辩证关系

涉外法治建设在我国现代化法治建设中具有重要地位，涉外法治建设涉及方方面面，国际一流法治化营商环境中的法治保障属于涉外法治建设的重要内容，二者关系密切。一方面，涉外法治建设是国际一流法治化营商环境建设的重要支撑。国际一流法治化营商环境建设与国际接轨的重要内容之一就是与国际惯例、国际规则对接，完善的涉外法治体系能够为市场主体营造稳定的、具有可预见性的、公平公正的环境，对吸引外资、促进贸易和投资，推动国际一流法治化营商环境的建设起着重大作用。另一方面，国际一流法治化营商环境的建设对涉外法治提出更高的要求。二者虽然都致力于促进国际经济合作与交流，保障公平有序竞争与合法权益。但是营造国际一流法治化营商环境的过程中，必然推动涉外法治的不断发展与完善。

2. 国际一流法治化营商环境建设中涉外法治建设的应有之义

2023年11月27日，习近平总书记在主持中共中央政治局第十次集体学习时指出，"法治同开放相伴而行，对外开放向前推进一步，涉外法治建设就要跟进一步。要坚持在法治基础上推进高水平对外开放，在扩大开放中推进涉外法治建设，不断夯实高水平开放的法治根基"。① 国际一流法治化营商环境建设中涉外法治亦是如此。

我国国际一流法治化营商环境建设中，企业审批、投资贸易等问题的法治化保障要与国际规则、国际惯例对接，所以，国际一流法治化营商环境建设中的涉外法治建设应当是一国或地区营商环境建设与国际标准对接过程中的法律制度的建设，该法律制度的建设应当参照行业内的国际惯例与世贸规则。涉外法治包括立法、执法、司法、法律服务等诸多环节，国际一流法治化营商环境建设中的涉外法治建设要求我们在国际一流法治化营商环境营造

---

① 《加强涉外法制建设 营造有利法治条件和外部环境》，《人民日报》2023年11月29日。

过程中，无论是立法环节还是执法环节抑或司法环节，时刻注意运用法治思想、法治思维与法治方式应对挑战、防范风险。

二 河北省营造国际一流法治化营商环境中涉外法治的现状及不足

（一）法律支撑现状与不足

在国际一流法治化营商环境建设中，河北省在法律制度构建层面取得了一系列成果，出台了《河北省标准化监督管理条例》、《河北省优化营商环境条例》、《河北省外商投资企业工会条例》、《河北省知识产权保护和促进条例》、《河北省反不正当竞争条例》和《河北省优化行政审批条例》等诸多地方性法规。但营商环境建设本就是错综复杂的一项系统性工程，河北省在国际一流法治化营商环境建设中取得的成果固然较多，但依然存在一些问题，省政府也对此展开专项行动，于2024年印发《全省优化营商环境大会重点任务分工方案》等3个方案。

1. 涉外投资领域立法现状及不足

习近平总书记强调："过去，中国吸引外资主要靠优惠政策，现在要更多靠改善投资环境。"[1]当前我国经济已经与世界经济深度融合，要在激烈的国际竞争中凸显优势，首先应当在国际一流法治化营商环境的建设上下功夫、谋求新突破。在涉外投资领域，应当进一步优化外商投资环境，提高利用外资质量，提升投资经营便利化水平，加强外商投资促进与保护。[2]

目前，河北省在涉外投资领域的成果主要有《河北省企业境外投资管理办法》、《河北省人民政府关于进一步优化投资环境鼓励外商投资的若干

---

[1] 《习近平：开放共创繁荣 创新引领未来》，《人民日报》2018年4月11日。
[2] 孟月明：《持续建设一流营商环境》，《人民日报》2024年3月19日。

规定》和《河北省外商投资企业投诉工作办法》等，主要是围绕河北省境外投资的持续健康发展、鼓励外商投资企业合法权益进行规制。此外还有《河北省外商投资企业工会条例》，但该法规主要是针对外商投资企业工会的地位和职责等进行规定。外商投资地方性立法是结合地方实际，为促进外商投资、保障外资合法权益进行的专门立法，该类立法已经成为国际一流法治化营商环境的重要内容。我国部分地区相继颁布地方性的外商投资条例，如《广东省外商投资权益保护条例》、《深圳经济特区外商投资条例》、《上海市外商投资条例》等。出于河北省国际一流法治化营商环境建设的需要，河北省迫切需要制定一部结合河北发展现状与地方特色、优化外商投资环境的地方性法规。

2. 涉外知识产权领域现状及不足

2023年9月21日，河北省第十四届人大常委会第五次会议通过《河北省知识产权保护和促进条例》（以下简称《条例》）。《条例》围绕知识产权培育与创造、转化与运用、行政保护与司法保护、社会保护与自我保护、服务与保障、法律责任等内容进行详细规定，同时体现京津冀在知识产权保护方面的协调合作，重视国际层面的知识产权合作与交流。从行政保护到司法保护、社会保护到自我保护，充分凸显河北省对知识产权保护工作的大力支持，重视知识产权解纷程序的优化与完善，重视知识产权保护的行政执法与刑事司法衔接等。总体而言，《条例》具有很强的可操作性与可执行性，但也存在不尽完善之处，主要问题包括以下几个方面。

一是知识产权纠纷多元化解机制的规则有待进一步明确细化，用以增强规则的明确性、可操作性、可执行性；二是缺乏公益诉讼对知识产权进行保护的规定；三是技术调查官制度有待进一步明确，以便为该制度在实践中的落地提供明确指导；四是知识产权纠纷仲裁服务建设规则缺失，仲裁是知识产权纠纷解决的重要方式，而知识产权纠纷具有很强的专业性、技术性，所以知识产权仲裁服务相较于一般商事仲裁存在一定特殊要求；五是海外知识产权维权援助机制缺失。

（二）司法现状与不足

近年来，在加快构建中国式现代化河北场景进程中，河北省司法领域成绩斐然，如省高院提出健全一站式多元解纷和诉讼服务体系，建设更高标准保障国家重大战略、高精准服务法治化营商环境的现代化法院，完善京津冀司法协作一体化体制机制，优化营商环境司法保障机制，依法平等保护民营企业产权和企业家权益，加强司法反垄断和反不正当竞争，加大绿色创新知识产权司法保护力度等。但结合近年来河北省涉外司法审判实践，可以发现仍存在不尽完善之处。

分析2019~2024年河北省涉外民商事裁判文书，可知河北省法院在涉外民商事审判过程中存在的主要问题是"最密切联系原则"适用混乱与不当以及法律法规适用谬误，具体表现如下。第一，关于"最密切联系原则"的适用。如（2020）冀民终894号案件，裁判文书依据《涉外民事关系法律适用法》第41条直接得出适用中国法作为准据法的结论，该判决中，对"特征性履行原则"与最密切联系原则的逻辑关系认定混乱。再如，（2020）冀民终544号案件与（2020）冀民终422号案中，对最密切联系原则的适用缺乏对"最密切联系地"的认定过程，直接将中国作为最密切联系地。第二，法律法规适用存在谬误。如（2020）冀民终894号案件中，法院在裁判文书中适用了已经废止的司法解释[①]作为裁判依据。

河北省司法审判实践出现以上问题的原因：一是法官在审判涉外民商事案件方面存在专业知识盲区，如缺乏对最密切联系原则具体如何适用的专业认识；二是我国立法及司法解释中对最密切联系原则只作原则性规定，缺乏具体可操作标准，使得法官形成一种普遍认识——适用最密切联系原则确定准据法时，法官拥有较大的自由裁量权；三是法官对本国法律最为熟悉，如果适用外国法，还要解决外国法查明等问题，所以法官往往

[①] 该案中适用了2013年已经废止的最高人民法院《关于审理涉外民事或商事合同纠纷案件法律适用若干问题的规定》第5条第1款、第1款第（一）项之规定。

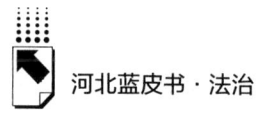

会在"自由裁量权"驱使下，选择自己最熟悉的法律，即中国法作为准据法①。

三 河北省国际一流法治化营商环境建设中推进涉外法治的建议

（一）立法层面

1. 完善涉外投资领域地方立法

首先，根据我国《外商投资法》《外商投资法实施条例》等法律、行政法规，结合河北省发展实际，制定具有地方特色并符合实际发展需要的《河北省外商投资条例》，以促进、保护、管理、服务河北省外商投资，达到优化河北省营商环境的效果。在具体法律规则架构上，可以围绕外商投资密切关注的市场准入、公平竞争、产权保护、争端解决等问题，在涉外投资立法中予以明确。

其次，基于京津冀协同发展战略，加强与京津地区在涉外投资领域的协同立法，促进区域规则的协调与统一。

最后，提高河北省外商投资法治化标准，重视与国际规则和国际习惯的对接。

2. 完善河北省涉外知识产权保护立法中的相关规则

第一，对知识产权纠纷多元化解机制规则进行细化规定，重点突出各争端解决方式之间如何有效衔接。例如，鼓励行业协会、知识产权服务机构、国际贸易促进机构等依法成立专业性的知识产权纠纷人民调解组织，发挥调解方式快速高效解决纠纷的优势，建立调解协议的司法确认机制，构建知识产权纠纷行政裁决制度，建立知识产权纠纷诉调对接机制等。

---

① 法官这一做法，在裁判说理方面缺乏说服力，而且，中国法是否真正为案件的准据法尚有待考证，如果对案件的联系因素进行分析，展示"关系重心聚集地"并非中国，那么中国法作为准据法就不符合我国涉外法治建设的要求，也有损司法的公平与公正。

第二，明确知识产权领域的公益诉讼制度以及加强刑事方面对知识产权的保护。人民检察院可以通过诉前检察建议、督促起诉、支持起诉等方式，依法开展知识产权公益诉讼工作。发挥检察院法律监督职能，依法有效开展对知识产权民事、刑事、行政案件等相关法律监督工作，加大侵犯知识产权犯罪打击力度，严格追究刑事责任。

第三，明确技术调查官制度中的相关领域专家选聘制度，公开选聘专家的条件和程序，明确技术调查官的职责。

第四，加强知识产权纠纷仲裁服务能力的建设，为当事人提供专业、优质、高效的仲裁服务。鼓励各级仲裁机构加强知识产权仲裁专业化建设，广泛吸纳知识产权专业人才参与仲裁工作。支持境外知名仲裁及争议解决机构在河北省依法开展知识产权仲裁业务。

第五，构建具有地方特色的海外知识产权维权援助机制，加强对企业海外维权的行动指导与援助。

（二）司法层面

1. 不断完善多元化国际民商事争端解决机制

构建多元化国际民商事争端解决机制是营造国际一流法治化营商环境的应有之义。多元化国际民商事争端解决机制建设的核心不仅是各争端解决方式之间的有效衔接，还包括各争端解决方式自身的建设，如上文提及的知识产权领域调解组织建设。

2. 重视法官专业素质的提升

裁判文书中出现的诸多问题彰显了法官队伍建设的必要性与法官专业素质提升的重要性。法官专业素质的提升可以通过以下几个具体措施来稳步推进。

第一，打造国际一流法律智库——助力河北省法院法官专业知识技能提升。国际一流法律智库主要是指在国际法、跨境贸易投资以及争端解决等领域具有精深造诣和公认影响力的专家团队，成员具备丰富的专业知识和实践经验，为政府、企业等提供专业的法律咨询建议，帮助政府、企业更好地理

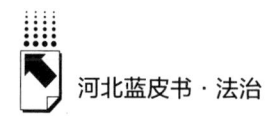

解和应对国际法律问题。

河北省打造国际一流法律智库的具体策略主要有二：一是依托京津冀协同发展战略，与京津地区实现法治资源共享，进而构建河北省国际一流法律智库；二是基于提升河北省竞争力，整合已有资源，凸显地方特色，组建在跨境贸易投资及涉外民商事争端解决领域具有精深造诣和公认影响力的专家团队，打造真正属于河北省的国际一流法律智库。如结合河北省对外贸易实践，跟进企业贸易往来，聘请对河北省企业外贸合作对象所在国的法律具有较深研究，对涉外民商事纠纷争端解决有深入研究且成果显著，有较大影响力的学者成为智库团队成员，为河北省企业发展对外贸易提供专业的法律建议。

第二，不断提升河北省法院法官审判涉外民商事纠纷的专业技术能力，培养一批在全国范围内有一定影响力的审判工作者。虽然我国《涉外民事关系法律适用法》实施至今已十年有余，但司法实践中对该法的适用仍有诸多不足之处。涉外法治建设的当下，究竟应当如何提升河北省法院法官审判涉外民商事纠纷的专业技术能力？解决问题的核心应是加强涉外法治人才的培养，而人才培养的路径有很多，如与高等院校合作，邀请高等院校专业学者对相关人员进行知识技能宣讲与传授；邀请国际一流智库专家对河北省法院法官进行相关外国法、国际规则或国际惯例内容及其理解与适用的介绍和专业知识分享；定期开展专业技能培训与知识交流，分享涉外民商事案件的裁判思路与方法，丰富实践经验；提升法官法律英语水平，以便能够准确理解与适用国际法律文件和外文证据材料。

第三，有效解决外国法查明问题——依托省高院，逐步建立河北省外国法查明数据库。外国法查明是正确审理涉外民商事案件的重要环节，也是长期制约人民法院涉外民商事审判质效提升的一大难题。完备的外国法查明数据库的建立，有助于消除法官对外国法查明的畏惧，助力法官专业素质的提升。外国法查明数据库的建立，不仅可以大力提升河北省涉外民商事纠纷解决中适用外国法的便利性，更有助于河北省法院在涉外民商事争端解决中审判效率的提高、涉外民商事纠纷的公平公正解决，提升河北省在涉外民商事争端解决领域的影响力，彰显地区优势。建立河北省外国法查明数据库的具体策略如下。

一是依托现有的外国法查明机构。我国目前影响力较大的外国法查明机构主要有中国政法大学外国法查明研究中心、华东政法大学外国法查明研究中心、西南政法大学中国—东盟法律研究中心、武汉大学外国法查明研究中心、上海经贸商事调解中心、深圳市蓝海法律查明和商事调解中心。

二是整合我国涉外民商事司法审判实践，将已在审判实践中涉及的外国法、国际规则、国际惯例汇编入库，包括经法院审查认定的当事人提供的外国法、国际规则或国际惯例。

三是国际一流法律智库专家提供外国法数据资源。

四是充分利用我国目前已有的专业领域学术成果，尤其是河北省高等院校中一些国际私法、国际商法等领域专家学者的研究成果。

五是通过我国驻外使领馆、各国驻我国使领馆获取外国法。

以上措施为外国法律的主要获取方法，而法律往往处于动态变化的过程，该数据库除对各国法律资源的最初汇总，还应当重视在后续发展过程中相关法律的变化，及时跟进、及时更新。基于所构建的数据库，首先服务河北省涉外民商事纠纷的解决，所以第一批入库的法律数据资源，应当是符合河北省企业对外贸易发展实践和外商在河北省的投资现状，以及河北省企业合作发展对象所属国家或地区的法律法规，以确保河北省法院在涉外民商事纠纷解决中涉及外国法适用时，能够更加快速、高效地查明外国法，提高纠纷解决效率、降低当事人外国法查明成本。此外，参照我国国际商事法庭经验做法，将该数据库与省高院平台相结合，打造极具河北省地方特色的外国法查明数据库，并逐步扩大该数据库的影响力。

综上，河北省国际一流法治化营商环境建设中的法律制度建设与司法建设进一步完善，势必会直接助力河北省营商环境的优化，为其他地区提供制度建设层面的经验，同时树立河北省在全国范围内的司法标杆。

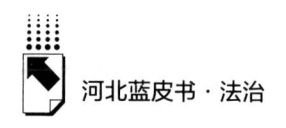

参考文献

张龑：《涉外法治的概念与体系》，《中国法学》2022年第2期。

邱成梁：《营商环境法治化的立法供给研究》，《人民论坛》2023年第4期。

袁莉：《营商环境法治化构建框架与实施路径研究》，《学习与探索》2022年第5期。

付本超：《多元争议解决机制对营商环境法治化的保障》，《政法论丛》2022年第2期。

张璁：《助推法治化营商环境建设》，《人民日报》2022年6月30日。

B.23 数字赋能河北省法治化营商环境优化的实现路径研究[*]

赵 雪[**]

摘 要： 本报告聚焦河北省法治化营商环境展开研究，在全球营商环境竞争激烈及国内顶层设计优化的大背景下，结合京津冀协同发展战略对河北的定位，阐述了河北优化法治化营商环境的必要性与紧迫性。深入剖析法治化营商环境的理论内涵与功能定位，梳理河北省营商环境现状及司法部门实践成效，指出河北省存在制度层面新兴产业领域立法不足、法律法规协调性不足，机制规则层面纠纷解决机制不健全、新兴纠纷解决规则缺失，风险预判层面对法律法规变化不敏感等问题。从制定健全法规、规范执法行为、健全知识产权司法体制机制等多方面提出优化河北省法治化营商环境的实现路径，旨在为河北经济高质量发展提供有力支撑。

关键词： 河北省 法治化营商环境 数字赋能

一 优化法治化营商环境的必要性与紧迫性

（一）营商环境的提出及其构建价值

1. 全球营商环境竞争格局与法治化要求

（1）强调数字技术应用是世界银行新版营商环境评价体系的突出特征。

---

[*] 基金项目：河北省社会科学基金项目"全国统一大市场建设下我省法治化营商环境中平台治理责任问题研究"（项目编号：HB24FX012）。
[**] 赵雪，河北省社会科学院法学研究所，研究方向为经济法学、竞争法与知识产权法、法治政府建设。

营商环境指市场主体从进入市场到终止运营全过程中所涉及的外部制度环境和政策条件。2022年12月，世界银行发布新一版营商环境评价体系（BEE），各经济体对此高度关注。[①] 其中，阐明政府数字化转型水平与企业运营效率密切相关，需从健全制度框架和提升服务效能双向发力，依托数字技术革新持续提升营商便利度。数字经济本身已成为整体市场营商环境的一部分，主要包括通用和关键基础设施、交易成本、安全等方面。

（2）BEE树立了全球一流营商环境打造的新典范。国际营商环境评价体系BEE整合了全球先进经验，其创新框架体现在三个维度：一是该体系构建了覆盖企业成长全过程的评价模型（见图1），设立市场准入、获取经营场所、公用服务接入、雇用劳工、获取金融服务、国际贸易、纳税、解决商业纠纷、促进市场竞争、办理破产等十大核心模块，系统性考察评价营商环境优劣。二是通过制度设计、服务效能与执行效率三个维度评价机制，将十大基础指标转化为可操作的评价细则，形成"制度规范—实践操作—效果验证"的完整闭环评价链。三是该体系前瞻性地融入数字经济转型、绿色发展理念和社会公平原则三项时代要素，通过将数字化革新、生态友好政策等贯穿于评价体系，重点强调数字赋能对营商环境优化的导向价值。

2022年12月，世界银行发布全新的营商环境评价项目概念文件，并于2023年2月初发布了2023年度企业调查问卷，中国已被纳入第二批次测评范围。新的评价体系在原有体系基础上，将"执行合同"指标修改为"争端解决"指标，对原有评价框架进行了结构优化，移除了"保护中小投资者"模块，同步整合了"市场竞争"指标，同时延续了原有体系中"办理破产"部分的考核内容。在"争端解决"方面，该体系着重

---

① 2003年世界银行启动了《全球营商环境报告》（DB）评价，每年世界银行都对全球190个经济体营商环境进行评价，并发布营商环境排名。因其排名结果影响外商投资信心，因此各经济体对世界银行营商环境评价工作非常关注。2021年9月，世界银行宣布终止DB项目。2022年2月，世界银行发布了新一版营商环境评价体系（BEE）概念书，经过公开征求意见等流程，于2022年12月发布了较为完整的BEE概念书及试评价进度表。

构建以司法审判为核心的评价体系,重点聚焦商事争议解决机制的法律规范完善程度及实施效能、公共服务及便利程度。"办理破产"指标则特别重视人民法院在企业破产中的作用,突出考察破产法院或破产法官的专业化程度、法庭数字化及信息公示化程度、通过司法程序执行破产的难易程度等。"市场竞争"指标与司法机关的直接联系较少。可以预见,未来一段时间,国内外各类营商环境司法评价指标体系的设计逻辑将集中围绕"争议解决"和"办理破产"展开。

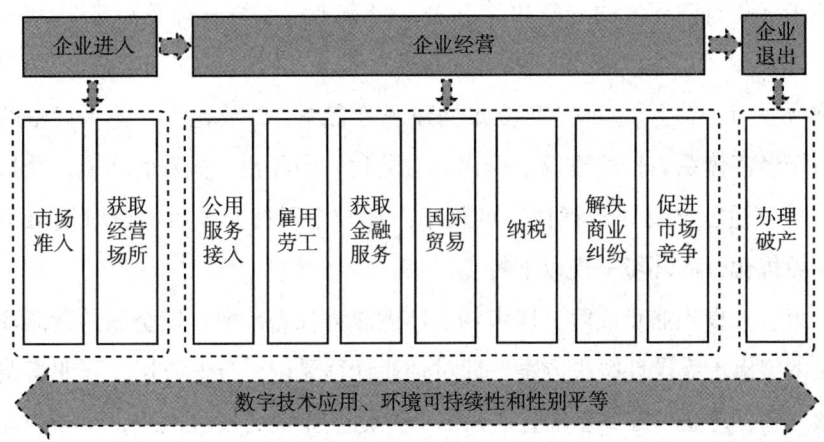

图1 世界银行BEE设置的10个评价指标和3个交叉主题

司法机关主要围绕世界银行营商环境评价体系中的上述关键指标推出针对性的优化措施。虽然这些举措提升了关键指标的评价结果,但不少学者质疑这种"应试型"的被动改进行动并不能从根本上提升营商环境司法水平,也不能全面地反映我国真实的营商环境司法现状。[①] 一方面,无论是"执行合同""办理破产""保护中小投资者"等旧指标,还是"争端解决""市场竞争"等新指标均不能覆盖营商环境司法建设的其他重要方面和关键细节;另一方面,该评价体系所设置的司法指标主要依据西方国家的理论学说,评价标准也更契合西方发达国家的司法制度与环境,未能充分关注中国

---

① 李朝:《中国营商环境评估的实践偏差及其矫正》,《中国行政管理》2020年第10期。

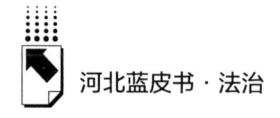

特色社会主义司法制度及我国当前特定的司法环境。①

因此，立足国内司法实践，构建科学合理系统的营商环境司法评价指标体系，不但可以有效衡量和动态监督人民法院推进营商环境建设的真实水平，而且有助于防止全盘接受外来评价体系引发的认知偏差，校准我国营商环境法治建设的目标定位。②

2.法治化营商环境建设的顶层设计

为全面落实党的二十大及二十届三中全会精神，全面落实党中央、国务院关于优化营商环境的最新决策部署，国家市场监督管理总局于2024年9月正式发布《市场监管部门优化营商环境重点举措（2024年版）》（以下简称《重点举措》）。该文件立足构建规范有序、开放包容、公平竞争的现代市场经济体系，持续建设市场化、法治化、国际化一流营商环境，秉持既要"放得活"又要"管得住"的要求。相较于以往，今后一段时期市场监管领域优化营商环境呈现以下特点。

第一，聚焦痛点破解，以市场主体诉求为核心导向，围绕制约营商环境建设的突出矛盾设计解决方案。针对企业迁移受限、身份冒用、职业索赔等高频问题，建立跨区域登记直通机制，优化企业实名核验流程，完善职业索赔法律界定，切实维护市场主体合法权益。第二，强调创新突破，在传承既有改革成果基础上动态优化监管模式。执法层面建立分级分类处置机制，依据违法行为的危害程度与社会影响实施差异化惩戒。同步强化安全发展理念，通过构建食品安全风险防控体系等举措，筑牢营商环境安全防线。第三，坚持服务发展，把完善市场经济基础制度摆在更加重要的位置，稳定市场预期，激发经营主体活力。深入实行注册资本认缴登记制度，实行依法按期认缴；优化信用风险分级监管体系，最大限度减少对企业正常经营的干扰；破除区域市场壁垒，重点整治限制企业自主迁移、设置准入障碍等妨碍公平竞争行为。第四，注重体系协同，通过整合市场监管全链条职能形成政策合力。

---

① 程金华：《世界银行营商环境评估之反思及"中国化"道路》，《探索与争鸣》2021年第8期。
② 钱弘道等：《法治评估及其中国应用》，《中国社会科学》2012年第4期。

优化营商环境既是缓解经济增速放缓压力、增强企业投资信心的关键策略，更是构建开放型经济新体制、提升国际资本吸引力的根本保障。根据工作部署，国家市场监督管理总局将重点构建长效管理机制，拓宽企业意见反馈渠道，同时强化政策督导，确保各级监管部门切实推进《重点举措》的贯彻执行。

3.京津冀协同发展战略对河北的特殊定位

党的二十大以来，习近平总书记多次视察河北，"下大气力优化营商环境"[①]是习近平总书记对河北提出的明确要求，切中河北高质量发展的要害。河北坚持加快建设经济强省、美丽河北从优化营商环境抓起，着眼充分发挥市场在资源配置中的决定性作用，更好发挥政府作用，直击痛点、打通堵点、攻克难点。

为此，河北坚持把优化营商环境作为推动高质量发展的重要举措，以"双盲"评审改革、研发费用加计扣除政策精准直达等为抓手，努力营造走在全国最前列的营商环境，提振企业信心、增强发展活力。作为河北打造市场化、法治化、国际化一流营商环境的重要改革举措，"双盲"评审提振了企业信心、激发了发展活力。2024年5月以来，全省招标投标市场主体库新增经营主体40217家，其中外省经营主体18141家，占比接近一半。

二 法治化营商环境的理论内涵与功能定位

（一）理论内涵

新公共服务理论。学界提倡以公民权利保障、民主协商机制和公共福祉实现为核心，主张通过倾听公民诉求、整合社会资源来满足公共需求。尽管不同行业、不同领域的企业在各自发展阶段的公共服务需求存在差异，但这些需求在某些方面具有共性。只有将企业需求作为公共服务供给的目标方

---

① 《以更加奋发有为的精神状态推进各项工作 推动京津冀协同发展不断迈上新台阶》，《人民日报》2023年5月13日。

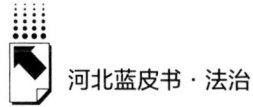

向,才能确保公共服务的精准性、有效性和持续性。

行政效能理论。行政效能是指行政主体在实施管理时、在从事公务活动时发挥功能的程度,以及产生效益、效果的综合体现。行政效能的核心在于行政主体如何在执行行政任务时,以最少的资源投入获得最佳的工作成效,实现资源分配的最优化,有效提高行政效能,实现政府工作目标的最优化,从而更好地满足公众需求,提升社会治理水平。

(二)功能定位

1.践行习近平法治思想的根本要求

党的十八大以来,习近平总书记就优化营商环境发表一系列重要论述,提出"加快市场化改革,营造法治化营商环境""营造稳定公平透明、可预期的营商环境""完善法治化、便利化、国际化的营商环境""法治是最好的营商环境"等①,始终将法治化作为营商环境建设的核心要求。打造法治化营商环境有助于创造公平有序的市场竞争环境,激发市场主体的创造力,这是推动经济社会高质量发展的一项重要制度安排。同时,法治化营商环境的建设关系法治国家、法治政府、法治社会一体建设的各领域、各方面,作为一项系统性工程,其对全面推进依法治国也有着重要的推动意义。习近平法治思想是全面依法治国的根本遵循和行动指南,该思想的提出完成了法治化营商环境思想理论的整合,更对法治化营商环境建设提供了理论和方法指导。习近平法治思想指导下的法治化营商环境建设是深刻的实践命题。法治化营商环境建设要求共同推进科学立法、严格执法、公正司法、全民守法。

---

① 《习近平主持中共中央政治局第十九次集体学习并发表重要讲话》,习近平系列重要讲话数据库,2014年12月7日,https://jhsjk.people.cn/article/26161930;《习近平:营造稳定公平透明的营商环境 加快建设开放型经济新体制》,习近平系列重要讲话数据库,2017年7月18日,https://jhsjk.people.cn/article/29410770;《习近平在亚太经合组织工商领导人峰会上的主旨演讲》,习近平系列重要讲话数据库,2016年11月19日,https://jhsjk.people.cn/article/28882468;《加强涉外法治建设 营造有利法治条件和外部环境》,习近平系列重要讲话数据库,2023年11月29日,https://jhsjk.people.cn/article/40127768。

司法是法治的重要环节，亦是法治化营商环境建设中必不可少的组成部分。另外，司法过程中程序运行的规范、法治理念的彰显以及司法制度的创新也能重塑法治本身的公信力，营商环境司法评价指标体系的构建作为法治化营商环境建设的重要组成部分，必须遵循习近平法治思想的理论逻辑，将习近平法治思想的核心要义转化为评价指标体系中的具体指标，并据此指引营商环境司法建设工作的推进。

2. 评价营商环境司法水平的现实需要

相较于抽象笼统的理论表述，量化的数据指标往往更能直观反映评价对象的真实情况。在营商环境评价领域，世界银行推出的评价体系因可量化、可比较、可竞争、可改革等特征，受到世界各国的普遍关注，几乎成为唯一被广泛认可的营商环境评价体系。在过往多年世界银行发布的营商环境评价体系中，"执行合同""办理破产""保护中小投资者"三大指标与司法制度、司法环境紧密相关。近年来，国内各类机构推行的营商环境评价方案对司法环境的评价大多围绕前述三大指标展开。

3. 推动高质量司法的重要支撑

营商环境司法评价指标体系是相关领域司法建设的操作指南。2019年10月22日国务院出台《优化营商环境条例》后，各地纷纷以立法形式推进营商环境法治化工作。营商环境司法评价指标体系的构建侧重对人民法院相关工作的责任部门、责任内容进行分解和管理，可有效契合营商环境司法建设工作良善化、精细化发展的要求。[1] 营商环境司法评价指标体系的构建是人民法院对营商环境建设时代诉求的积极回应。

4. 提升政务服务水平和化解矛盾纠纷的迫切需要

以法律形式明确政府的职责和权力边界，推动政府依法行政，提高政务服务的透明度、便捷性和效率，要求政府部门在市场监管、行政审批、公共服务等方面依法履行职责，为市场主体提供优质高效的服务。如各地推行的

---

[1] 莫于川：《法治国家、法治政府、法治社会一体建设的标准问题研究——兼论我国法制良善化、精细化发展的时代任务》，《法学杂志》2013年第6期。

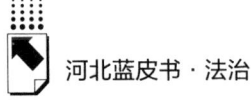

"最多跑一次"改革、"一网通办"等举措，通过制定相关法规和政策文件，明确政务服务的标准和流程，将政务服务纳入法治化轨道，提高了政府服务效能，方便了企业办事。

构建多元化矛盾纠纷解决机制，包括诉讼、仲裁、调解等，为市场主体提供高效、便捷、公正的纠纷解决途径。当市场主体之间发生矛盾纠纷时，依据法律规定和法定程序及时、公正地解决，维护市场主体的合法权益，保障市场秩序的稳定。同时，各地积极推动人民调解、行政调解、行业调解等多元化调解机制建设，形成了多种纠纷解决方式相互衔接、相互补充的格局。

三 河北省法治化营商环境建设现状与挑战

（一）河北省法治化营商环境建设现状

河北优化营商环境的"政策清单"：研发费用加计扣除等政策精准直达，推动政策直达快享、应享尽享；覆盖全省的202个企业服务中心，聚焦企业全生命周期办实事、解难题；政务服务"只进一门""一网通办"，"高效办成一件事"事项清单不断延展，促进政务服务效能持续提升；12345政务服务便民热线让企业和群众诉求"一线应答"。随着《河北省优化营商环境条例》正式施行，"升级版"条例为企业发展持续赋能……一项项"小切口改革"最终由点及面，让越来越多的企业享受到河北优化营商环境的"硕果"。河北针对工程项目招投标领域的顽瘴痼疾，探索推行评标专家盲抽、技术标盲评"双盲"评审改革，遏制行政干预，防止暗箱操作，促进国企民企同等竞争，入选全国优化营商环境创新实践案例。河北省以构建优质营商环境为着力点，多维度推进改革攻坚。通过系统化实施市场环境优化、政务服务提质、要素市场完善、法治环境完善、信用体系建设五大专项行动，全面激发市场主体活力。在促进公平竞争方面，河北重点推进招投标领域"双盲"评审机制创新，同步开展涉企执法规范化专项整治，建立政企定期对话机制，累计为企业解决发展难题超1800万件，以精准服务提振企业投资信心。

政务服务效能实现跨越式提升,"高效办成一件事"改革取得突破性进展,审批环节精简比例达89%,办理时效提速67%,两项指标均跻身全国第一方阵。数字政务建设成效显著,"冀时办"平台集成5816项便民服务事项,覆盖民生全领域,电子证照库累计归集751类证照数据。创新建立"入企扫码"监管模式,有效规范执法行为,减少对企业正常经营的干扰。科技创新支持力度持续加大,税务与科技部门协同建立研发项目预鉴定机制,完成176个项目的技术认定,核定研发投入3.96亿元,确保研发费用加计扣除政策精准落实。惠企政策组合拳成效显著,截至2024年末,全省市场主体总量突破889.97万户,较上年增长4.29%;规模以上工业增加值同比增长7.5%,刷新近10年增长纪录,创10年来河北省最快增速。

党的二十届三中全会提出,促进政务服务标准化、规范化、便利化,营造市场化、法治化、国际化一流营商环境。河北省持续深化"放管服"改革,着力打造市场化、法治化、国际化营商环境;创新政务服务模式,不断提升政务服务水平;规范监管执法行为,构建亲清政商关系,创造更加公平有序、充满活力的市场环境。2025年2月,河北省新春开年后召开优化营商环境企业家座谈会,听取企业家代表意见建议,推进包容审慎监管,规范行政执法程序,健全政企沟通机制,培育良性互动的政商生态。

(二)司法部门实践成效

1. 坚持"三个原则",着力优化企业发展的法治环境

以积极服务经济发展为目标定位,牢固树立"保增长、保民生、保稳定"的理念,及时、慎重、稳妥处理涉及企业各类纠纷。一是坚持涉企纠纷"早介入"原则,及早提出处理措施和建议,发挥特邀调解员、律师的职能作用,在涉诉企业纠纷化解方面,完善涉企纠纷诉前调解机制,着力推动商事争议通过非诉讼渠道解决,针对已进入司法程序的案件建立快速审理通道,严格管控案件审理时限,最大限度降低诉讼周期对企业运营的潜在影响,实现法律效果与社会效应的有机统一。二是构建重点企业常态化联络机

制，通过领导班子成员定点调研制度，定期开展辖区企业走访活动，动态掌握市场主体司法需求，设立司法联络专员制度，构建院企双向沟通平台，及时响应企业法律咨询需求，切实维护企业正常生产经营秩序。三是推行涉企司法护航服务机制，充分发挥司法智库优势，针对企业常见法律风险开展专题培训，重点围绕合同签订、担保设立、物权确认、劳资关系等商事领域核心法律问题，通过典型案例解析与实务操作指导，系统提升企业人员法律素养与合规管理能力，协助企业完善经营风险防控体系，为市场主体高质量发展提供全方位司法支撑。

2. 采取"三项举措"，充分发挥审判执行的服务职能

一是建立诉讼快速通道。为企业诉讼提供"一站式"服务，对涉企案件采取"优先接待、优先立案、优先审判、优先执行"的方针，对企业生产经营陷入困难而引发的案件，建立案件统筹协调机制，科学合理安排突发性、群体性重大案件办理，开通司法"绿色通道"，做到快审快结。二是灵活采取保全措施。对确已无法正常经营的企业，依法加大诉讼保全力度，防止企业资产进一步流失；对仍在正常运营的企业，尽量采取查封固定资产、允许恢复生产使用、不得转移等"活封"方式进行保全，避免影响企业正常经营。三是依法慎重开展执行工作。注重被执行企业信用修复，对经营困难的企业，暂不纳入失信被执行人名单，贯彻善意、柔性的办案理念，慎重采取查封措施，在确保财产不会被随意处置的情况下，扩大"活封""活扣"的适用范围，让被执行企业财产最大限度发挥运营价值。

3. 抓好"三个服务"，努力拓宽助力企业发展的渠道

一是主动服务，在辖区重点企业建立联系点，认真听取企业的意见建议，掌握重点企业的经营管理、债权债务、合同履行、经济纠纷等情况，主动协助解决实际问题。二是延伸服务，坚持案件审结后的回访工作，特别是帮助败诉企业查找原因，引导其做好"败诉后的反思"，使相关人员受到教育和触动，认识到学法懂法、依法经营的重要性，使其败诉得明明白白。三是特别服务，以司法建议形式帮助企业制定整改措施，谨防后患，赢得企业的一致赞誉。

（三）法治化营商环境优化的制约因素与挑战

1. 制度层面

（1）新兴产业领域立法不足。随着数字经济、人工智能、区块链、新能源等新兴产业的快速发展，许多新的商业模式、交易类型和法律关系不断涌现，如数据交易、智能合约等。目前，针对这些新兴领域的专门立法相对较少，缺乏明确的法律规则来规范市场主体的行为、界定权利义务关系以及提供相应的法律保障，导致企业在这些领域的发展面临法律不确定性。新兴产业的技术更新换代快，需要及时制定与之相适应的技术标准和规范，但相关立法往往在这方面存在滞后。缺乏统一的标准，不仅影响企业的生产经营和市场竞争，也给政府监管带来困难，不利于营造公平有序的市场环境。

（2）法律法规协调性不足。营商环境相关立法存在不同层级法律法规之间不协调的情况，导致企业在适用法律时感到困惑，也影响了法律的权威性和统一性。不同部门制定的法规政策在涉及营商环境的某些方面可能存在相互矛盾或衔接不畅的问题。各部门的职能和利益诉求不同，在制定政策时缺乏充分的沟通和协调，因此企业在面对多个部门的监管和政策要求时无所适从。比如，在企业环保监管和安全生产监管方面，环保部门和安监部门的要求可能存在交叉和不一致的地方，增加了企业的合规成本。

2. 机制规则层面

法治化营商环境优化的核心在于构建公平高效的纠纷化解体系，而当前存在诉讼周期长、成本高的困境，"纠纷解决机制不够健全"问题已成为关键制约因素。这种制度性障碍导致市场主体面临三重困境，一是维权成本与收益倒挂，小微企业更倾向于非法律途径解决纠纷；二是新型互联网纠纷问题缺乏适配解决的渠道，区块链存证等数字司法应用尚未全面普及；三是跨区域司法协作机制薄弱，地方保护主义仍影响案件公正处理。

3. 风险预判层面

（1）对法律法规变化不敏感。法律法规是不断发展和变化的，但一些企业未能及时关注和了解这些变化，仍然按照旧的规定和习惯行事，从而面

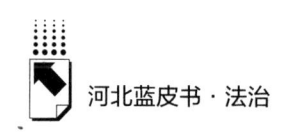

临违法风险。例如，在环保法规日益严格的情况下，一些企业没有及时调整生产工艺和环保措施，导致因不符合新的环保标准而被处罚。

（2）合同管理风险评估不足。企业在签订和履行合同过程中，由于对合同条款的法律风险评估不足，可能会陷入合同纠纷。例如，没有在合同中明确约定双方的权利义务、违约责任等关键条款，或者对合同相对方的主体资格、信用状况等审查不严格，导致合同无法履行或遭受欺诈，给企业带来经济损失。

（3）忽视劳动用工法律风险。在劳动用工方面，部分企业不熟悉劳动法律法规，存在未依法签订劳动合同、未按时足额支付工资、未缴纳社会保险等问题。这些行为不仅会引发劳动纠纷，影响企业的正常生产经营，还可能使企业面临劳动监察部门的处罚，损害企业的社会形象。

四 法治化营商环境优化的实现路径

优化法治化营商环境可从完善法律法规、加强执法监督、提升司法效能、增强法治意识等多个方面着手，具体实现路径如下。

（一）制定健全的营商法规，及时清理和修订过时条款

地方政府和相关部门应依据国家法律框架，结合本地实际情况，制定出台一系列针对性强、操作性高的营商环境法规政策。明确市场主体的权利和义务，规范市场准入、市场交易、市场监管等各个环节，确保经商活动有法可依，及时废除与经济社会发展不相适应、不利于营商环境优化的条款，修改完善存在冲突或不合理的规定，使法律法规能够紧跟时代发展步伐，为企业发展提供清晰、准确的法律指引。

（二）规范行政执法行为，强化执法监督考核

加强对行政执法人员的培训，提高其法律素养和业务水平，严格规范执

法程序，确保执法人员在执法过程中依法依规，杜绝随意执法、粗暴执法等。同时，全面推行行政执法公示制度、执法全过程记录制度、重大执法决定法制审核制度，让执法权力在阳光下运行。建立健全行政执法监督机制，加强对执法部门和执法人员的监督检查，通过内部监督、社会监督、舆论监督等多种方式，及时发现和纠正执法过程中的违法违规行为。将营商环境相关执法工作纳入政府部门绩效考核体系，以考核促落实，激励执法部门积极履行职责，为企业营造公平公正的市场环境。

（三）健全知识产权司法体制机制，为新质生产力加快发展保驾护航

推进司法体制改革，加强信息化建设，利用大数据、人工智能等技术手段，优化立案、审判、执行等各个环节，提高司法效率，降低当事人的诉讼成本。如今，知识产权侵权行为惩治力度不断加大，持续为以科技创新引领新质生产力发展提供司法保障。比如，"新能源汽车底盘"技术秘密侵权案依法适用2倍惩罚性赔偿，判赔6.4亿元，并创新裁判规则，促使当事人自动执行判决。在"云台相机"外观设计专利权纠纷案中，人民法院依法作出行为保全裁定，用"先行判决+临时禁令"的方式，为权利人及时提供司法救济。2025年1月6日，最高法院发布《关于以高质量审判服务保障科技创新的意见》，进一步对涉科技创新领域审判工作提出全面、系统的指导意见。

实践证明，党中央关于提高知识产权保护工作法治化水平的决策部署完全正确，意义重大，影响深远。加强专业化审判机构建设，培养高素质专业化审判队伍，集中管辖专业性较强的知识产权案件，有利于高效解决专业领域纠纷和前沿法律问题，更好服务创新驱动发展战略实施和新质生产力加快发展。

（四）开展法治宣传培训，提供法律咨询服务

政府相关部门、行业协会等应组织形式多样的法治宣传活动，通过举办法律讲座、专题培训、案例研讨会等方式，向企业普及法律法规知识，特别是与企业经营密切相关的《合同法》《公司法》《劳动法》等法律知识，提高企业经营管理人员和员工的法律意识和合规意识。建立健全企业法律顾问

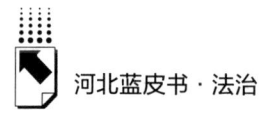

制度，鼓励企业聘请专业律师担任法律顾问，为企业提供日常法律咨询、合同审查、风险评估等服务。同时，政府积极搭建公共法律服务平台，为企业提供免费或低成本的法律咨询服务，帮助企业解决在生产经营过程中遇到的法律问题。

（五）构建亲清政商关系，营造廉洁高效政务环境

政府部门应主动加强与企业的沟通联系，通过定期召开企业家座谈会、建立政企沟通微信群等方式，及时了解企业的诉求和困难，为企业发展出谋划策。同时，鼓励企业积极参与政府决策过程，听取企业对涉企政策法规的意见和建议，提高政策法规的科学性和可操作性。加强政府自身建设，提高政府工作人员的服务意识和廉洁意识，坚决杜绝"吃拿卡要"、推诿扯皮等不良现象。建立健全政务服务评价机制，以企业和群众的满意度为导向，不断优化政务服务流程，提高政务服务水平，为企业提供优质、高效、便捷的服务。

（六）充分发挥市场在资源配置中的决定性作用，激发社会共治活力

调动各类社会主体的积极性和主动性，借助市场机制，促进企业之间开展各种形式的合作，实现资源共享、优势互补，共同应对市场风险和挑战。例如，在产业链上下游企业之间建立合作联盟，通过合作研发、联合采购、共享销售渠道等方式，降低企业成本，提高企业竞争力，营造良好的市场合作环境。鼓励企业相互监督，在企业之间建立相互监督的机制，鼓励企业对同行的不正当竞争行为、违法违规行为进行监督和举报。企业间的相互监督不仅可以维护公平竞争的市场秩序，还可以促使企业自觉遵守法律法规和市场规则，形成良好的市场生态。同时，政府应对积极参与监督的企业给予一定的奖励和保护，以提高企业参与监督的积极性。

（七）数字赋能，建立法治大数据分析平台，提升司法公信力

收集各类法律法规、政策文件、司法案例等数据，并进行分析。通过对

法律数据的分析，了解企业在经营过程中面临的法律风险点和常见法律问题，为政府部门制定政策、企业防范法律风险提供参考依据。例如，通过分析大量的合同纠纷案例，利用大数据分析技术为企业提供个性化的法律风险预警服务。

同时，司法部门梳理总结不同类型案件的审判规律，找到企业生产经营全周期风险，提炼行业性风险点，形成行业性风险提示，及时向工商联、行业协会等提示预警，助力企业有效规避风险，推动司法保障从事后维权向事前防范拓展，降低企业经营风险。着眼企业司法需求，构建多层次"查核"机制，对办案数据每日统计、通报、分析、公开，受理涉企问题投诉。开辟涉企信访"绿色通道"，对民企信访优先接待、提级接待，用法用情解决企业"急难愁盼"问题。从企业"关切点"入手，开展"司法入企体检"活动，通过法律知识讲座、与企业法务人员座谈等方式开展法治体检，提高企业的法治意识和规范管理水平，护航企业在法治轨道上健康发展。

良好的营商环境离不开有力的司法保障。法院作为能够通过发挥审判职能作用，对经济社会活动进行最全面、最彻底司法保护的国家审判机关，既能惩治破坏市场规则、损害市场主体权益的违法犯罪行为，又能维护市场交易公平公正，还能纠正不当行政行为等，是营造良好法治化营商环境的"主力军"。持续优化法治化营商环境对于突破发展"瓶颈"、整合发展要素、激活发展潜力具有重大而现实的意义。

B.24 法治化营商环境的"破冰之旅"*

——以河北省11件破产案件为样本探索独具河北特色的预重整制度的优化路径

破产预重整制度研究课题组**

摘　要： 预重整作为一种在重整和庭外重组之外新兴的困境企业拯救机制，在近几年得到了广泛应用。预重整制度兼具庭外重组和庭内重整的双重优势，既挣脱了司法重整的严格束缚，又促进了困境企业与债权人、投资人等相关方的自主协商，从而摆脱困境，重新焕发生机，在丰富现行债务重组体系和完善我国困境企业市场退出机制中发挥重要作用。但是预重整在我国适用的时间较短，制度经验不足，缺乏专门统一的法律规范，目前正处于各地法院的自行探索阶段。我国《企业破产法》没有对预重整作出规定，且由于司法实践中破产程序的繁杂冗长，积极推行实施预重整制度显得尤为重要。首先，本报告梳理了预重整制度的前沿理论；其次，分析了国内外预重整制度现状；最后，探讨了法院如何更好地推行实施预重整制度，助力建设一流营商环境。

关键词： 预重整制度　府院联动　专业化辅助机构　数据赋能　程序衔接

---

* 本报告为2023年度河北省法学会年度课题"法治化营商环境的'破冰之旅'——以河北省11件破产案件为样本探索独具河北特色的预重整制度的优化路径"（HBF23B009）研究成果。

** 课题组组长：冯志勇，河北省邯郸市丛台区人民法院党组书记、院长，研究方向为法治化营商环境。课题组成员：张凡，河北工程大学文法学院院长，研究方向为公司治理与战略管理；苗家媛，河北省邯郸市丛台区人民法院法官助理，研究方向为破产法律制度。执笔人：冯志勇、张凡、苗家媛。

一 应时而生——河北省建设法治化营商环境中预重整制度的科学论述

随着中国经济的高质量发展，河北省作为全国经济重要的组成部分，不断探索创造更加有利于企业发展的营商环境。在这一背景下，预重整制度应运而生，成为推动河北省建设法治化营商环境的关键一环。首先，预重整制度的诞生为河北省营商环境的规范化和法治化提供了有力支撑，有助于强化企业对法治的信任，提升整个经济社会的法治意识，为营商环境的规范化、法治化奠定坚实的基础。其次，预重整制度的实施有助于缓解企业经营压力，促进企业持续健康发展。在市场经济体系中，企业面临各种风险和挑战，如市场竞争激烈、融资难等问题。[1] 最后，预重整制度的建立与完善将进一步提高法治化营商环境的可预期性和稳定性。通过法定程序的预重整，提升营商主体的法治意识，可以增强企业和投资者对法治环境的信心，从而吸引更多的投资和人才，推动河北省法治化营商环境的良性发展。

二 理论基石：营商环境背景下预重整制度的理论基础与现实背景

（一）预重整制度的司法背景及价值归宿

1. 营商环境中预重整制度的司法背景

营商环境是指企业在市场经济中经营活动所涉及的法律、政策、制度等环境因素。我国《企业破产法》规定了企业破产的程序和相关制度，其中包括破产重整程序，而预重整制度是在此基础上进行的补充与完善。根据《企业破产法》，预重整是指企业在无法清偿债务时，通过债务重组

---

[1] 董瑞瑞：《小微企业管理与社会治理的融合研究》，《商场现代化》2024 年第 9 期。

等方式，维持经营并保全企业价值的一种程序。预重整主要适用于企业经营困难但未达到破产状态的情况，以避免企业破产对社会经济造成的负面影响。

2. 预重整制度的价值和功能定位

预重整制度作为一种债务重组的法定程序，是营商环境建设和企业经营困难时应对措施的重要组成部分。其主要价值和功能定位包括以下几个方面：第一，预重整制度有利于保全企业价值和促进企业健康发展；第二，预重整制度有利于规范营商行为和增强法治意识，使企业更加注重法律合规，增强法治意识；第三，预重整制度有利于维护社会稳定和促进经济发展；第四，预重整制度有利于提高企业的融资能力和降低企业的融资成本，为企业的长期健康发展提供良好的金融环境和市场环境。

（二）我国预重整制度的司法历程及域外经验

1. 多维度下的我国预重整制度

（1）预重整的基本概念。预重整是一个基于各种具体预先重组模式的上位概念，是以当事人意思自治为基础但又导向正式重整程序的庭外重组谈判程序，具有预先打包重整、部分预先打包重整、预协商重整、重组支持协议等多种样态，是旨在与正式重整程序衔接的困境拯救程序。[①]

（2）预重整制度的比较优势和意义。预重整制度的成本和效率优势比较契合我国困境企业挽救的现实需要，预重整中各利益相关方的充分谈判和博弈有利于鉴别困境企业的市场价值，尽快清理债务人的债务可以降低企业债务杠杆、保护各方利益，还能保证企业重整价值得到真实发掘和呈现、提升债务人重整质量，对尽快开展企业拯救行动也有益处。[②]

（3）预重整制度在我国面临的现实困境。预重整是困境企业的可选择

[①] 赵诗浒：《中国语境下破产预重整法律问题研究》，硕士学位论文，西南政法大学，2022。

[②] 杜军、全先银：《公司预重整制度的实践意义》，《人民法院报》2017年9月13日。

项而非必选项，而且不应要求债务人在进入重整程序前必须先达成重整方案，甚至将适用预重整视作启动重整程序的门槛。《浙江省高级人民法院关于企业破产案件简易审若干问题的纪要》中的概念并非严格意义上的预重整，其中对于预重整计划的表决和信息披露的监督、与重整程序的衔接、法院审查标准，以及在此期间组织的债权人会议是否能在重整期间继续发挥作用均未提及。

（4）预重整制度的国内实践运用。全国法院在破产审判实践中不断对预重整制度进行主动探索，主要形成了两种模式：一种是以浙江省高院为典型的通过"预登记"立案启动的预重整，另一种是以北京、深圳、南京、苏州等地区为代表的通过"破申（预）"立案进行的预重整。[①]

2. 域外预重整制度经验

在预重整制度的建立和发展过程中，美国和日本是两个具有代表性的国家，两国预重整制度经验也备受关注。首先，两国的预重整制度都注重法治化和市场化原则的有效结合，即既要保证法律的严格执行，又要考虑市场的实际情况和利益相关方的权益。其次，两国的预重整制度都注重债务人和债权人的协商与合作，充分保障各利益相关方的权益，为企业提供了良好的重整机会和环境。最后，两国的预重整制度都注重保护企业的核心业务和社会责任，着力维护企业的持续经营和就业岗位。

（三）预重整制度中的重点问题简述

1. 预重整制度与庭外重组的差异性

预重整制度与庭外重组是企业破产重整过程中的两种不同方式。预重整制度指的是在企业陷入严重财务困境时，通过法院审批在债权人和债务人之间达成一致的重整计划，以避免企业破产。而庭外重组则是指在企业已经申请破产或进入破产程序后，通过债权人之间的协商达成重整方案。虽然这两种方式都旨在挽救濒临破产的企业，但在实施过程、参与主体和效果等方面

---

① 张艳丽、陈俊清：《预重整：法庭外重组与法庭内重整的衔接》，《河北法学》2021年第2期。

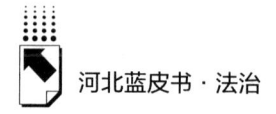

存在一些差异。预重整制度注重在企业财务危机尚未不可逆转时进行协商和谈判，以实现企业的持续经营和债务偿还；而庭外重组则发生在企业已经申请破产或进入破产程序后，重点在于债权人之间的协商和重整方案的制定，以实现债务清理和经营重建。

2. 预重整制度的三种启动模式

预重整制度是一种重整企业财务状况的制度，旨在避免企业破产并保障债权人的利益。该制度有三种启动模式，分别是由债权人、政府和法院启动。第一，债权人启动预重整制度是指债权人在认为企业存在财务困难或经营危机时，主动向法院提出预重整申请，并提交债务重组计划。该方式是在市场经济条件下债权人参与企业重整的常规方式之一。第二，政府启动预重整制度是指当政府认为某些企业的经营状况对于全社会具有一定影响时，可以采取政府倡导启动预重整程序的方式。该方式通常发生在企业涉及公共利益、国家安全等方面的问题时。政府作为公共管理机构和经济管理机构，具有强大的调控能力和责任。第三，法院启动预重整制度是指在企业经营困难或财务危机严重的情况下，法院可以根据法律规定主动启动预重整程序。

3. 预重整制度的程序衔接模式

《九民纪要》提出要"完善庭外重组与庭内重整的衔接机制"，明确除了一些特殊情况外，将庭外重组协议的效力向后延伸到了破产重整程序。[1] 各地法院出台的预重整工作指引中对这一成果衔接规则进行了细化。一是管理人主体衔接，法院在决定预重整的同时会指定临时管理人。在预重整程序终结后，除非临时管理人存在违法违规或者不能胜任的情况，绝大多数指引规定由临时管理人继任管理人。二是工作成果的效力衔接，工作成果的效力衔接主要是指预重整方案与重整计划的衔接，即除了预重整指引明确列举的情况外，临时管理人制作的预重整草案，债权人、出资人与债务人达成的协议以及表决意见，在重整申请受理后继续有效，视同对重整计划草案的表决意见。

---

[1] 高建清：《预重整理论实践之检视及立法建议》，《公司法律评论》2021年第2期。

三　量化考察：预重整制度在河北省基层法院实践运行的分析

（一）预重整制度规范性建设情况

河北省在预重整制度规范性建设方面的成效虽然可喜，但仍存在一些问题需要解决。首先，关于预重整的具体操作细则和指导意见还需进一步完善。目前，河北省已经制定一些操作规程，例如2024年3月，河北省高院制定了《破产案件审理规程》，其中专章规定了预重整程序的操作规范，但在实践中仍可能存在一些模糊不清的情况。其次，预重整制度的宣传和推广工作还需加强。目前，很多企业和公众对于预重整制度的认识和了解仍然不够。除此以外，需要明确预重整信息公开范围，并加强对信息安全和保护的管理；专业化辅助机构和专业化审判团队需要进一步提高数量和质量等。

（二）河北省预重整制度府院联动运行情况

府院联动运行是预重整制度的核心环节之一。府院之间的合作和协调是保障预重整程序正常进行和效果实现的关键。在实际运行中，仍有一些方面需要完善改进。首先，沟通渠道不畅。府院之间的沟通渠道不畅，可能导致信息传递和沟通不及时，从而影响府院联动的效果和效率。其次，职责不清晰。府院之间在预重整过程中的职责划分不够明确，容易导致各自的职责范围产生重叠或者遗漏，从而影响预重整程序的顺利进行。再次，信息共享不到位。府院之间在预重整过程中的信息共享不到位，可能导致信息不对称，从而影响府院联动的效果和质量。最后，配合不协调。府院之间在预重整过程中的配合不协调，可能导致程序的推进受到阻碍，影响预重整工作的效果和效率。

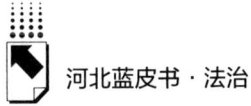

（三）预重整制度当事人权益保障情况

预重整制度的本质目的是实现债务人的债务重组和企业的再生发展，因此必须充分保障债权人、债务人以及其他利益相关方的合法权益。首先，河北省在预重整制度中需要更加强调债权人的权益保障。在债务重组过程中，债权人可能面临权益受损的风险，特别是小型债权人往往处于信息不对称的弱势地位，他们的权益常常容易被忽视或者侵害。其次，债务人的权益也需要得到充分保障。在债务重组过程中，债务人可能会面临财产权、经营权等方面的限制和调整，这就需要预重整制度确保债务人在合法范围内行使其权利，避免其权益受到不当侵害。

（四）预重整制度信息公开运用情况

首先，预重整信息公开的范围和内容方面缺乏全面性。预重整过程中涉及的信息非常广泛，包括债务人的财务状况、资产情况、债务结构等多个方面。但是，预重整信息公开只是简单地公开了一些表面信息，缺乏深入挖掘和披露。其次，预重整信息公开的方式和程序存在欠缺。虽然河北省制定了相应的规定，但在具体执行过程中，存在信息公开不及时、不准确、不完整的问题。最后，预重整信息公开机制的实施存在一些障碍。

（五）预重整制度专业化辅助机构情况

河北省预重整制度专业化辅助机构在推动企业破产重整方面发挥了一定作用，但仍存在一些问题需要予以关注和改进。第一，预重整制度专业化辅助机构在数量和能力上存在不足。虽然已经设立一些专业化辅助机构，如破产管理机构，但数量相对较少，无法满足日益增长的预重整需求。此外，现有机构的人员配置和专业能力也需要进一步提升，以更好地应对复杂的破产案件和预重整工作。第二，预重整制度专业化辅助机构在服务质量和效率方面存在问题。一方面，由于人员和资源有限，机构难以及时响应企业的预重整需求，预重整程序延长，影响企业正常经营和债权人权益保护。另一方面，部分机构的服务质量和水平有待提升，存在一些操作规范不统一、技术手段落后等问题，影响了预重整工作的质量和效果。第三，预重整制度专业化辅助机构有待加强与其他部门的协调合作。

（六）专业化审判团队建设情况

随着营商环境的持续优化及供给侧结构性改革的深化实施，河北省破产审判顺应时代要求，在破产审判专业化建设方面狠下功夫，审判机构专业化、审判队伍专业化、审理程序规范化、裁判规则标准化等方面取得很大成效。石家庄、邢台、邯郸等地中级人民法院已设立清算、破产专业审判庭或破产审判团队，其余中级人民法院和多数基层法院已设立破产审判合议庭。[①]

四 因素分析：河北省预重整制度运行中各项不利性因素分析

（一）破产审判团队专业化程度有待提升

破产审判团队与其他相关部门的协同配合不够紧密。要提高专业化水平，就必须建立科学的案件管理和质量监控机制。由于缺乏科学的案件分流和分工机制，破产审判团队无法有效管理和监督案件的审理过程与结果，这可能导致审判团队的工作效率低下和审判质量参差不齐，影响预重整制度的公正性和可信度。

（二）预重整制度运行功能有待完善

1. 预重整缺乏制度支撑

预重整制度是一种新型的破产预防机制，需要在法律制度上得到充分

---

① 史凤琴：《强化硬措施 提升软实力》，《人民法院报》2022年4月6日。

的支持和配套。然而，在实际运行中，预重整缺乏必要的制度支撑，这引发了一些问题。例如，相关法律规定尚不完善，对于预重整方案的具体要求不够明确；审判实践经验较少，对于新型破产案件的审理缺乏应有的经验积累。

2. 府院联动机制未高效运行

府院联动机制的高效运行对于预重整制度的顺利实施至关重要。然而，在实践中，府院联动机制存在一系列问题，导致其未能达到预期的高效运行状态。首先，信息共享不畅是府院联动机制未高效运行的主要问题之一。信息共享不畅不仅延误了案件处理，也增加了工作人员的工作负担，影响了府院联动机制的高效运行。其次，府院之间的权责划分不明确，职责范围存在交叉和重叠，提高了协商和沟通的难度，影响了府院联动机制的高效运行。最后，府院联动机制缺乏有效的监督和评估机制。

3. 当事人权益保障制度和信息公开制度不完善

在预重整过程中，当事人权益保障制度和信息公开制度存在一些不完善之处。信息公开制度存在的问题包括：第一，缺乏透明度。债务人和债权人往往无法获取全面、及时的重整进展情况和资料，导致信息不对称，使得当事人在谈判和决策中处于劣势地位。第二，缺乏参与机会。当前的预重整制度中，公众和其他利害关系人往往无法直接参与重整计划的制定和决策，无法有效地表达自己的意见和诉求。这限制了公众监督和参与，也容易导致决策的不公正。第三，保护个人隐私不足。在信息公开过程中，个人隐私保护机制不够完善。债务人和债权人的个人信息可能被泄露或滥用，给当事人带来不必要的困扰。

4. 预重整制度专业化辅助机构不成熟

预重整过程涉及复杂的财务和法律问题，单一的企业难以应对。因此，预重整制度专业化辅助机构应运而生，但目前的预重整制度专业化辅助机构存在诸多问题。第一，机构缺乏统一的监督和管理机制。由于预重整涉及多个领域的专业知识，例如财务、法律、会计等，因此需要多类机构共同参与。第二，机构存在专业水平、服务品质参差不齐等问题。第三，机构缺乏激励机制和市场竞争机制。

（三）未建立科学的预重整制度考评反馈机制

第一，缺乏客观、全面的评估指标。科学的考评反馈机制需要建立在客观、全面的评估指标基础上。然而，在现有的预重整制度中，评估指标往往缺乏明确性和可操作性，导致评估结果容易受到主观因素的干扰，无法真实地反映预重整制度的实际情况。第二，缺乏有效的数据收集和分析机制。科学的考评反馈机制需要有效的数据支撑。相关数据的收集和整理工作缺乏统一的标准和流程，导致数据质量参差不齐，难以进行准确的分析和评估。第三，考评反馈机制不及时、不具体。科学的考评反馈机制应当及时向相关部门和机构提供评估结果，并提出具体的改进意见。然而，现有考评反馈机制往往缺乏及时性和具体性。评估结果的反馈周期较长，导致问题无法及时解决。第四，缺乏有效的监督和问责机制。一方面，对于评估结果的使用和落实缺乏明确的监督程序，容易导致评估结果被忽视或者被篡改。另一方面，对于评估结果的问责机制不健全，使得考评反馈机制缺乏实际的约束力。

五 路径探索：法治化营商环境下建设具有河北特色的预重整制度的路径

（一）纵深推进河北省预重整制度规范化建设

为了有效发挥预重整制度的作用，为预重整制度的本土化运行创造良好的法律环境，减少履行预重整程序过程中因为制度规定的不确定性带来的纠纷，有必要通过立法为预重整提供制度供给。目前，国内各地法院出台的预重整相关规范或指南对预重整程序启动的条件没有明确规定或规定的范围较为狭窄。预重整制度的设计初衷是通过自愿积极的协商谈判，节约时间成本与资金成本，减少给外部消费者或其他相关利益群体带来的消极信号，在寻求问题解决路径的同时最大限度地保护企业商誉。从这一角度出发，凡符合破产重整申请条件的困境企业都应该符合预重整的申请条件。因此，在对预重整制度进行统一立法时，应当对预重整制度的价值目标与企业实际生产经营状况进行综合考量，可以比照重整申请条件设置预重整的申请条件，除了存在债权债务关系复杂、职工安置复杂等问题的企业，也为其他困境企业适用预重整制度提供机会。[1]

（二）公共法律服务主体在预重整制度中的进阶之路

1. 府院联动机制更高效路径

府院联动机制指的是政府部门和法院之间的合作与协调机制，有助于有效地完成重整工作。在实践中，政府部门可以提供资金支持、财务管理和监管等方面的帮助，而法院则可以依据法律规定提供法律保障和裁决。在提高府院联动机制的效率方面，府院之间需要进一步加强沟通、协调和配合，推动政府和法院之间的合作更加密切。

2. 法院破产审判团队专业化建设路径

破产审判团队是由法院组建的专业团队，负责破产重整的审判和裁决工作。在实践中，破产审判团队需要具备丰富的法律知识、经验和技能，才能够有效地进行审判和裁决工作。在提高破产审判团队专业化水平上，需要加强组织管理和人才培养。例如，在组织管理方面，法院可以制定一系列规章制度和流程标准，确保审判工作的规范性和科学性。

3. 预重整制度辅助机构业务水平提升路径

辅助机构指的是为企业提供咨询、管理、评估、监督等方面服务的机构。在实践中，辅助机构可以为企业提供专业知识和技能支持，帮助企业更好地了解和运用预重整制度，提高自身的破产风险防范和应对能力。在提高辅助机构的业务能力方面，需要加强组织管理和专业培训。例如，在组织管理方面，辅助机构可以制定一系列规章制度和流程标准，确保服务质量和效

---

[1] 邓睿：《我国破产预重整制度的实践及规则构建》，硕士学位论文，广西民族大学，2023。

率。同时，辅助机构还可以通过培训和考核等方式，提高员工的专业知识水平和技能，以提高服务质量。

（三）破产法庭构建"互联网+"全流程预重整协同机制

破产法庭构建"互联网+"全流程预重整协同机制，是利用互联网技术和数字化手段，提高破产预重整的效率和协同性。第一，建设全流程数字化平台，对破产预重整相关的各个环节进行整合，包括企业信息采集、债权人报备、法律程序审批等。通过该平台，各方可以实现在线申报、信息共享和在线审批等操作，提高工作效率。第二，实施电子化文件管理，引入电子签名、电子证据等技术手段，减少纸质文档的使用，提高文件管理的效率和安全性。同时，建立统一的电子档案库，便于信息的查询、共享和备份。第三，推广在线调解和仲裁，利用互联网技术，为债务人、债权人和破产管理人提供在线协商解决纠纷的渠道，减少诉讼成本和时间，提高预重整的成功率。第四，引入人工智能辅助决策，利用人工智能技术，对破产预重整案件进行数据分析和风险评估，并提供相应的决策建议，帮助破产法庭作出更加科学和准确的裁决。第五，加强信息安全保护，加强对平台的安全管理，采取多层次的防护措施，包括数据加密、权限管理、网络监控等，确保破产预重整信息不被泄露和篡改。第六，提供在线培训和指导，建立在线培训平台，开展破产预重整相关知识和技能的培训，提高各方的专业素养和操作技能，以适应新机制的运行需求。通过以上具体举措，将极大地提高破产预重整工作的效率和质量，促进企业的健康发展和经济的稳定增长。

（四）数据赋能预重整案件信息公开

第一，数据化信息披露。可以建立专门的预重整信息公开平台，通过数据接口和查询工具，实现对预重整案件信息的全面披露和检索，包括预重整申请、债务清单、预重整计划等各个环节的信息。第二，数据挖掘与分析。借助大数据和人工智能技术，对预重整案件的数据进行深度挖掘和分析，提炼出有利于当事人和公众了解案件的关键信息。通过数据分析，及时发现预重整程序中可能存在的问题和风险，为利益相关方提供决策参考。第三，数据可视化展示。将预重整案件的数据信息以图表、统计图等形式进行可视化展示，使复杂数据信息变得直观易懂，有助于当事人和公众更好地了解预重整案件的情况，提高信息获取的效率和质量。第四，信息安全保障。在数据赋能的过程中，需要充分重视对预重整案件信息的安全保障，确保敏感信息不被泄露或滥用。可以建立数据加密和权限管理机制，保障预重整案件信息的安全性和机密性。第五，开放数据共享。鼓励相关政府部门、法院、律师事务所等机构共享预重整案件相关数据信息，促进信息资源的共享。这有助于提高预重整案件信息公开的全面性，推动预重整程序的公开透明。第六，数据监督与评估。建立数据监督和评估机制，对预重整程序中的数据披露情况进行定期监测和评估。数据赋能对预重整案件信息公开水平的提升具有重要意义，有助于加强企业和个人对预重整程序的全面了解，为合理维权和决策提供更为客观和准确的信息支持。

（五）建立科学的预重整制度考评反馈机制

第一，设立独立的考评机构。建立独立的第三方专业机构或委员会，负责对预重整制度进行定期、全面的考量和评估。这样的机构应当由具备法学、经济学、管理学等相关领域专业知识的专家学者组成，确保考评的客观性和权威性。第二，制定科学的考评指标体系。科学的考评指标是建立科学的预重整制度考评反馈机制的基础。可以从预重整程序的公平性、透明度、效率性、法律合规性等多个维度出发，建立综合性的指标体系，量化各项指标，并结合实际情况确定权重，以此作为预重整制度考评的依据。第三，开展定期的预重整制度考评。定期组织对各项预重整制度进行考评。第四，发布考评结果并建立反馈机制。及时公开考评结果，并向社会各界解释和说明考评结论。同时，建立反馈机制，对考评中发现的问题和不足进行跟踪和反馈，督促相关部门采取改进措施，确保考评结果得到有效的落实和改进。第五，推动考评结果的落地实施。将考评结果作为决策参考，推动相关部门出台改革措施，加强预重整制度的改进和完善。同时鼓励相关部门主动接受考评结果的监督和评价,积极应对存在的问题,确保考评的实效性和影响力。建立科学的预重整制度考评反馈机制,有助于提高预重整制度的效能和公信力,促进预重整程序的公平公正。通过定期的考评和反馈,能够及时发现问题、改进制度,为预重整制度的健康可持续发展提供有力支持。

B.25
营商环境视域下专业化审判防范化解金融风险研究

焦朝岩 刘飞虎 王晓巍[*]

摘 要： 本报告通过实证化考察视角分析金融审判的现状与成因，以理论视角探析"如我在诉"司法理念与防范化解金融风险职能定位、从实践回应角度探索防范化解金融风险的实现路径。专业化法庭通过抓前端利用诉讼向前延伸职能，敏锐地发现金融风险点，达到预防的目的；通过抓末端，落实府院联动机制，充分发挥破产重整机制在金融领域的创新应用，实现从个案解决到社会治理的目标，从而达到应对和化解金融风险的目的，试图为金融领域的司法规则供给不足问题，金融个案存在的就案判案、机械办案问题，金融机构市场化退出机制不完善问题以及金融司法与金融监管协同等问题的解决提供有益参考。

关键词： 专业化金融审判 社会治理 营商环境

习近平总书记指出："防范化解金融风险，特别是防止发生系统性金融风险，是金融工作的根本性任务，也是金融工作的永恒主题。要把主动防范化解金融风险放在更加重要的位置，等出了事就来不及了。"[①] 金融纠纷只是金融行业运行的一个特殊切面，特定环节的静态风险背后，是多环节多种

---

[*] 焦朝岩，石家庄市桥西区人民法院石家庄金融法庭三级法官助理，研究方向为民商法；刘飞虎，石家庄市桥西区人民法院石家庄金融法庭负责人、一级法官，研究方向为民商法；王晓巍，河北省高级人民法院民二庭三级法官助理，研究方向为民商法。

[①] 《习近平著作选读》（第一卷），人民出版社，2023。

风险和风控策略的动态博弈。①新时期人民法院在金融审判领域的职责和使命是做好金融审判工作、服务金融市场的健康有序发展,坚决守住不发生系统性金融风险的底线。

在优化营商环境的背景下,每一起金融案件的审理都是法治化营商环境的有力注脚。法官在金融个案审理时会面临如下问题:一是如何回应金融交易与监管政策的冲突;二是如何改变"正确司法推理"与实质结果背离的错位问题。目前实践中就案办案的传统民商事审判方法仍不同程度存在,寻求个案争议解决的理念不利于金融领域风险的防范与化解。尤其是在系统性金融风险出现苗头并转化为具体的案件后,依托专业化金融审判来应对和化解金融纠纷仍然存在一些机制建设上的不足,金融审判思维需要长时间的积累和培养,金融监管政策的适用、司法建议的沟通反馈等机制仍需进一步深化和完善。

一 现状考察:金融审判的现状及成因

本报告通过梳理河北省金融审判的现状,及时发现金融审判领域在司法职能延伸和实现基础职能两方面面临的问题和挑战,研判审判实践中的不足之处,为下一步防范化解金融风险的机制建设夯实基础。

(一)河北省金融审判现状

1. 金融纠纷案件收案高位运行,加剧司法资源稀缺

以河北省法院金融案件收案为例,通过对比2020~2024年收案数量可以发现,金融案件收案量总体大幅增长(见图1)。从案件类型来看,金融案件中总量居前三位的案由为金融借款合同纠纷、保险纠纷、信用卡纠纷。2020年以来河北省受理的86万余件商事案件中,金融案件近42万件,占

---

① 《2022金融专业化审判合作论坛嘉宾观点实录(六)》,"北京金融法院"微信公众号,2023年3月22日,https://mp.weixin.qq.com/s/EG_IkfoJg-ir4KaxTn8sgQ。

比45%以上。由于金融案件数量庞大，人案矛盾更加突出，因此法官很难有精力对每一个案件的审理进行精打细磨。

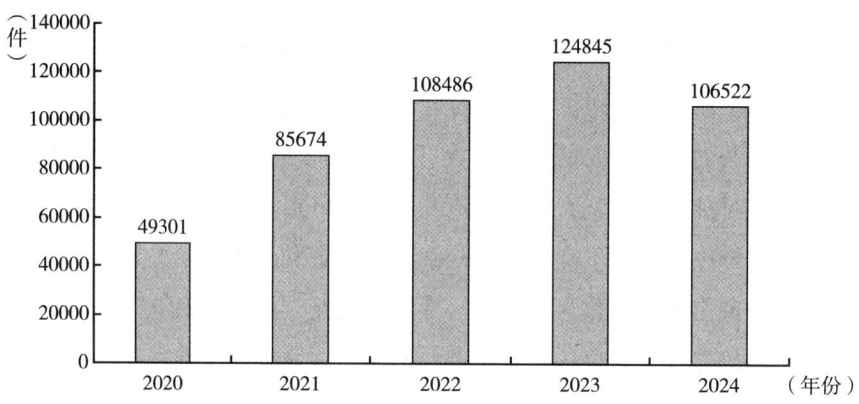

图1　2020~2024年河北省法院金融案件收案量

2. 金融借款合同纠纷案件占比高

从案件类型来看，2021~2024年金融借款合同纠纷案件在所有商事案件中占比17%（见图2）。2024年在金融案件整体收案量下降的情况下，金融

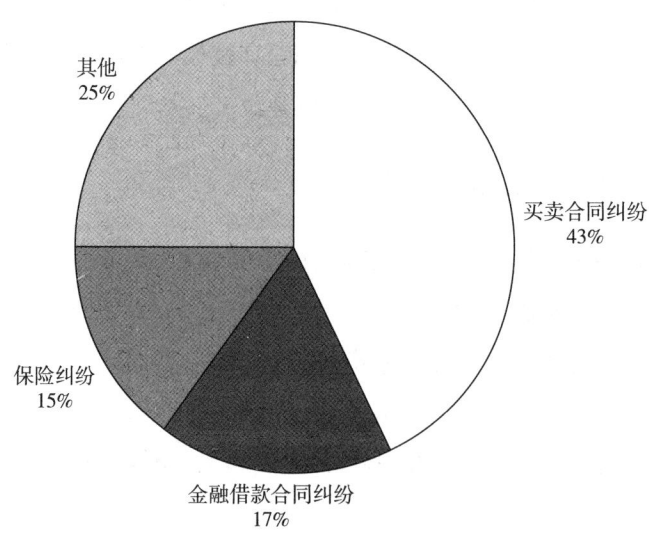

图2　2021~2024年河北省金融案件案由占比情况

借款合同纠纷案件由 2023 年的 52075 件增加至 55958 件，较上年增加 7.46%，增速较快。从全国各省份的横向对比来看，金融借款合同纠纷案件数量多并不是河北省的独有现象。根据上海市虹口区人民法院发布的 2012~2022 年金融审判白皮书，信用卡纠纷、保险纠纷、金融借款合同纠纷居前三位；根据天津市红桥区人民法院发布的《红桥法院关于金融纠纷案件审理情况的调研》，金融借款合同纠纷、信用卡纠纷、银行卡纠纷三类案由占比最高。金融借款合同纠纷案件占比居高不下，反映出金融机构在清收领域过度依赖法院的审判和执行，金融机构需加大自行催收力度，增强风险防控意识，警惕回款受阻。

3. 个别案由呈现地域性集中的特点

在纳入统计的金融纠纷相关案由中，除金融借款合同纠纷、保险纠纷、信用卡纠纷案件普遍存在数量多的现象外，融资租赁合同纠纷和不良债权转让纠纷案件地域性集中现象明显，其中河北省经济较为发达的石家庄市、唐山市、邯郸市、保定市等地案件数量明显多于其他地市（见图 3、图 4）。

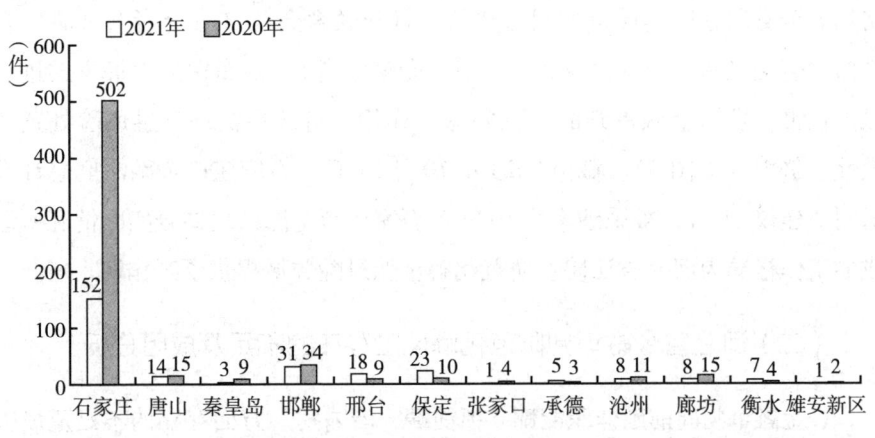

图 3　2020~2021 年河北省融资租赁合同纠纷案件地域分布情况

4. 河北省金融审判专业化建设现状

河北省根据金融审判的形势和需要成立了两家专门化审判机构。2021 年底，石家庄市专门化金融法庭正式揭牌成立，集中管辖石家庄市内五区金

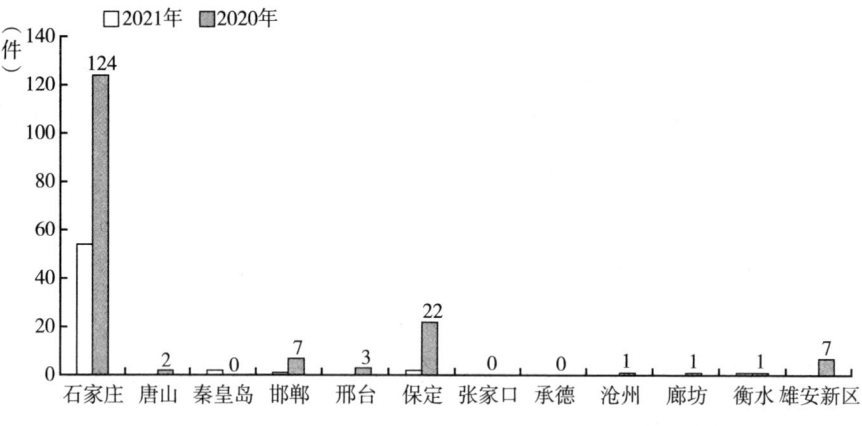

图 4 2020~2021 年河北省不良债权转让纠纷案件地域分布情况

融纠纷案件（包含执行案件）；2023 年 3 月，最高法院批复同意保定市某区法院设立金融案件专门审判机构，集中管辖保定市内六区金融纠纷案件。其中，石家庄市金融法庭经过近两年的运行，取得了一定成效。

在风险防范方面，金融法庭形成了事前预期引导、事后联动处置的工作格局。金融法庭以高质量的司法建议、召开联席会议（参与者有金融监管部门、金融机构、金融行业调解组织、专家学者）、发布白皮书等方式进行风险预警，发挥金融审判的"预警器"作用，持续在提高金融风险处置实效性上努力（见图 5）。截至 2023 年 10 月 31 日，石家庄市金融法庭总计发送司法建议 11 份，被采纳率达 100%。石家庄市金融法庭结合实际情况所形成的工作格局为河北省法院在防范化解金融风险领域提供了工作切入点。

（二）河北省金融审判防范化解风险存在的不足及成因分析

1. 金融审判向前延伸职能即"抓前端、治未病"方面存在的不足及成因分析

（1）金融审判人员对金融诉源治理的特性把握不够准确。司法能动理念下的金融审判客观要求司法将阵地前移，在诉讼前端充分向前延伸审判职能，但专业化金融审判与一般诉讼在向前延伸职能中适用同样的政策和方法表现出水土不服。一方面，金融机构过度依赖诉讼，对法院

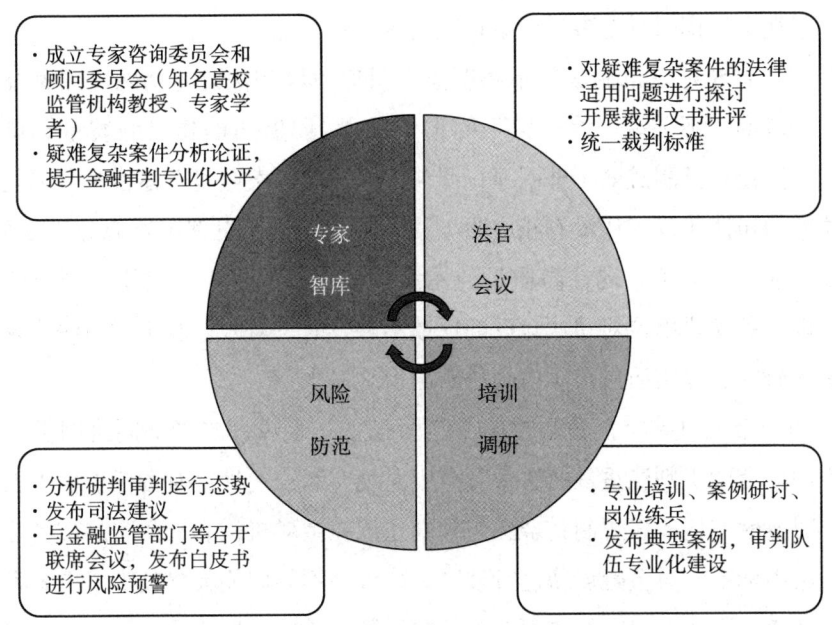

图 5　石家庄市金融法庭专业化建设情况

提出的诉源治理、多元解纷制度的重视不够；另一方面，相当数量的审判者并未认识到金融审判面对纠纷特定性与一般民商事纠纷、家事纠纷面对纠纷普遍性的不同导致二者向前端延伸的方式也应不同，在金融审判中采用与一般民商事案件相同的职能延伸方式无法获得预期的效果。

（2）非诉机制与诉讼程序的功能衔接不顺畅。由于法院考核导向、审判人员精力不足等，商事仲裁、公证等非诉讼程序或支付令、实现担保物权等特别程序对案件分流的成效尚不明显，因此金融审判诉源治理成效偏离预期。

（3）法院对金融主体承担社会职能的引导不足。"金融机构防范金融风险，维护国家金融安全，保护好存款人、投资人的利益，这是金融企业的最根本责任，也是金融企业必须牢牢把握的最基本社会责任的底线。"[①] 然而，金融审判领域的审判职能向前延伸注重解决金融机构可在法律层面预见的问

---

① 陈耀先：《金融企业的社会责任》，《经济研究参考》2009 年第 10 期。

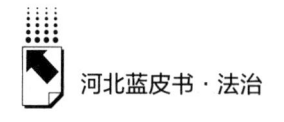

题，忽视了发挥引导金融机构承担社会责任的职能。

（4）司法建议机制成效不够明显。司法建议是法院主动融入国家社会治理，落实"抓前端、治未病"的重要手段。[1] 但司法建议的质量有待提高，司法建议机制成效不够明显。当前人民法院收案数量总体增长，但是人民法院的司法建议工作没有相应跟上，诉源治理作用发挥不够充分。[2] 司法建议目前主要问题表现在高质量的建议不够、类型单一，建议的同质化严重，以及被建议单位对司法建议的反馈不够及时、有效。真正对司法建议进行深入研究、有实质性落实内容的回函少之又少。[3]

（5）金融审判与金融监管存在"两张皮"现象，二者协同机制仍有优化空间。金融审判注重从司法裁判角度对现有纠纷定性，对责任承担予以明确，对金融创新予以规制；金融监管则注重在金融机构和金融产品市场准入方面给出标准，对金融创新进行鼓励。二者的不同职能天然决定了二者容易各行其道，而在并肩前行方面缺乏长效机制。长效机制建设不足是金融审判和金融监管协同发展的痛点。

2.金融审判在"抓末端、治已病"方面存在的不足及成因分析

（1）司法理念亟待更新，机械司法、被动司法依然存在。在办理具体个案时，"不少司法习惯是在长期司法经验之上形成的，因此，每遇到案件，司法人员习惯于以司法惯性办案，看不到个案差异"[4]，未能形成预防个案引发系统性风险的意识。部分法官过分强调"不告不理""当事人诉辩主义"，加之难以准确把握繁简分流的标准，出现了简案不简、繁案不繁的现象，公正与效率顾此失彼。

（2）金融审判人员穿透思维能力不足。金融创新与风险相伴而生，金融创新表现形式往往是多种金融交易的重叠或嵌套。部分法官在审理案件过

---

[1] 孙航：《纲举目张：以新理念推动新发展》，《人民法院报》2023年7月14日。
[2] 周加海等：《〈最高人民法院关于综合治理类司法建议工作若干问题的规定〉的理解与适用》，《中国应用法学》2023年第6期。
[3] 豆晓红：《社会治理现代化视域下司法建议的正当性与权力边界》，《法律适用》2023年第7期。
[4] 张建伟：《司法机械主义现象及其原因分析》，《法治社会》2023年第1期。

程中注重对当事人形式证据的审查，而缺乏对当事人真实意思的探求，案件结果仅表现出形式的正当性。

（3）审判管理方式和考核指标不够科学。审判管理作为总调度，考核作为指挥棒，直接决定了法官审判工作的重心。传统的审判管理和考核指标随着一次次更新而变得过分依赖庞杂的数据，此轮改革之前法院的考核指标已多达上百项，过于繁杂的考核不仅没有发挥好正向引导作用，反而给法官增加了应对考核的负担。

（4）专业化审判优势效能释放不足。金融商事领域的规则供给不足以及普通法院法官专业能力不足是专业化金融审判形成的重要因素。[①] 在金融审判专门化机构成立的基础上，还需探索金融审判队伍建设以提升审判能力、审判技能，形成专业化金融审判队伍。当前，河北省并未建立金融审判专业人才库，从事金融审判的法官多是直接从传统民商事庭室调整而来。专业化审判优势效能释放不足的另一个表现是调研成果转化、调研服务办案方面还存在差距。法官问题意识较为淡薄，未能就审判实践存在的问题积极展开研究；法官主动调研的意识需要提高，很多法官存在调研就是写写调研文章、完成调研课题的错误想法，针对具体案件或类案中产生的问题开展的研究略显不足。调研作为发现问题、呈现问题、解决问题的最便捷有效方式，应对解决实际问题提出有效措施。

（5）对金融主体的司法需求评估不充分。一是机制建设层面。刘贵祥指出，现行《企业破产法》缺乏金融机构破产的系统安排，金融机构破产程序、金融管理部门处置行为等有关破产方面的问题均需要法律作出规定。[②] 监管当局更侧重于对金融机构市场准入的监管，而金融机构市场退出相关法律规制和政策还相当匮乏，监管方式和退出处置方式均存在落后之处，建立退出制度十分必要。二是具体纠纷处理层面。互联网金融领域出现

[①] 丁冬：《金融司法的逻辑——中国金融司法专门化的组织构建与未来走向》，博士学位论文，华东政法大学，2019。

[②] 《最高人民法院刘贵祥专委在第十四届中国破产法论坛上的主旨发言》，"中国破产法论坛"微信公众号，2023 年 11 月 18 日，https：//mp.weixin.qq.com/s/eoGaei4Es8BEU30uQOqS_ g。

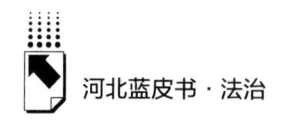

网络集资、网络支付以及个人交易信息保护问题。在金融主体投资方面，因信息不对称导致的金融投资者尤其是以自然人为主体的投资者的权益保护问题等，最终会转化为现实的司法问题或者诉讼案件，这些风险之间也存在相互转化而加剧风险积聚的可能。

（6）示范判决和示范案例机制成效不明显。对比其他省份可以发现，目前河北省在金融审判的示范判决和示范案例方面没有相关的机制建设。上海市金融法院采用"示范判决+专业调解+司法确认"的全流程示范判决机制使2200余名投资者通过调解、撤诉的方式解决纠纷，调解率达98.94%。[①]

（7）专业化审判人才培养机制有待完善。最高法院民二庭副庭长周伦军指出"我们的法官对金融法的训练是先天不足的"[②]，由于法学教育课程设置方面的原因，从事金融审判的法官普遍缺乏金融法学的学术训练，河北省也不例外，建立和培养一支适合金融审判的法官队伍任重道远。

二 理论检视："如我在诉"司法理念与防范化解金融风险职能定位探析

"如我在诉"司法理念要求法官着眼于社会纠纷的解决和社会秩序的安定，积极主动行使司法权力，主动采取灵活多样甚至是诉讼外的手段解决纠纷，实现法律效果与社会效果的有机统一。

司法机关将防范化解金融风险作为金融审判工作的重要目标。该目标与法院审判职能向前延伸具有内在的一致性，金融审判通过利用诉讼向前延伸职能，敏锐地发现金融风险点，达到预防的目的；金融风险的化解是指在金

---

① 《徐玮丨发展国际大都市"枫桥经验"的思考与实践——以优化证券纠纷多元化解机制为切入》，"上海市法学会 东方法学"微信公众号，2023年6月25日，https://mp.weixin.qq.com/s/VlHpJLi1jAJJ-2VllQ。

② 参见2022年京津冀金融司法协同论坛上周伦军法官发表的主旨演讲"以系统思维开展金融审判工作的初步思考"。

融领域出现金融风险的苗头后，以具体的案件传导至法院，法院通过行使金融审判的基础职能，公正高效专业地处理案件进而达到化解金融风险的目的。因此，无论从金融风险的预防还是金融风险的化解来说，都需要法院在"如我在诉"司法理念指导下积极主动作为，具体来说应做好以下三个方面。

1. 抓前端、治未病，发挥司法的延伸职能

"在积极主动融入治理的进程中，善于从个案、类案中发现问题，及时发出预警，促推国家治理、社会治理现代化。"① 这属于司法延伸职能，司法延伸职能是在司法基础职能得以实现的情形下对社会秩序的指导和回应，及时回应金融审判中反映的社会需求，并以司法供给满足社会的司法需求为导向。

在金融审判发挥向前延伸职能的过程中，与普通民事纠纷相比，金融纠纷中的金融机构、保险公司等主体，通常借助银行、保险、信托、证券领域的专业资源推动纠纷的高效化解。同时，专门化金融法庭发挥制度优势，在诉讼功能前移基础上促进金融纠纷案件多元化解机制的建立，通过稳定的制度建设赢得金融监管部门、行业协会和调解组织的支持，从而推进各方主体的参与。

2. 抓末端、治已病，发挥司法的基础职能

我国《宪法》规定，法院是国家的审判机关。法院通过案件审理发挥审判职能，提升金融司法的认可度，需要在金融审判中坚持公正高效审理案件这一司法固有功能，稳定金融主体对交易规则和裁判结果的预期，防止金融系统风险的外溢。金融审判领域的预期稳定需要发挥专门化金融法庭的制度优势，聚焦金融审判的主责主业，着眼于个案视角向一般视角的转变，专门化金融审判可以迅速从大体量同类案件中提炼裁判规则，进而促进裁判尺度的统一，为区域性金融案件裁判标准的统一积累经验，为示范判决创造条

---

① 白龙飞：《稳中求进　守正创新　以审判工作现代化服务保障中国式现代化》，《人民法院报》2023年7月14日。

件。在案件集中管辖下，对群体性纠纷或类案等平行案件的处理可以为投资者提供稳定的预期，使金融审判兼顾公正与效率。

3. 处理好司法延伸职能、基础职能与司法功能错位的问题

司法职能在向诉前延伸和裁判过程中既不能越位，也不能错位，更不能失位。不能越位是在司法功能向前延伸的过程中，不以过多的司法手段代行社会治理之责，坚持防范和实质性化解纠纷这一有力武器，在前端做好对人民调解组织的培训和业务指导，将矛盾化解在萌芽状态；不能错位是指司法功能融入社会治理大格局过程中，注重当事人诉讼权利的维护，尊重当事人的意愿，做到从当事人的诉讼请求出发，注重在裁判过程中寻求最佳方案；不能失位是法院在尊重司法规律和现行法律、法规基础上充分行使审判权，有担当、负责任地依据法律定分止争。金融审判需注意延伸职能的内容和边界，防范被动司法和能动过度两种极端。

三 实践回应：防范化解金融风险的实现路径

当下，法院承担社会治理职能，融入党和国家社会治理大局，完成职能重塑已经成为必然选择。社会治理以矛盾根本化解为解决问题的出发点，金融作为实体经济的血脉，有其专业属性，金融审判通过基础职能、延伸职能同向发力，逐步实现从个案解决到社会治理的目标，从而达到应对和化解金融风险的目的。针对司法实践现阶段的不足之处，金融审判应在诉讼前端和末端作出针对性改变，探索防范化解金融风险的路径。

（一）抓前端、治未病，推动司法职能向前延伸

在金融审判抓前端、治未病中明确金融审判不同于传统民商事案件的特点。主要特点在于金融审判面对的是金融机构和广大的金融消费者，其参与主体决定了金融审判向前延伸的领域和空间是特定的。

1. 开拓金融领域纠纷多元化解新机制

在批量案件处理中，引导金融纠纷主体采用仲裁、公证等方式化解纠

纷。如石家庄市金融法庭与石家庄市仲裁委员会会签合作指导意见，在该指导意见下成功化解了省会某银行的小额同质信用类贷款的批量案件；在化解不良资产方面，在金融法庭的协调下，构建银行对接公证机构推进强制执行模式，通过合同条款的形式直接实现该类案件由公证到执行，实现诉源分流。

2. 发挥"人民调解+司法确认"的制度优势

监管部门指导和监督金融调解组织的调解行为，尊重金融主体和金融消费者的真实意愿，确保调解客观、公正、透明。经由调解组织达成调解协议的，可在建立诉调对接机制的法院申请司法确认。无论是多元纠纷化解机制还是"人民调解+司法确认"机制，目的均是让金融机构感受到多元解纷机制的优势，主动接受、融入金融审判多元解纷机制的大格局，改变过度依赖司法裁判的心态。

3. 培养金融机构的社会责任意识和消费者的风险意识

建立金融主体社会责任信息披露机制，定期向社会和公众公布履行社会责任的情况，倒逼金融机构树立和培育社会责任意识。引导金融主体向实体经济领域投资，支持小微企业，优化房地产领域信贷管理，积极落实金融服务实体经济的政策；协调组织辖区金融主体落实关于防范化解重点领域风险的精神，为金融机构在化解债务风险领域提供法律支持。通过典型案例引导金融消费者不盲目投资，增强风险投资意识，合理审慎选择金融产品和金融服务，根据金融消费群体的不同，采用不同的宣传方式，满足个体需求，结合网络渠道和线下渠道丰富宣传内容和形式，提供"菜单式"服务。

4. 落实和完善司法建议

首先，提升司法建议的质量。法院应注重从个案中提炼普遍、共性问题，为发布类案司法建议做准备，结合调研数据，形成综合类司法建议，发挥更大效能。开展关于撰写司法建议的专业培训，实现由实质性化解金融纠纷的审判职能向防范化解金融风险的社会治理职能延伸。其次，在司法建议发出后，应建立司法建议跟进机制，由专门人员积极跟进司法建议的落实和

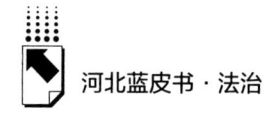

反馈情况,确保司法建议落地有声。最后,与反馈对象形成常态化交流合作机制,听取反馈部门对司法建议的意见,以发送司法建议为"小支点"化解金融风险。①

(二)抓末端、治已病,促进审判理念和能力现代化

1. 破除被动司法、机械司法的错误观念

在做好审判工作的前提下,金融审判领域处理好金融审判的基础性功能和向前延伸的功能有助于整体上形成纠纷的预防化解治理格局。

(1)防止"先刑后民"思维的不当运用导致案件长期未结。对于金融民商事纠纷中涉及的刑民交叉问题,法官往往按照传统的"先刑后民"思维,待刑事案件处理完毕才实质进行民事裁判。最高法院已经注意到该问题,在《九民纪要》中对民刑交叉案件的处理程序作出专门规定,明确了民刑交叉案件分别受理、分别审理原则以及司法实务中对于民商事案件应予受理的情形。处理金融民商事纠纷时应坚持前述现代审判理念,摒弃一刀切的"先刑后民"理念,及时维护金融秩序,保障金融主体民事权益。

(2)坚持以穿透式审判思维审理金融民商事纠纷。实质审查重于形式审查标准的确立,有助于纠正司法实践中存在的重外观而轻本质的形式主义倾向。②对金融交易过程和交易相关主体的真意探求,采用穿透式审判思维,在名为股权实为债权、融资性循环贸易、融资租赁、保理合同的相关纠纷中,通过对法律关系的穿透,将当事人真实意思探求于外;在金融产品的创新中,揭开创新的面纱,运用金融监管政策审查该类产品是否存在制度套利的行为,防止以创新规避监管,引发金融风险。

(3)转变审判理念,注重金融纠纷实质性化解,兼顾公正与效率。避免形式正义的裁判价值错位,防止程序空转,杜绝案件的衍生和金融案件

---

① 《"抓前端""治未病"石家庄市金融法庭司法建议护航金融业健康发展》,"河北高院"微信公众号,2023年6月14日,https://mp.weixin.qq.com/s/IPtIHru2tuwhmXfA9kOplQ。
② 谷伟昔:《穿透式审判思维在民商事案件中的运用与界限》,《山东法官培训学院学报》2022年第4期。

实质审查的内在价值统一。在裁判过程中，政策适用的目的是解决纠纷，化解可能引起的金融风险。面对金融交易纠纷案件的复杂性，审判理念应从形式转向实质，审判理念的转变更易于矛盾纠纷的实质性化解。

2. 以系统性思维优化审判管理方式和考核指标

在系统性思维下，金融审判需要通过审判管理实现由"个案纠错"向"系统防错"转变，最终实现案件质量的整体提升。建立"智慧型"金融审判信息分析研判平台，规范导入金融主体涉诉和裁判信息，对重大敏感的金融信息进行专项监管，发挥金融审判大数据的分析提炼功能，通过金融审判案件周期性变化研究解决普遍适用的法律问题。

在考核指标的设计中树立数据思维，通过对审判数据的精准分析，精确测算工作落实的盲点和漏洞，建立符合金融审判规律的多元化、多主体，兼顾共性与特性的考核体系，发挥考核指挥棒的作用，避免考核成为法官的负担。

3. 金融审判回应型司法机制建设

一方面，关注金融机构需求，运用破产制度畅通金融机构退出和再生渠道。建立符合金融审判规律的企业退出机制，加强与监管机构、政府相关部门的配合，对符合破产条件的僵尸企业坚决实施破产清算制度。破产清算过程由政府主导，协调解决破产过程中维护社会稳定、经费保障、信用修复、机构注销等问题；[①] 审慎处理涉众型民间集资、非法集资类企业破产案件，防止案件的处理引发社会不稳定风险，建立金融机构风险预警及处置机制，引导金融机构破产走市场化路线，避免动用财政资金处理金融机构的退出等。建立符合条件的重整制度，对尚有市场价值、可以通过资源的重组配置实现"再生"的企业，要综合运用重整、和解手段恢复其造血功能。

另一方面，加强对金融消费者或者金融投资者的保护，在案件审理中坚持按照"卖者尽责，买者自负"的原则，审查金融机构对投资者的审查义

[①] 尚福林：《"十三五"银行业改革发展方向》，《中国金融》2016年第1期。

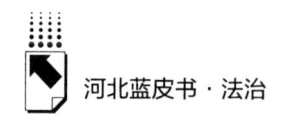

务、信息披露义务和最大损失揭示义务的履行情况，以审判倒逼金融机构在引导金融消费者投资时规范自身行为。

4. 建立示范判决和示范案例机制

在金融债权纠纷领域建立示范判决机制。创新审判模式，注重吸收专家证人、专家陪审员制度，提高证券类纠纷审判的权威性和专业性。

推动在不良债权和金融债权实现等有代表性领域建立示范案例机制，加强互联网金融新类型案件的研究和应对，通过定期发布典型案例和典型经验做法的方式依法规范金融商事主体行为规范，统一裁判尺度。

5. 发挥专业化金融法庭优势，促进裁判尺度统一

依托石家庄市金融法庭集中管辖金融纠纷案件的现实，释放金融法庭的品牌效应，在统一裁判尺度上充分发挥金融法庭专业法官会议提炼裁判规则、统一裁判尺度的制度优势，以专业法官会议指导审判团队，释放团队"1+1>2"的合力效应，提升审判质效[①]；依托金融法庭建立金融疑难案件研究基地，邀请金融领域的专家学者，为金融审判提供强力外脑和智力支持，在疑难案件中提炼理论问题进行研究，拓展案件裁判说理的深度，深耕案例研究，力争打造一批具有全国影响力的精品案例，发挥辐射引领作用。

金融法庭作为金融类纠纷案件审判先行先试的"试验田"，对经验做法进行总结提炼，探索出适合河北省的一般性审判经验，反哺全省金融审判，防止个别法院在金融审判上盲目创新和探索而造成司法资源浪费。

在金融案件审判过程中，公序良俗原则常被用来解释说明金融监管政策。可以说，金融监管政策适用个案通过公序良俗原则来实现。但应当严格遵守法律渊源，审判者不应将体现监管政策的规章作为裁判依据，也不能用抽象的公序良俗原则恣意排除、无视金融监管政策。对于规避监管政策、逃避监管的行为应当以公序良俗为裁判依据认定为无效，增强抽象规范认定的

---

① 石家庄市金融法庭自 2021 年 12 月 27 日成立以来，截至 2024 年 12 月底，共审结各类案件 62740 件，当事人服判息诉率达 98.67%，发改率仅 0.08%。

客观性，限制法官自由裁量的主观性。

培养审判人员甄别犯罪意识，建立金融犯罪案件移送机制。法院应与公安机关、检察机关合作，建立并完善金融犯罪案件移送机制，开展金融犯罪甄别专项培训，公、检、法同堂培训，提升识别金融领域犯罪行为的意识，完善惩治金融犯罪的法律手段，维护国家金融安全。

6. 建设高素质金融审判队伍，培养"两懂型"审判人才

所谓"两懂型"审判人才就是既精通法律知识又知晓金融行业知识的复合型审判人才。人才是金融审判的发动机，人才建设的成效决定了金融审判各项机制实施的总体成效。金融审判队伍建设具有长期性，应建立符合人才成长规律的长效机制，从选人角度注重发挥资深法官的头雁效应，注重法官法治思维、社会治理思维以及风险防控意识的培养。在金融审判人才培养方面，发挥选拔人才的竞争性机制作用，拓宽选拔专业人才的渠道。注重发挥调研指挥棒作用，以具体的案件带动调研；培养问题意识，建立"白皮书+论文+司法建议"的联合调研机制；营造适合调研的环境和氛围，激发审判人员调研热情。

发挥文化品牌的强基导向。专业化法院（庭）文化建设对培养高素质人才具有正向推动作用，通过文化品牌对内可以提升法官的凝聚力，良好的环境氛围、干事创业氛围能使法官全身心投入，形成正向激励效应，充分发掘法官的潜力并创造价值；对外打响法院的整体品牌，好的品牌可拉近群众与司法者的距离，展现司法人民性，提升人民群众对司法事业的信赖度。此外，可横向对比参考实现金融审判专门化的上海金融法院、北京金融法院的文化品牌建设经验。[①]

[①] 上海金融法院形成了"融法之声"文化品牌，融法之声囊括了融法案例、融法创新、融法队建、融法微课、融法手记等子栏目，每个栏目各具特色，在上海全市6月微信榜单排名中，"上海金融法院"微信公众号发布文章25篇，阅读量为37342人次，形成了品牌效应和影响力；北京金融法院形成"融光荟萃"栏目，该栏目包含了京融案讯、融光手记、融光E课堂、融法小课堂、我为群众办实事等六个子品牌，子品牌共同发挥宣传引导作用，产生群体效应，也让参与其中的干警在政治素养、业务素质等方面得到了提升。

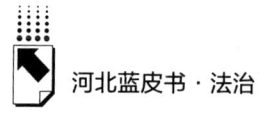

（三）推动构建金融协同治理工作格局

金融监管和金融司法同样作为中央事权，前者侧重于维护金融市场的公共秩序，后者侧重于维护不同金融主体的合法权益，更注重权利主体真实意愿的表达即意思自治。二者协同不仅应当注重发挥各自的优势，还要注重金融监管机构与金融司法共同机制的建设，以实现常态化的协同，在防范化解金融风险上久久为功。

1. 完善防范化解金融风险工作机制

建立完备的金融监管体系。以法治手段加强监管已经成为共识。2024年6月，金融稳定法草案二次审议稿向社会发布，根据2025年4月25日全国人大常委会公布的《全国人大常委会2025年度立法工作计划》，金融稳定法将于2025年8月继续审议。金融稳定法立法的有序推进，有望为建立完备的金融监管体系提供制度层面的保障。在建立完备的金融监管体系过程中充分利用系统思维，在内部监管上强化部门协调，摒弃"铁路警察、各管一段"的错误做法；在监管方式上，以宏观监管和微观监管并重的方式，重视整个金融体系的稳定。在司法审判中，要着力避免协同机制的一事一议，建立稳预期、利长远的常态化协同机制。在司法解释的制定上，可以通过协同的方式科学吸收金融监管部门的经验和建议，有助于更具针对性地解决纠纷。

2. 实现与监管部门的数据共享

金融监管和金融司法数据共享是实现协同监管举措的关键步骤。金融机构和法院应当适时建立常态化的信息共享机制，满足二者协同的技术需求，在具备条件时，应当建立的数字信息交换站、共享数据库，通过数字技术手段的联合加强对金融风险的预警，在源头或者金融风险形成初期及时处置。在数字经济时代，数据分析和提炼的训练应当融入法官、法官助理的日常审判执行工作，有意识、有步骤地强化法官、法官助理的数据应用技能，为数字化金融审判夯实人才基础。

3. 建立人才协同培养机制

专业化队伍建设已经形成共识，监管和金融司法的专业性都很强，对专业人才的需求迫切。在专业化人才队伍的建设上，金融监管部门和法院可以开展联合培训、借调交流，以培育跨领域的复合型人才。为防范化解金融风险提供人才支撑，既有利于发挥金融司法的独立性和专业性，又能促进金融领域实现高质量监管。

四 结语

在金融审判领域，以司法的基础职能和司法的延伸职能为双翼，是防范和化解金融风险的鲜活实践，可操作性强。在专业化审判上，以金融审判专门化法庭的模式进行金融审判专业化的实践探索，以集中管辖案件优势发挥金融法庭区域性示范引领作用，以金融审判的基础性功能和向前延伸功能作为队伍建设的方向，培养既懂法律又懂金融的"两懂型"金融审判人才。面对金融交易的复杂化、金融产品创新对金融监管带来的挑战，以审判穿透资产管理的嵌套、金融产品的无序创新，探究真实法律关系与当事人真实意思表示，进而交出最优的金融审判答卷。金融审判要弥补金融监管中的薄弱环节，对于金融监管未发现、未处置的金融风险，通过个案的审判识别、甄别阻断金融风险的累积。应当认识到，金融审判作为审判权行使的一个方面，应该在防范化解金融风险中保持独立的地位以做好个案的审理工作，以维护金融消费者合法权益、通过破产案件审理推动金融主体有序退出、促进矛盾的实质性化解为任务，规范和调整金融市场的交易秩序，为防范化解金融风险提供司法支持。

社会科学文献出版社

皮 书
智库成果出版与传播平台

❖ 皮书定义 ❖

皮书是对中国与世界发展状况和热点问题进行年度监测，以专业的角度、专家的视野和实证研究方法，针对某一领域或区域现状与发展态势展开分析和预测，具备前沿性、原创性、实证性、连续性、时效性等特点的公开出版物，由一系列权威研究报告组成。

❖ 皮书作者 ❖

皮书系列报告作者以国内外一流研究机构、知名高校等重点智库的研究人员为主，多为相关领域一流专家学者，他们的观点代表了当下学界对中国与世界的现实和未来最高水平的解读与分析。

❖ 皮书荣誉 ❖

皮书作为中国社会科学院基础理论研究与应用对策研究融合发展的代表性成果，不仅是哲学社会科学工作者服务中国特色社会主义现代化建设的重要成果，更是助力中国特色新型智库建设、构建中国特色哲学社会科学"三大体系"的重要平台。皮书系列先后被列入"十二五""十三五""十四五"时期国家重点出版物出版专项规划项目；自2013年起，重点皮书被列入中国社会科学院国家哲学社会科学创新工程项目。

权威报告·连续出版·独家资源

皮书数据库
ANNUAL REPORT(YEARBOOK) DATABASE

分析解读当下中国发展变迁的高端智库平台

所获荣誉

- 2022年，入选技术赋能"新闻+"推荐案例
- 2020年，入选全国新闻出版深度融合发展创新案例
- 2019年，入选国家新闻出版署数字出版精品遴选推荐计划
- 2016年，入选"十三五"国家重点电子出版物出版规划骨干工程
- 2013年，荣获"中国出版政府奖·网络出版物奖"提名奖

皮书数据库

"社科数托邦"
微信公众号

成为用户

登录网址www.pishu.com.cn访问皮书数据库网站或下载皮书数据库APP，通过手机号码验证或邮箱验证即可成为皮书数据库用户。

用户福利

- 已注册用户购书后可免费获赠100元皮书数据库充值卡。刮开充值卡涂层获取充值密码，登录并进入"会员中心"—"在线充值"—"充值卡充值"，充值成功即可购买和查看数据库内容。
- 用户福利最终解释权归社会科学文献出版社所有。

数据库服务热线：010-59367265
数据库服务QQ：2475522410
数据库服务邮箱：database@ssap.cn
图书销售热线：010-59367070/7028
图书服务QQ：1265056568
图书服务邮箱：duzhe@ssap.cn

卡号：187521656957
密码：

基本子库
SUB DATABASE

中国社会发展数据库（下设 12 个专题子库）

紧扣人口、政治、外交、法律、教育、医疗卫生、资源环境等 12 个社会发展领域的前沿和热点，全面整合专业著作、智库报告、学术资讯、调研数据等类型资源，帮助用户追踪中国社会发展动态、研究社会发展战略与政策、了解社会热点问题、分析社会发展趋势。

中国经济发展数据库（下设 12 专题子库）

内容涵盖宏观经济、产业经济、工业经济、农业经济、财政金融、房地产经济、城市经济、商业贸易等 12 个重点经济领域，为把握经济运行态势、洞察经济发展规律、研判经济发展趋势、进行经济调控决策提供参考和依据。

中国行业发展数据库（下设 17 个专题子库）

以中国国民经济行业分类为依据，覆盖金融业、旅游业、交通运输业、能源矿产业、制造业等 100 多个行业，跟踪分析国民经济相关行业市场运行状况和政策导向，汇集行业发展前沿资讯，为投资、从业及各种经济决策提供理论支撑和实践指导。

中国区域发展数据库（下设 4 个专题子库）

对中国特定区域内的经济、社会、文化等领域现状与发展情况进行深度分析和预测，涉及省级行政区、城市群、城市、农村等不同维度，研究层级至县及县以下行政区，为学者研究地方经济社会宏观态势、经验模式、发展案例提供支撑，为地方政府决策提供参考。

中国文化传媒数据库（下设 18 个专题子库）

内容覆盖文化产业、新闻传播、电影娱乐、文学艺术、群众文化、图书情报等 18 个重点研究领域，聚焦文化传媒领域发展前沿、热点话题、行业实践，服务用户的教学科研、文化投资、企业规划等需要。

世界经济与国际关系数据库（下设 6 个专题子库）

整合世界经济、国际政治、世界文化与科技、全球性问题、国际组织与国际法、区域研究 6 大领域研究成果，对世界经济形势、国际形势进行连续性深度分析，对年度热点问题进行专题解读，为研判全球发展趋势提供事实和数据支持。